3대가 펼친 호남 선교
조하파

Joseph Hopper

3대가 펼친 호남 선교

조하파

| 초 판 | 1쇄 인쇄 2025년 6월 |
| | 1쇄 발행 2025년 6월 |

편저자 김양호
펴낸이 김양호
디자인 Design Bom

펴낸곳 사람이 크는 책
등 록 제2019-000005호
주 소 전라남도 목포시 백년대로 390, 301호
전 화 010-2222-7179
이메일 yangho62@naver.com

ISBN 979-11-968129-6-6(03990)

* 이 책은 신저작권법에 의하여 국내에서 보호를 받는 저작물입니다.
  출판사의 협의없는 무단 전제와 무단 복제를 엄히 금합니다.
* 잘못된 책은 교환하여 드립니다.

3대가 펼친 호남 선교
조하파

JOSEPH
HOPPER

김양호 편저

사람이 크는 책

조하파 가족

1935년 목포 선교부(정명여학교)에서

조하파	뒷줄 왼쪽에서 두 번째
아내 애니스 배런	앞줄 오른쪽에서 두 번째
첫째 아들 배런(조요섭)	앞줄 오른쪽에서 첫 번째
둘째 딸 마디아	앞줄 왼쪽에서 두 번째
셋째 아들 조지	앞줄 왼쪽에서 세 번째
누나 조마구례	뒷줄 왼쪽에서 첫 번째(조하파 옆)
선배 니스벳(유서백)	뒷줄 오른쪽

차 례

머리글

고 양국주 선교사를 추모하며 008

1부   조하파 생애와 선교

1. 3대에 걸친 선교 가문	017
2. 촌 동네에서 촌 동네로	028
3. 최선으로 공부하고 준비하며	038
4. 인생 길의 반려자, 아내 배런	047
5. 태평양 건너 조선으로 가는 길	055
6. 1920년 목포 선교부는	065
7. 장흥, 강진, 영암 순회 사역	075
8. 목포 연동교회를 설립하다	083
9. 말씀으로 일꾼을 세우는	092
10. 한국교회 지도자 양성	102
11. 목포를 떠나 있을 때	109
12. 목포 여학교 교장, 누나 조마구례	119
13. 부전자전 똑닮은, 아들 조요섭	132
14. 영특하고 훌륭해, 딸 마디아	145
15. 호남신학교 설립한, 사위 부명광	156

2부   조하파 글

조하파 글(영문 & 번역)	167
†	
조하파 연보	431

| 머리글 |

고 양국주 선교사를 추모하며

조하파 선교사 평전을 냅니다. 아내 애니 배론과 함께, 그리고 누나 조마구례도 합류하여 30여년 넘게 목포에서 수고하였습니다. 목포 연동교회를 설립하였고, 영암, 강진, 장흥 일대 순회 사역하였고, 이 지역의 100년 넘는 교회들은 다 조하파가 당회장을 하며 목회하였습니다. 그 아들과 딸도 전주와 광주에서 역시 오래도록 사역하며 손녀가 또한 광주에서 사역하기까지 3대에 걸쳐 호남 지역 충성한 선교 가문을 이뤘습니다.

2021년 11월 미 남장로교 탐방 연구하면서 그린즈버러에서 데이빗 하퍼를 만나 교제 나눴습니다. 조하파의 손자입니다. 선교사들이 벌인 정성이 너무도 고마운데, 그들을 이제 만날 수 없고 대신 그 후손들을 대하는 것이 감사드릴 수 있고 기쁨을 나눌 수 있는 감격이지요. 2024년에 다시 그를 찾아갔을 때, 데이빗은 부친 조요섭과 조부 조하파가 남긴 선교 유물들을 저에게 주었습니다. 애틀란타에서는 외손녀도 만났고, 그녀 역시 부친 부명광 부부가 남긴 귀한 유물을 내 주었습니다. 블랙 마운틴에서 만난 로빈슨 선교사의 아들과 고허번 선교사의 아들 등으로부터 또한 부모의 유산을 감사하게도 받았고, 저는 목포역사관 사업회에 기증하였습니다. 이 귀한 유산과 한국 초기 선교 서적들은 2027년 건립할 목포 기독교역사박물관에 전시될 것입니다.

2024년 두 번째 미국 여행을 다녀온 후 감사의 마음을 담아 조하파 선교사가 남긴 글들을 수집 정리하였고, 이렇게 책으로 담았습니다. 저로선 10번째 책이 됩니다. 선교 교회사에 관련된 책으로는 7번째 책입니다. 호남에서 사역한 미남장로교 선교사들, 그들의 헌신과 수고가 너무 훌륭하고 아름다운데, 이렇다하게 그 족적을 밝히는 책들이 별로 없습니다.

잊혀져가고 퇴색해 있는 오늘의 교회 현실을 보며 지난 역사를 알고 배워야 함을 절실히 느낍니다. 하늘의 특별한 소명과 부르심에 책임을 가지고 이에 달려들었고 여기까지 왔습니다.

주변의 함께하는 동지들과 힘을 내어 더 수고하고 더 열심을 내고자 합니다. 또 계속해서 오웬도 니스벳도 내야하고 한국교회사 못지 않은 호남교회사 역시 만들어야 하지 않을까요.

조하파 연구는 그의 증손자 팀 하퍼가 조성한 웹사이트 (ulsterworldly.com)로부터 절대적인 도움을 받았습니다. 선교사 후손 가운데 자신의 선조들의 사역을 이렇게 만들어 놓은 게 드뭅니다. 부모와 조부모들의 귀한 내용을 더듬고 살펴 아카이브로 만드는 열심은 멋져 보입니다. 팀 하퍼에게 감사를 드립니다. 조하파가 남긴 글을 인용 게재할 수 있도록 허락해준 그 후손 가족과 데이빗 하퍼와 빌 브라운에게 또한 감사를 드립니다.

이 책을 준비하던 2024년 여름 양국주 선교사님의 소천 소식을 들었습니다. 참 안타까웠습니다. 15년전 2011년 무렵 그 분이 미국에서 목포까지 찾아와 저를 찾아 주셨고, 첫 만남에서부터 목회보다는 선교 연구에 충성해 달라는 도전을 하셨습니다.

목회는 여러 사람 잘하는데 선교 연구하는 이는 없어서 특별히 부탁하는 권면이었습니다. 처음엔 내키지 않은 일이었으나 계속되는 그 분의 정성과 열심에 마음을 쓰게 되었고 언젠가부터 제일로 여기며 달려왔습니다. 하나님의 은혜요 사람을 일으켜 세우는 섭리였습니다.

50대를 넘기며 만난 양국주 선교사님은 저를 많이도 사랑하셨고 물심으로 저를 지원하고 지도하며 저로 하여 선교역사와 교회사에 끼친 하나님의 열심을 중요하게 받아들이도록 하였습니다.
2021년 함께 미국 탐방하며 교제하였던 것은 마지막 큰 기쁨이요 성과이기도 했습니다. 아쉬운 것은 그의 정성과 은혜에 미치지 못하고 잘하지 못하는 제자로서의 송구함이 큽니다. 그의 노년에 심각해진 건강의 악화로 더 같이 하지 못하고 더 좋은 내용의 연구물을 만들어 내지 못한 게 아쉽습니다. 그가 방대하게 수집한 자료와 내용들로 더 연구하고 좋은 글과 책을 내어 호남 교회에 유익을 줄 수 있었을텐데.
이제 그가 못다한 열심은 저와 또 다른 후학들에게 넘겨졌습니다. 조하파 선교사 책을 마무리 하면서 양국주 선교사와 함께 미국 버지니아와 노스캐롤라이나 일대를 탐방하며 데이빗 하퍼 등 선교사 후손들을 만나 교제하던 시간들을 떠 올려 봅니다. 은사 양국주 선교사님의 하늘 안식을 기원하며 그의 수고와 열심따라 같이 빚어진 조하파 평전을 여러분께 올립니다.

2025년 6월

김양호 목사

| Joseph Hopper | 제1부

조하파 생애와 선교

조하파 선교사

01
~~
3대에 걸쳐 이룬 선교 가문

1948년 10월. 식민 치하에서 해방된 지 3년여 지날 무렵인 한국. 때마침 새로운 가을이 익어가고 있던 터에 조하파 부부는 참으로 기뻤다. 그의 가족과 한국 호남을 사랑하시며 은혜주시는 하나님의 인도와 섭리가 참으로 감사하여 할렐루야를 외쳤다. 첫 아들 배런과 며느리가 한국 선교사로 부임해서다.

조하파 부부는 28년전인 1920년, 한국에 선교사로 찾아오던 때를 회상하며 감격의 눈물을 흘렸다. 아들 부부도 자신들도 결혼을 한 지 얼마 안된 신혼기에 한국을 찾아 선교 사역을 펼쳤다.

젊은날의 뜨거운 인연으로 부부되어 그 기쁨과 열정을 신혼 때부터 복음과 선교에 헌신하였다. 가족의 비전을 하나님나라에 담아 달렸다. 조하파 선교사는 20대 초반에 아내 애니 배런과 함께 조선에 와서 복음의 전도자로 수십년 달려왔다. 이제 자신의 아들이 자라서 결혼을 하고 부모의 의지를 받들어 자신들도 이 한국의 복음화에 인생을 걸겠다고 태평양을 건너왔으니, 아들 부부가 실로 대견하고 고마웠다.

성인된 부모들이야, 자신들의 의지와 마음담아 어디 낙후되고 소외된 곳이라도 달려가서 자신의 일생을 산다지만, 부모가 겪어야 할 어려움과 빈핍한 환경을 고스란히 받아들여야 하는 어린 자녀들은 속수무책이다. 그냥 받아들여야 하고 감내해야할 뿐, 어디 불평과 이의제기를 할 상황이나 되랴.

남들은 자녀들을 더 좋고 괜찮은 여건 속에서 자라게 하고 공부하며 성장할 수 있는 여러 기회들을 제공하고 마음쓰는 게 대체 부모의 마음이긴 하다. 그것이 세속적이건 그와 별 무관하건 인간으로서 부모로서 자연스레 감추기 어려운 기준이고 욕망이다.

그런데 미국에서 버젓이 대학 나오고 신학교 나와 목사로서 괜찮은 곳에서 목회할 수 있음에도 굳이 아시아의 작은 나라 그것도 식민 지배를 당하는 한국에 선교사로 찾아온 것은 여러 가지를 포기하고 팽개친 결단이었다. 그리고 그것은 가감없이 또한 자녀들에게까지 이어지고 미치는 일이어서 자녀를 대할 때마다 감출 수 없는 아쉬움과 안타까움은 지극한 부모의 마음이었다.

조하파 부부 역시 하나님 은혜로 아이들을 낳고 그 아이들이 조금씩 조금씩 자랄 때마다 기쁘고 좋은 반면 상대적으로 다 잘해주지 못함에 아쉬움이 많은 지난 시간이었는데 이제 이 아들 녀석이 이렇게 멋지게 장성하여 사랑하는 아내와 함께 아버지 뜻을 따라 한국에 선교하겠다고 온 것이다.

진실로 기쁘기 그지 없고 하나님의 인도와 긍휼에 감사가 넘쳐 찬양이 절로 나왔다. 선교가 얼마나 힘겨운 일인지 자라면서 함께 겪어왔음에도 자신도 기꺼이 이 길을 가겠다고 왔으니 감격스럽기 그지없는 일이었다. 그 신앙과 삶의 가치, 태도가 실로 고마웠다. 하나님의 빚으심이 감사하였다.

조하파 주변엔 실로 멋지고 아름다운 선교사들이 많았다. 일제 식민치하에 놓은 가난하고 궁벽한 한국에서 복음 전하는 일에 충성하는 많은 선교사들, 그에 더해 그 자녀들도 부모따라 세습 선교사로 충성하는 후배 청년들을 하나 둘 대할 때마다 흐뭇하고 놀랍기까지 했다.

지난 1세기 동안 호남에서 사역한 미남장로교 선교회에서 부모에 이어 사역한 가정은 많다. 더하여 손자까지 나선 3대에 걸쳐 사역한 가족도 있으니, 대표적으로 벨-린턴(Bell-Linton) 가문과 하퍼(Hopper) 가문이다. 2대에 걸친 가족이나 형제가, 자매가, 혹은 남매가 사역한 가족 선교사들도 참으로 부지기수다.

2대 선교 가문 중에는 크레인 집안과 탤미지 가문에서 여러 명이 수고하였다.

호남 기독교를 연 벨-린턴 가문

유진 벨과 린턴으로 이어지는 선교 가정은 3대에 걸쳐 모두 10명이다. 이 가족은 목포를 시작으로 광주, 순천, 군산, 전주 등 5개 선교부는 물론 해방이후 신설된 대전 선교부에서까지 미남장로 한국선교회의 모든 스테이션에서 전도와 교육 의료 등 가히 호남 기독교의 중요 토대를 만들어 냈다.

1세대 유진 벨은 1895년 아내 로티와 함께 내한하였다. 목포를 시작으로 전라남도의 교회를 개척하였고 전남의 초기 기독교 사역을 이끌었다. 안타깝게도 첫 부인 로티가 심장병으로 일찍 사망하는 바람에 마가렛 불과 재혼하여 또한 목포와 광주에서 사역하였는데, 마가렛 선교사도 1919년 열차 사고로 사망하였고, 유진은 줄리아 다이사트를 세 번째 아내로 맞아 함께 사역하였다.

유진의 딸 샬럿은 일찍 어머니 로티를 잃고 미국에서 성장하였다. 학업을 마치고 은혜를 입었던 그녀는 자신도 생모처럼 선교하다 죽더라도 자신이 태어난 나라 한국에 가서 선교하겠다고 내한하였다.

린턴과 결혼하여 호남 선교의 가맥을 잇는 열심을 부렸다. 조지아 공대를 좋은 성적으로 졸업할 정도로 총명하였고 미남장로교 역대 최연소 선교사로 내한하였던 윌리엄 린턴(인돈)은 샬럿(인사례)과 함께 전주와 대전에서 주로 교육 선교에 헌신하였다.

인돈 부부의 자녀는 모두 넷이었는데, 두 아들 부부가 3대째 선교

가업을 이었다. 유진 벨의 외손자이며 인돈 부부의 셋째 휴 린턴(인휴)은 1926년 군산에서 태어났다.

2차 세계대전 중 미 해군 장교로 복무하기도 한 그는 1947년 로이스(인애자)와 결혼하여 1954년부터 순천에서 사역하였다. 인휴는 한국 목회자들과 함께 등대선교회를 조직하여 전라남도 동부지역 농어촌 마을 마을마다 교회를 세우는 데 헌신하였다.

누구보다 검소하게 살며 오직 교회와 무지렁한 시골 사람들의 생명 사역에 자신을 바쳤던 그가 1984년 불의의 교통사고로 생명을 빼앗겼을 때는 두고 두고 지역 교계에 큰 슬픔이었다.

인애자 선교사는 순천결핵원을 세워 수많은 기침 환자들의 고통을 치유하며, 결핵균을 이 땅에서 퇴치하는 일에 평생을 드렸다.

인돈의 넷째이며 막내인 드와이트(인도아) 역시 형과 같이 부모의 대를 이어 선교하였다. 1927년 전주에서 태어난 그는 1950년 마조리(인마서)와 결혼하여 1953년 내한하였다.

목포와 광주에서 지내며 전도와 교육 선교에 힘썼고, 특별히 남장로교 유지재단 사무 일을 처리했으며, 광주 기독병원 원목을 병행하였다. 아내 인마서는 수피아여학교와 이일학교 교사를 지내는 한편 선교사 자녀 교육과 여성 사역까지 도맡아 일했다.

호남 선교의 광맥, '구' 씨 집안

미국 남부 미시시피주 작은 도시 야주(Yazoo)에 있는 장로교회에는 크레인 씨가 있었다. 3남 1녀의 가장으로 철물점 사업을 하며 교회를 신실하게 섬기는 장로였다. 네 자녀 중 세 명이나 한국 선교사로 지원하여 부모를 떠나 한국에서 일생을 보냈다. 막내도 형 누나따라 선교사로 가겠다고 했지만, 부친의 가업을 대신 도맡아야 해서 가지 못했을 정도로 크레인의 가정교육과 선교에 대한 남다른 면모는 자녀들을 멀고 먼 미지의 땅 한국으로 달려가게 하였다. 크레인의 세 남매를 시작으로 이 집안은 자녀대까지 9명이라는 많은 이들이 호남 선교에 헌신하였다.

미스터 크레인의 첫 딸 쟈넷(구자례)은 1919년 내한하여 순천 매산학교와 전주 기전학교 등에서 음악 교육을 하였다. 1954년까지 35년간을 독신으로 사역하며 호남 여성들에게 하늘 생명을 전하였다.

둘째이며 장남인 존 커티스(구례인)는 순천과 보성 고흥 등지의 순회 사역을 담당하며 전도와 교회 돌보는 일에 전념하였다. 전남 동부지역의 100년 이상된 교회들은 거개가 구례인 선교사가 개척하고 담당하였었다. 그의 아내 플로렌스는 미술가로서 특별히 순천에서 사역하는 동안 한국의 꽃과 민속에 관심을 갖고 연구하여 이를 책으로 내었다. 그녀가 펴낸 "한국의 꽃과 민속 전승"은 우리나라의 최초 야생화 도감이다. 순천 매산동 학교 뒷길 벽면에는 그녀가 찾아 밝혀놓은 한국의 꽃 벽화들로 아름답게 채색되어 있는 걸 볼 수 있다.

구례인 부부의 첫 딸 릴리언은 순천에서 태어나 성장하여 남편 톰슨 서덜(서도열)과 함께 순천에서 선교 사역하였고, 첫 아들 폴 쉴즈(구바울)는 존스홉킨스 의과대학을 졸업한 의사로서 간호학을 전공한 아내 몽고메리와 함께 1948년부터 전주 예수병원에서 봉사하였다. 구바울은 우리나라 의학계에서 기생충 박멸에 획기적인 성과를 거두었다.

미스터 크레인 장로의 세 번째이며 차남인 폴 재킷(구보라)은 1913년 버지니아 유니언 신학교 재학중 포사이드의 설교에 감동을 받아 한국 선교에 응하였다. 아내와 함께 1916년 내한하여 목포에서 선교부 사무 일을 책임지며 지역 전도에 힘썼다. 1919년 안타까운 병점 열차 사고로 유진 벨의 아내 마가렛 불과 함께 사망하였다.

이들 선교사들이 하나님나라를 구하며 조선에 생명을 전하는 열심에는 자신들을 포함한 어린 자녀들의 슬픈 희생이 여럿 이어졌다. 야주 교회의 '구'씨(크레인) 장로는 네 자녀중 세 자녀를 한국 선교지에 보내 오래도록 떨어져 지내야 했고 아들이 선교지에서 사망했다는 소식을 들어야 했으며, 얼굴 한 번 제대로 못 본 손자와 증손자들도 여럿 하늘나라로 먼저 보내야 했다.

구보라 선교사를 비롯한 여러 어린 아이들은 광주와 전주의 선교 동산에 누워있다.

미남장로교 자산을 관리한 탤미지 가문

탤미지(Talmage John Van Neste, 타마자, 1884-1964)는 1910년 8월 26일 내한하여 주로 광주선교부를 중심으로 사역하였다. 담양에 순담(화순과 담양) 성경학교를 설립하여 목회자 양성에도 힘을 기울였고 미남장로교 선교회 총무로서 선교회 자산 관리에도 책임을 다하였다. 이 때문에 일제에 의한 미선교사 추방시에도 그는 자산을 지키기 위해 미국에 돌아가지 않는 까닭에 일제에 의해 2년여 투옥되었고 후에 강제 추방되었다. 이때의 글을 엮은 탤미지의 옥중일기는 우리말 번역으로 출판되어 후대 교회에 잘 전해지고 있다. 그는 해방후에도 다시 내한하여 1957년 귀국 때까지 사역하였다. 그를 곁에서 지키며 평생을 함께 한국 선교에 헌신한 아내는 에머슨(Eliza Day Emerson, 타에리사, 1886-1962)이다.

그들 부부에게는 모두 7명의 자녀가 있었다. 프렝클린, 존, 윌리엄, 재닛, 로이, 데이빗, 마리엘라이다. 이중 둘째와 넷째, 그리고 막내가 배우자들과 함께 선교하며 부모에 이어 2대째 사역하였다.

차남인 타요한(Talmage John Edward, 타요한, 1912-2007)과 며느리 로슬린(Roslin Thorne Arnold, 1912-1979)은 1937년 내한 선교하였다. 타요한은 한남대 2대 학장과 대전 숭전대 이사장을 지내는 등 대전을 중심으로 고등교육에 헌신하였다.

넷째 딸 재닛 크레인(Janet Crane Talmage Keller, 타자애, 계자애, 1917-2000)은 1946년 내한 선교한 간호사이다. 10년 후 쯤인 1955

년 전주에 내한 선교한 의사 켈러(Keller Frank Goulding. 계일락, 1912-1967)와 1956년 결혼하여 예수병원에서 함께 근무하였고 전주 중부(중앙)교회를 섬겼다.

탤미지 선교사의 7째이며 막내인 딸 마리엘라(Mariella Talmage Provost, 타마리아, 부마리아, 1923-2014)는 1948년 내한하여 전주 예수병원에서 언니와 함께 간호사로 일하였다.

미국 북장로교 소속인 부레몬 선교사와 결혼하여 이후 북장로교 소속으로 남편과 함께 대구 동산병원에서 근무하였다. 부레몬은 1961년 경주 문화학교를 설립하여 교육 사역에 힘쓰기도 했다.

호남 선교에서 3대 선교사 집안으로 유진 벨이 익히 잘 알려져 있고 그들이 남긴 명성과 영예는 분에 넘칠 정도다. 상대적으로 하퍼 가문은 잘 알려져 있지 않은 상황이었고 이제 조금씩 밝혀지는 상황이다.

역사를 가까이 하여

조하파로부터 시작하는 3대에 걸친 8명의 선교사를 낸 하퍼 가문의 열심과 충성을 밝혀내는 것이 중요해 보인다. 오늘 우리 교회가 잘 알고 배우며 우리 자녀들에게도 잘 전이되고 답습되기를 기대한다.

조하파 부부는 1920년 목포에 와서 1954년까지 34년간 충성 사역하였다. 동 기간에 누나인 조마구례 역시 목포에서 여학교 사역과 전도 사역에 충성하였다. 조하파는 모두 세 남매를 두었는데, 첫째 장남과 둘째 장녀가 각각 배우자와 함께 선교하였고, 첫째 장남에게서 나온 조하파의 손녀가 부모와 조부모에 이어 3대째 선교하였다. 조하파의 첫 아들인 배런(조요섭)은 아내 도로시 롱네커와 함께 전주를 중심으로 전라북도 동남부 지역 순회사역을 전담하였으며, 네 자녀 가운데 맏딸인 앨리스 루스는 1970년 광주에서 교육 선교를 하였다.

조하파의 둘째 딸 마디아는 남편 톰슨 브라운(부명광)과 함께 광주에서 사역하였다. 사위 부명광은 호남신학교를 설립하여 전라 지역 목회자 양성의 젖줄이 되게 하였다.

자녀와 손녀에 이르기까지 세습 선교의 충성을 벌였던 조하파 선교사. 그가 하늘에서 오늘 한국교회에서 벌어지는 나쁜 세습 목회를 내려다 보며 무슨 상념과 안타까움을 토로할까?

중대형교회의 부자지간에 이뤄지는 목회 세습은 진실로 나쁘다. 이런 류의 세습이 도대체 왜 아무렇지도 않게 여기저기서 일어나는지 참담하다.

역사에서 배우지 못하고 역사를 팽개친 까닭이 크다. 교회의 성장과 은혜는 많이도 누려왔는데, 과정에서 늘 챙기고 더듬어야 할 역사에 대한 이해와 논의를 멀리한 탓에 잘못된 길로 치닫고 있다. 과거 일제 치하에서 총검이 두려워 신앙을 팽개치며 신사참배 하던 죄과가 형태를 달리하여 권력과 돈의 노예가 되어버린 오늘의 현상이 부끄럽고 아프다.

이 땅에 생명을 내어놓고 생명의 복음 전하며 교회 일궈온 초기 헌신자들의 귀한 삶과 사역을 새겨야 한다. 그들의 땀과 수고로 복된 영화를 누리는 현실을 감사히 여기며 겸허히 이젠 다른 미지를 향해 우리가 선한 길로 달려가는 정성을 가져야 하지 않겠는가!

벨과 린턴 가족의 3대에 걸친 10명의 헌신, 2대의 크레인 집안 9명, 두 세대에 걸친 탤미지 가문의 8명, 그리고 하퍼 가족의 3대가 펼친 8명의 헌신. 어찌 이뿐이랴, 또다른 수많은 부모 자녀간, 형제간, 자매간, 남매간 가족들이 펼친 하나님나라에 대한 헌신과 충성, 호남 벌판을 사랑하고 교회를 귀히 여기며 일생을 바쳤던 그들의 수고를 오늘 우리 교회가 새겨야 한다. 그들을 기억하며 귀히 여기고 우리도 우리 후손들도 하나님 앞에서 다시 설 수 있기를 염원한다.

02

촌 동네에서 촌 동네로

1892년 미국 남장로교해외실행위원회는 한국에 선교사를 파송하기 시작하였다. 시카고 매코믹 신학교 출신 테이트 목사와 버지니아 리치몬드 유니언 신학교 출신 전킨과 레이놀즈 목사 등 남성 3명과 이들의 아내 2명, 미혼 여성 2인 등 모두 7명이 선발대로 나섰다. 9월에 파송예배를 거쳐 10월 18일 리니 데이비스 양이 맨 먼저 서울에 도착하였고, 11월 4일 나머지 6명이 서울에 와 이들로 한국 호남 선교가 시작되었다.

당시만 해도 미남장로교단이 한국에서도 선교 사업을 벌이기로 한 과정은 결코 쉽지 않았다. 이미 여러 나라에 파송 선교사를 보내며 상당한 전력을 쏟은 마당에 한국은 당시만 해도 전혀 낯설고 기본 정보조차 없었다. 교단 어른들은 전혀 준비가 안되어 있는 상황에서 전혀 예기치 않게 젊은 신학도들의 열성과 투지에 자극받아 떠밀리듯 일이 벌어졌다. 한국에 마음을 쏟는 하나님의 마음이요 섭리였다.

한 해 전인 1891년 언더우드의 조선 선교 동원 사역에 따라 소수의 젊은이들이 반응하였고 해를 바꿔 1892년 연초부터 한국 선교를 향한 도전이 시작되었다. 9월 파송이 되기까지 1년 내내 사람을 모으고 자금을 모으고 교단과 교회의 협력과 성원을 모아갔다. 미지에 대한 새로운 사업으로 기대와 우려가 공존한 가운데 기도하며 열정을 불태워 가던 무렵, 7인의 선발대를 이을 2세대 선교 후보생이 세상에 또한 태어났다.

조셉 하퍼의 출생

1892년 6월 1일 조셉 하퍼(Joseph Hopper, 조하파)가 출생하였다. 아버지는 조지 던랩 하퍼(George Dunlap Hopper, 1848-1913), 어머니는 캐서린 엘리자베스 히긴스(Katherine Elizabeth Higgins(1853-1930)다.

조하파의 선조들은 스코틀랜드가 고향이다. 영국의 청교도들이 미국 북부 지방에 이주하였듯이, 스코틀랜드 출신의 언약도라는 신앙의 무리들은 미국 남부 버지니아와 캐롤라이나, 켄터키 등지에 정착하였다. 조하파는 아버지 이름에서 보듯 스코틀랜드의 명가 던랩 집안과 하퍼 집안의 후손이다.

아버지 조지 던랩은 사업가로서 1875년 어머니 캐서린과 결혼하였고, 이들은 모두 4남 2녀의 6남매를 낳았다. 맏딸 메티 던랩을 시작으로 장남 윌리암 히긴스, 차남 월터 오슬리, 차녀 마가렛 히긴스, 삼남 조지 던랩, 사남 조지 하퍼였다. 조하파(조지 하퍼)는 막내인 것이다.

우리나라 자녀의 이름도 항렬자나 돌림자를 함께 쓰듯이 미국에서도 자녀들이 태어날 때마다 부모 혹은 양가의 조부모 이름을 빌어서 붙여 쓴 경우가 많다. 자연스레 2-3대 집안의 이름을 보면 비슷하고 같기도 한데, 조하파 역시 그의 부모나 형제들간의 이름은 비슷한 데가 많다. 게다가 미국 가족간에는 아예 같은 이름도 많은데 조셉 하퍼는 그의 친 할아버지 이름과도 같았다.

조하파가 불과 8살 때 큰 누나인 메티 던랩은 1900년 23살 이른 나이에 사망하였다. 큰형 윌리암 히긴스는 목사였다. 루이빌 신학교를 졸업하였고, 루이빌 우드랜드 장로교회와 앨라배마 버밍햄 교회 등지에서 목회하였다. 바로 윗 형인 조지 던랩은 미국 외교관이었다.

조하파보다 6살 위인 작은 누나 마가렛은 훗날 선교사로 한국에 와 일제시기와 해방 이후까지도 남동생인 조하파 부부와 함께 목포에서 장기 사역하며 목포 여성 교육에 힘썼다.

삼촌 조의 영향력

1800년대 후반, 남북전쟁 당시 장교에서 의사로 전향한 남부의 장로교 목사가 루이빌의 제일장로교회를 떠나 순회 전도자가 되었다. 그는 신학교육을 전혀 받지 않았음에도 트랜실바니아 노회에서 목사로 안수했다. 조하파의 삼촌으로 이름이 같은 조셉 하퍼였다. 조하파는 삼촌 조 목사에 대한 인상을 남겼다.

"나는 빚진 자요 나는 준비되었노라 나는 복음을 부끄러워 아니하노라"(롬 1:14-16). 20년 전 켄터키의 블루그래스 지역 중심부에 "조 하퍼 삼촌"이라는 애칭으로 주 전역에 알려진 겸손한 설교자가 살았습니다. 그는 대학이나 신학교에서 공부하지 않았습니다. 청년 시절에 그는 일요 학교 활동에 관심을 갖게 되었고 일요 학교 전도사가 되었습니다. 나중에 그는 남부 산악 지역 사람들에게 사도였던 게런트 박사와 함께 노래하는 전도사이자 개인 사역자가 되었습니다. 그는 수년 동안 평신도 전도사로서 종교 활동을 계속했습니다.

67세의 나이에 트랜실바니아 장로교회의 주도로 그는 특별한 경우로 복음 사역에 안수받았고, 그의 경우는 참으로 특별했습니다. 그의 전도 집회의 주제가였던 "옛날 종교"의 지지자로서 그는 주를 오르내리고, 도시로, 시골로, 산을 넘어 위대한 복음을 노래하고 전파했습니다(조하파).

조하파는 신학도 시절 삼촌의 설교를 들으며 감동을 받았고, 삼촌으로 인해 회심한 영혼들로부터 도전적인 은혜를 입었다. 그리고 조하파는 사람들로부터 "당신도 삼촌처럼 훌륭한 설교자가 될 거야!"라는 도전적 권면을 자주 들었다. 조하파가 한국에 선교하러 처음 들어왔을 때 서울에서 만난 감리교 의료선교사는 조 삼촌의 설교에 감화를 받았다고 들려주었다. 삼촌에게서 전도자로서 목사로서의 비전과 열정을 크게 도전받았던 조하파다.

한국 선교 자원의 젖줄 켄터키

한국 전라도를 찾아 지난 1세기동안 복음과 생명을 주고 간 미남장로교 선교사들은 대부분 미국 워싱턴의 이남 지역 출신들이다. 그 여러 주 가운데서도 미국 동남부의 버지니아 캐롤라이나, 그리고 켄터키 등이 다수를 이룬다. 유진 벨을 시작으로 해리슨, 알렉산더, 놀란, 포사이드, 그리고 조하파 등이 켄터키 출신들이다. 조하파는 스탠포드(Stanford)에서 태어났다. 그가 태어날 때는 인구가 불과 1천여명에 불과한 작은 시골마을이었는데, 2025년 현재도 4천여명이 채 안된다.

켄터키는 우리나라 남한 면적과 거의 비슷하다. 미국 언론에서 대한민국을 소개할 때 곧잘 켄터키의 크기와 비교해서 설명하곤 한다. 예전 미국의 대표적이고 전형적인 시골 농촌으로 알려진 켄터키는 우리에겐 KFC가 익숙하다. 지팡이를 들고 선 창업자 샌더스

대령의 마스코트가 인상적인 패스트푸드의 대표적 브랜드다. 캔터키 프라이드 치킨이라는 전체 이름을 상호로 쓰지 못하고 약자로 쓰게 된 것은 원 명칭의 저작권 때문에 이니셜만 따서 만들어졌다.

캔터키는 또한 세계적인 종마 경주로도 유명하다. 켄터키 더비는 미식 축구의 슈퍼볼같은 거대 프로 스포츠에 버금가는 인기와 산업을 형성한다. 알렉산더 선교사의 집안은 이 경주마 산업과 밀접한 관련을 갖고 있다. 할아버지 때부터 켄터키에 정착하며 경마 사업을 일으켰고, 캔터키 더비를 만들었다. 이에 필요한 우생 종마 개발과 목장 산업 또한 성공하며 그 규모가 상당히 컸고 매우 부유하였다.

알렉산더(Alexander, John A, 안력산, 1875-1929)는 우드포드(Woodford)에서 출생하였다. 프린스턴 대학을 거쳐 콜롬비아 의과대학을 졸업한 알렉산더는 1902년 27세에 미남장로교 선교사로 내한하였다. 10월에 미국을 출발할 때만 해도 그의 임지는 목포였다.

의사 오웬이 6월에 치료차 안식년을 얻어 미국에 돌아가 있어서 목포에 의사가 비어 있었던 것이다. 그런데 그가 태평양을 건너는 와중에 임지가 군산으로 바뀌어 명령이 내려왔다. 11월말 한국에 도착해서야 이 사실을 알았다. 군산 역시 드루 선교사가 1901년부터 미국으로 돌아가 있어서 의사 선교사가 필요했던 것이다.

알렉산더는 즉각 군산으로 갔고 그곳에서 의사로서의 사역을 펼치기 시작했는데 이번에는 채 며칠이 되지 않아 슬픈 부음을 들어야 했다. 아버지가 78세로 사망한 것이다. 50살 다 되어서 늘그막에 얻은 아들이 한국에 선교사로 가버린 게 기특하면서도 그에게 큰 스트레스였으려나.

알렉산더는 일생 일대의 선교사로서의 비전과 헌신을 펼치려 했는데, 아버지의 죽음으로 가업에 대한 책임이 그에게 다가왔다. 그는 추운 겨울을 나고 한국 선교의 전반을 살핀 후 1903년 2월에 미국에 돌아가 가업에 충실했다. 그곳에서 가업을 이으며 채 피워보지도 못한 선교적 열정을 조선 선교 후원하는 일에 상당히 노력했다. 순천에 안력산 병원을 짓는 것을 비롯하여 수다한 후배 의료 선교사를 파송하고 후원하여 지난 세기동안 전라도 병원과 의료 선교의 뒷배를 크게 감당하였다.

켄터키 출신으로 알렉산더와 함께 우리가 기억해야할 이는 포사이드 선교사다. 조하파의 고향 스탠포드에서 불과 30마일 떨어진 머서 카운티 출신의 포사이드(Forsyth, Wylie Hamilton, 보위렴, 1873-1918)는 선한 사마리아인의 기적으로 우리에게 잘 알려져 있다.

1904년 내한한 포사이드는 1909년 1차 안식년을 마치고 3월 재내한하여 목포에 새 임지를 틀자마자 광주의 윌슨으로부터 급전을 받았다. 동료 오웬 선교사가 위급하니 바로 오라는 다급한 내용이었다. 봄이 되자마자 광주에서 장흥지역까지 다니며 전도 열정을 펼치던 오웬이 꽃샘추위에 폐렴 증세가 심해진 것이었다. 포사이드는 부랴부랴 말을 타고 광주로 향하는데 나주 쯤에서 길가에 쓰러진 나환자 여성을 발견하고 그녀를 자기 말에 태워 광주 병원까지 후송하였다. 한국 사회에서 있을 수 없었던 나환자에 대한 새로운 인식과 인류애로 한국 사회에 나환자 치료에 대한 새로운 전기를 열었다. 고흥 소록도와 여수 애양원의 시작이 포사이드 선교사의 남다른 선으로부터였다.

조하파의 동향 켄터키 출신의 목사 선배로는 유진 벨과 해리슨을 빼놓을 수 없다. 25년여 대선배들이다.

셸비 카운티 출신의 유진 벨(Bell, Eugene, 배유지, 1868-1925) 선교사는 1895년 조선에 내한하였다. 조하파가 아직 3살 어린아기 때다. 전남 선교를 처음 시작하였고 그의 후손들이 뒤이어서 그에 대한 전라 지역의 교회와 신자들은 각별한 애정을 지니게 되었다. 1897년 나주 선교에 대한 시도와 실패를 반복하며, 이듬해 내한 3년차 1898년 5월 15일 목포 교회를 비로소 시작하였다. 본격적인 목포와 전남의 기독교회를 열며 뒤이은 후배 선교사들을 지도하여 의료와 학원 선교에 열성을 내었다. 그의 열심과 충성은 자녀와 손자들에게까지 이어지며 벨-린튼 가문의 3대 선교를 만들었다. 미남장로교 호남 선교에 있어서 3대가 선교하는 가문이 되었고, 그 뒤를 또한 조하파 가문이 3대 이었다.

조하파 부부와 세 자녀

유진 벨의 절친이었던 해리슨 선교사 역시 조하파의 고향과 학교의 멋진 선배로서 호남 선교에 선한 족적을 남겼던 이다. 레바논 태생의 해리슨(Harrison, William Bulter, 하위렴, 1866-1928) 목사는 유진 벨에 이어 1년 후인 1896년에 내한하였다. 전주에서 전도와 의료 사역을 펼치며 전북 지역전도에 힘썼다.

1903년 아내 리니 데이비스가 발진티푸스로 사망하며 실망한 가운데서도 힘을 내었고, 1908년 간호사 에드먼즈와 재혼하여 1909년부터는 목포에서 사역하며 목포의 초기 선교부 건물을 신축하는 등 콤파운드 형성에 크게 역할하였다.

그밖에 캔터키 출신의 내한 선교사는 초기 의사였던 놀란과 순천 구례인의 아내로서 한국의 야생 도감을 최초로 펴낸 플로렌스 사모 등 한국을 찾아 섬겼던 이 지역 출신의 선교사는 장단기 사역자 20여명에 이른다.

조하파는 이들 동향의 선후배들과 함께 자신들의 고향에서 배우고 익히며 받아온 교회와 신앙의 전통을 아낌없이 전라도에 뿌렸다. 그들의 수고와 헌신으로 오늘 우리 전라도 고을마다에 교회가 들어섰고 시골 촌놈들에게도 하나님의 은혜가 미쳐있다.

미국 촌동네 출신들이 찾아와 한국 촌동네에 심은 그 사랑과 생명을 오늘 우리는 또 세상 다른 촌동네 어딘가에 심어야할 사명이 있으리라.

03
~~
최선으로 공부하고 준비하며

한국에 지난 1세기 동안 찾아와서 복음과 생명의 은혜를 나눠준 선교사들은 고등교육을 이수한 지식인이며 지도자들이었다. 절대 다수라 할 대부분의 선교사들이 자기 고향의 명문 대학을 다녔고, 목사는 신학 연구원 과정을 더하고 의사는 병원에서 인턴 등의 과정을 거치며 지식이나 기술 면에서 고등하고 탁월한 자격과 능력을 구비하였다.

유럽에서 신앙의 자유를 찾아 대서양을 건너 신대륙에 이주한 기독교 지도자들은 정착 과정을 밟아나가는 어려움 중에 자라나는 후세를 위한 교육 기관도 세워 운영하였다. 자신들의 깊은 신앙과 의지를 쫓아 일반 과정은 물론 고등교육 기관도 설립하였다. 장로교 가정들도 마찬가지였다. 지역별 장로교 노회 등에서는 지역의 인재를 키우고 기독교 가치관에 따른 인문 지도자를 양성하려 애썼다.

미남장로교 지역인 남부의 여러 지역에도 이러한 성격의 대학들이 생겨났고, 지역의 노회와 교회에서는 나름 열심히 지역의 젊은 이들을 성경에 따라 하나님나라 비전에 걸맞는 인재 양성에 노력하였다. 그 대표적인 대학들은 한국에 온 남장로교 선교사들 출신 학교와 맞닿아 있다. 버지니아의 햄든-시드니, 캐롤라이나의 데이비슨이 있었다면 캔터키를 대표하는 대학은 중앙대학교였다. 여성 지도자를 위한 학교는 아그네스스캇 대학과 메리 볼드윈 대학이었다.

중앙대학교에서 수학

캔터키에서 자란 조하파는 자연스레 중앙대학교에 진학하여 수학을 하였다. 대선배 유진벨과 해리슨이 나온 학교다.

중앙대학교는 원래 두 개의 다른 중앙대학이 합쳐진 것이었다. 캔터키에서 장로교 지도자를 양성하기 위해 먼저 생긴 건 1819년 댄빌에 세워진 칼리지(Centre College)였다. 이 학교는 초기엔 많은 어려움이 따랐다. 재정적 어려움을 비롯해서 장로교 내부 및 외부의 분쟁, 남북 전쟁 중에 남부 연합군과 북군이 이 지역에서 벌인 6차례의 전쟁 등이 잇달았다.

남북전쟁 이후 노예해방을 지지하는 북부지역에 비해 상대적 반감과 저항이 컸던 남부장로교회는 그 특성을 더 잘 살리기 위해 댄빌에서 조금 떨어진 리치몬드에 별도의 고등교육기관을 세웠다. 남북전쟁이 끝난 지 10년쯤 지난 1874년의 일이며 센트럴대학교라 하였다. 이 두 대학이 운영의 어려움을 극복하고자 1901년에 합병되었다. 댄빌의 캠퍼스에 합쳐져 지금의 캔터키 중앙대학교(Central University)로 발전되어 오고 있다.

합병되기 이전인 1890년대 대학 과정을 밟았던 유진 벨과 해리슨은 리치몬드 캠퍼스 출신이고, 조하파가 수학할 때는 합병된 이후의 댄빌에 소재한 센트럴대학교다. 졸업한 때가 1914년 22살의 일이다.

캔터키의 루이빌 신학교

한국 장로교회의 개혁주의 신학과 보수 신앙의 토대는 미남부장로교의 신학에 크게 기인한다. 더 구체적으로 미국 버지니아의 유니온신학교와 애틀란타에 있는 콜롬비아신학교, 그리고 캔터키의 루이빌 신학교 등에서 가르쳐지고 배워온 목사와 선교사들의 신학과 목회에 대한 인식과 가치에 큰 뿌리를 두고 있다.

잘 알려진 대로 초기 한국교회 지도자 양성을 했던 평양신학교는 한국에 들어와 사역하는 4개 장로교 선교회가 연합으로 운영하였다. 미북장로교, 미남장로교, 캐나다장로교, 호주장로교 등이 연합을 원칙으로 하고 각기 역할 분담과 선교지 출신 목회자들에 대한 개개의 책임아래 이뤄졌다. 신학교의 여러 분야 가운데 교리와 신조 등 신학적 뼈대를 차지하는 조직신학 분야는 미남장로교의 몫이었다. 레이놀즈 선교사를 비롯하여 유진 벨, 크레인, 그리고 조하파 등이 이으며 수십년 초창기의 조직 신학을 미남장로 선교사들이 지도하였다. 당연히 한국교회의 초기 목사들은 이들이 가르치는 성경과 신학적 특성을 고스란히 배우고 담아 교회를 이끌고 설교하였다. 한국 장로교회 대다수가 보수적이며 개혁주의적인 신학 체계아래 성장하고 발전해 온 연유다.

레이놀즈를 비롯한 미남장 출신의 조직신학 교수들은 자신들이 젊은 날 미국의 신학교에서 배워온 그대로 한국에 이식하고 전수하였고, 이들 미 남부의 신학교 출신의 수백여 목사 선교사들이 또한 전라남북도와 제주 일원에서 전도하며 교회를 세우고 설교하며 성경을 가르친 방향은 개혁신학적이고 보수적인 내용들로 채워졌다. 그들로부터 또한 배우고 자란 이 지역의 수많은 교회와 성도들, 목회자들의 성경 이해와 신앙의 방향은 자연 똑딱이처럼 닮아 자라왔음은 분명한 역사가 되었다.

조하파 선교사 역시 한국 목포에서 전도 사역에 힘쓰는 중에 잠시동안 평양에서 신학을 가르칠 기회가 있었는데 대선배 레이놀즈가 주도하고 그려낸 조직신학의 로드맵 아래서 교육 봉사하고 지도하였다. 많은 선배 동료 목사들처럼 그도 미 남부의 대표적

신학기관 중 하나인 루이빌 신학교 출신이었다. 켄터키 댄빌의 중앙대학교를 졸업한 조하파는 곧바로 루이빌에 있는 신학교에 진학하였고 1917년 졸업하였다.

학부의 중앙대학교가 두 개로 따로 설립되고 합병되어 왔듯이 루이빌 신학교 역시 비슷한 경로를 밟아 왔다. 남북 분열의 와중에서 벌어진 캔터키 지역의 교회 사정때문이었다.

1853년 댄빌의 중앙대학 내에 신학부가 신설되었고, 40년 후인 1893년 남부성향을 짙게 가진 노회들에 의해 루이빌에 또다른 신학교가 세워졌다. 한국교회 역사에서 교단이 갈라설 때마다 저마다 다른 신학교를 따로 세워 우후죽순 족보도 이름도 모호한 신학교들이 오늘 한국교회에 만연하고 이합집산한 것에 비하면 캔터기의 신학교 사정은 훨씬 나은 상황이었으려나.

댄빌과 루이빌의 두 신학교는 1901년 통합을 거쳐 루이빌 신학교로 이어오고 있다.

1893년에 댄빌과 별도로 설립된 루이빌 신학교에 진학해서 수학하며 이듬해 1894년 1회 졸업한 이가 선배 유진 벨 목사였다. 목포에서 동시대에 함께 사역한 다니엘 커밍(김아각)과는 1910년대 중반 루이빌신학교에서 동문 수학했으며 커밍이 먼저 졸업하였고, 다음 해인 1917년 조하파가 졸업을 하였다.

조하파는 신학교를 졸업한 봄에 트랜실바니아 노회에서 강도사 인허를, 가을엔 웨스트렉싱턴 노회에서 목사 안수를 받았다. 1919

년까지 2년간 캔터키의 작은 도시 헬렌스와 아톨 지역의 교회에서 목회하였다.

전라도에 50명 넘는 동문을 파송한 유니언

조하파 선교사는 1920년 내한하여 선교하였으며, 그는 오랜 사역 기간 중 안식년을 얻어 미국에 돌아갈 때마다 신학 석,박사과정의 공부를 이어갔다.
이번에는 유니언 신학교에서 보다 전문적인 신학 지식을 다졌는데, 1928년 석사, 1935년 박사 학위를 취득하였다.

그의 논문 제목은 오늘날 동양의 개종하지 않은 사람들에게 보내는 사도적 메시지 였습니다. 그는 "스튜어트 로빈슨의 '구원의 담론' 과 턴불 박사의 4가지 성경 연구"를 바탕으로 "에덴에서의 첫 번째 복음으로 시작하여 복음의 연속적인 계시"를 개략적으로 설명하여 "죄 많은 인간에게 전하는 하나님의 최종적이고 절대적이며 완벽한 메시지와 그것으로만 동양의 인간과 서양의 인간, 그리고 세계의 다른 지역 사람들이 오늘날 구원을 받고 있다"는 목표를 세웠습니다(팀 하퍼).

버지니아 리치몬드에 있는 유니언 신학교(Union Presbyterian Seminary)는 어찌보면 한국 호남 교회의 모태같은 학교다. 이 학

리치몬드 유니언 신학교

교 출신중 자그만치 50여명 이상이 전라남북도에서 선교하며 호남의 교회를 시작하였기 때문이다. 전킨과 레이놀즈를 시작으로 오웬, 매컬리, 뉴랜드, 크레인 등 수십 명이 군산, 전주, 목포, 광주, 순천을 찾아 섬겼다.

유니언 신학교는 1812년에 설립되었다. 처음엔 햄든-시드니 대학의 신학부로 시작하였는데 후에 리치몬드로 옮겨 신학전문학교로 발돋움하였다. 뉴욕 유니언 신학교와는 신학적 색깔이 많이 다르다. 영문 이름이 같은 이유로 혼돈이 있어 리치몬드 학교는 유니언장로교 신학교라 이름하고 있다.

레이놀즈 서명한 한국어 성경을 찾아

필자는 2021년 처음 이 학교를 방문했던 때가 늘 선하다. 11월 가을의 단풍이 익어가던 때였다. 익숙히 알았던 선교사들의 모교를 찾는다는 기쁨이 컸다. 괜스레 내가 다닌 한국의 신학교와 비교해 보고 미국 신학교에 대한 나름 좋은 인상들을 가져보고 싶었다. 무엇보다 레이놀즈 선교사가 남겨놓은 한국어 성경을 찾는 게 우선적인 목표였다.

한국어 번역성경에 독보적이고 탁월한 기여를 했던 레이놀즈는 안식년 중 방문할 때 자신이 번역한 한국어 성경을 모교에 기증하며 그 감격과 감동을 남겼다. 사실 찾아갈 때만 해도 소문만 들어서 알고 있었을 뿐, 사실 관계는 미지수였다.

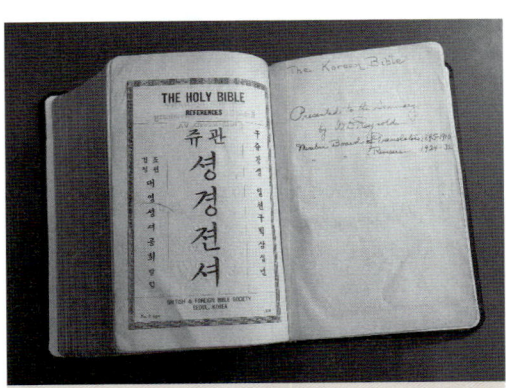

한국어 성경
유니언 출신 레이놀즈는 한국어 성경번역과 한국 장로교 신학 형성에 기여하였다. 그가 주도하여 번역한 한국어 성경(1930년 발행)을 서명하여 모교에 기증, 도서관 주요 문서로 보존되고 있다.

학교를 방문했을 때 총장실을 무작정 찾아 갔으나 하필 노스캐롤라이나에 출장갔다고 하였다. 나는 그날 아침에 노스캐롤라이나에서 버지니아 이곳에 올라왔는데 길이 엇갈린 것이다. 사전에 나는 여러번 이멜로 연락을 취했으나 아무런 답장도 못받았던 터였다. 미국의 인사들은 우리가 이멜 날리고 연락을 취한다 해서 친절하게 답장해주고 안내해 주는 편은 아니다.

총장은 만나지 못했는데 대신 그곳에서 만난 첫 관계자가 도서관 사서였다. 나는 학교 방문 목적을 이야기하며 레이놀즈 성경책을 도서관에서 찾아 줄 것을 요구하였다. 그동안 이런 내용으로 찾는 사람이 없었는 지 검색어에 잘 나오지 않아 못찾겠다고 한다. 그런 책이 있는 지도 모르겠다고 사서들은 난색을 표했다.

여기까지 와서 못 찾아보나, 아쉬워하며 주차장으로 돌아가 차의 시동을 켜는데 멀리서부터 사서들이 숨차게 달려 오더니 환한 모습으로 내게 성경 책 한 권을 내민다. 1930년 발행한 한국어 성경이었다. 앞 페이지를 넘기자 레이놀즈의 서명이 확연하게 들어왔다. 와우, 이 얼마나 놀랍고 가슴 벅찼던지, 할렐루야였다.

우리가 즐겨 감사히 읽고 보는 한국어 성경, 그 성경을 번역했던 레이놀즈가 번역하고 출판하며 서명한 성경책을 보는 순간 실로 큰 감동이 몰려왔고 놀라운 하나님의 은혜가 새삼 더 크게 우리 모두를 감쌌다. 하늘이 더 푸르고 교정의 단풍들은 짙은 색을 교태스레 뽐내고 있었다.

레이놀즈와 조하파가 수학했던 유니언 교정이 몹시 그립다.

04
~~
인생 길의 반려자, 아내 배런

목사가 된 조하파는 선교사 훈련을 쌓으려 뉴욕으로 갔다. 성서신학교에서 성경교육에 대한 내용과 선교 실제에 대해 공부하였다. 주일학교 교사를 위한 성경교육 학교인 성서신학교(Bible Teachers' College)는 1900년 화이트 박사에 의해 설립되었다.
화이트(Wilbert Webster White, 1863-1944)는 귀납적 성경연구의 창시자였다. 베이컨의 귀납적 이론을 성경 해석과 연구에 적용하여 고안하였고 이를 바탕으로 한 교육을 하였다. 학교 이름을 여러번 고쳐가며 뉴욕신학대학교로 운영되다 2024년 학교가 폐쇄되었고, 뉴욕 유니언 신학교에 합병되었다.
화이트 박사는 존 모트 박사와 처남 매부 지간이었다. 화이트의 누이가 모트의 부인이었던 것이다. 20세기 선교운동의 지평을 연 에딘버러 선교대회 의장이며 선교동원과 YMCA 운동으로 세계적인 영향력을 지녔던 평신도 지도자, 모트는 화이트와 함께 수차례 한국을 방문하며 한국에서 일어나는 선교와 교회 성장에 애정과 관심을 크게 가졌다.

서울 종로에 번듯한 YMCA 건물이 세워지는 것도 존 모트의 큰 역할이 있었다. 백화점 사업가로 큰 재벌이었던 존 워너메이커로 하여 4만 달러에 이르는 큰 헌금을 기부하게 독려한 이가 모트였다. 그들의 수고와 헌신으로 이뤄진 한국 기독청년운동의 발전사를 더듬을 때마다 또한 여담이지만 아쉬운 구석이 있다면 광주의 일이다.

화이트나 모트는 한국을 여러차례 왔음에도 광주까지 오지는 않았다. 광주에는 윌슨 의사가 있었다. 윌슨은 본디 화이트 박사의 딸과 연애중이었고 약혼 상태였다. 먼저 한국에 선교하러 가면서 나중에 다시 와서 결혼하고 재차 한국에 함께 부임할 것으로 약속했었는데, 그 약속이 제대로 이뤄지지 않았다.

윌슨은 자신과 미래의 아내가 함께 살 집을 광주 양림동에 지었는데, 시간이 흐르면서 신뢰는 깨어졌다. 목포에서 일하는 간호 선교사와 새로운 연정을 갖게 된 것이다. 멀리 있는 약혼자는 희미해지고 가까이 있는 새 여성의 매력에 빠져 윌슨은 고무신을 바꿔 신었다.

만약 윌슨이 원 약혼자와 결혼할 수 있었다면 화이트는 딸이 있고 모트는 처가의 조카가 있는 광주를 찾았을 터이다. 그리고 광주에도 번듯한 YMCA 건물이나 선교회 사업을 크게 지원 협력할 수 있었으리라 본다. 그러나 밉상스런 윌슨이 있는 광주를 찾았을 리 없고 마음에 둘 리 없었으니 서울에만 힘을 쏟아 붓고 말았던 내막은 광주로선 꽤 아쉬운 대목이다. 그리 비교할 건 아니라 말할 런지도 모르겠으나,...

뉴욕의 성경연구를 광주에 이식한 서서평

이런 저간의 사정을 잘 알고 있는 이가 서서평이었다. 독일 출생으로 미국에서 간호학을 전공하고 한국 선교에 헌신한 쉐핑(Elisabeth Johanna Shepping, 서서평, 1880-1934) 양은 화이트 박사의 성경학교에서 오래도록 공부한 적이 있다.

그녀는 스승인 화이트 박사는 물론 그의 딸과 윌슨이 젊은날 어떻게 연애하고 미래를 약속하고 있었는 지 같은 캠퍼스 안에서 여실히 보아 왔었다.

성서신학교 동문으로서 선교훈련을 같이 했는데, 윌슨이 먼저 한국에 왔고 뒤이어 쉐핑이 내한했는데, 하필이면 광주 선교부에 같이 배정되었다. 광주 제중원에서 의사로 일하는 윌슨을 만났고 쉐핑은 간호사 역할을 책임지게 되었는데, 상당히 꺼림직한 사실을 알게 되었다. 윌슨이 자신이 아는 여자가 아닌 다른 여성과 결혼하여 살고 있었기 때문이다. 의사 윌슨을 조력하는 간호사 쉐핑의 속내는 참 많이도 상하고 버거웠을 듯하다.

성서신학교에서 배우고 한국 선교하러 온 이는 제법 있는데, 서서평은 단연 그가 배운 내용들을 한국에 잘 전수하였다. 화이트 박사에게 배운 남다른 성경 연구와 학습 방법을 적용하여 광주와 전남 일원의 여성들을 모아 사경회 등을 통해 성경을 가르쳤다. 급기야 아예 여성 전용 성경학교를 세웠다. 이일학교가 생겨난 데에는 뉴욕 성서신학교 학습과정이 뒷배였고 이를 잘 이식한 이가 서서평이었다. 이일학교는 후에 전주 한일장신대학교로 통합 발전되고 있다.

쉐핑이 성서신학교 재학중 한국 선교에 마음을 두게 된 것은 포사이드 선교사 때문이었다. 전주에서 불의의 피습을 당해 미국에서 치료하며 안식년을 보내던 포사이드가 성서신학교를 방문하여 학생들에게 한국 선교 도전하였고 이를 가슴뛰게 들었던 이가 쉐핑이었다. 쉐핑의 한국 광주 선교는 그렇게 준비되었다.

하늘이 맺어준 배필

조하파는 이곳 성서신학교에서 선교를 꿈꾸었고, 그리고 이곳에서 만난 여성과 결혼까지 하게 되었다. 그녀의 이름은 애니 배런 양이다.

애니 배런(Annis Estelle Barron, 1893.7.19.-1979.4.14.)은 사우스캐

롤라이나 록힐에서 배런(Archibald Alexander Barron, 1851-1909) 과 메리(Mary Robert Partlow, 1855-1930) 사이에서 출생하였다. 5남 3녀의 8남매 가운데 7번째 자녀였다. 애니 배런은 윈스럽 사범학교를 졸업하였으며, 뉴욕 성서신학교에서 조하파와 함께 훈련하였다.

성서신학교 캠퍼스에서도 젊은이들이 학업과 함께 사랑을 나누고 연애를 했을 텐데, 적어도 한국 선교와 관련하여서 알게된 두 커플 중 하나는 전술한 대로 아쉽게 되어 버렸고, 여기 다른 짝 조하파와 배런 양은 골대에 잘도 들어갔으니 감사한 일이다. 둘이 하나되어 선교에 헌신하며 한국 목포에서 오래도록 해로하며 목포에 복음과 생명을 전해주는 일에 충성하였으니, 은혜 아니런가. 두 사람은 1919년 12월 18일 결혼하였다. 조하파는 27세 청년이었고 아내 배런은 한 살 연하인 26세 아가씨였다. 신부의 고향인 록힐에서 식을 올렸다. 이 사실을 지역 신문은 중요하게 보도까지 하였다.

오늘 밤의 결혼식

오늘 저녁 6시, 신부 부모님인 아치볼드 배런 부부의 집에서 애니스 배런 양과 켄터키주 샌포드의 조셉 하퍼 목사의 결혼식이 거행됩니다. 참석자는 다음과 같습니다. 노스캐롤라이나주 롤랜드 출신의 마가렛 맥퀸, 버지니아 배런, 신랑의 누나인 켄터키주 샌포드 출신의 마가렛 하퍼, 그리고 모드 배런이 신부 들러리를 맡을 예정입니다. 로티 배런 양이 명예 시녀가 될 것입니다. 신랑의 형인 조지 하퍼가 베스트 도우미가 될 것입니다. 리틀 아델레이드 밀러와 윌리엄 배런이 리본을 들고 갈 것입니다. 신부의 가장 나이 많은 오빠인 배런이 그녀를 인도해 식장에 들어갈 것입니다. 리틀 애니 스토크스가 반지를 들고 갑니다. 신랑 들러리는 로레인 심릴, 배런 박사, 얼 배런, 존 골스비 목사, 신랑의 동생 조지 하퍼입니다. 애나 로디 밀러 여사가 결혼행진곡을 연주하고, 배런 스틸 여사가 결혼식 노래를 부릅니다. 주례는 헌터 목사가 로저스 목사와 함께 진행합니다.(록힐 레코드, 1919년 12월 18일)

록힐 출신의 두 여 선교사

필자는 2024년 4월 록힐을 방문하였다. 미남장로교 선교지 여러 곳을 다니던 중 이때 사우스캐롤라이나의 록힐제일장로교회를 찾았다. 이 교회 도서관에는 한 여성의 사진이 걸려 있다. 잉골드 의사다. 전주에서 병원을 열고 드루 이후 호남에서의 두 번째 의료 사역을 전개한 선교사다. 모교회가 이를 기억하며 기념하고자 하는 노력이 아름답게 보였다.

잉골드(Martha Barbara Ingold, 1867-1962)는 1892년 록힐제일장로교회 당회에서 선교사로 파송 결의된 후, 5년이 지난 1897년 내

록힐교회 도서실에 전주예수병원 설립자 잉골드 사진이 걸려있다.
전주예수병원 김윤환 교수와 담임목사(Rev. A. Lee Zehmer).

한 전주에서 선교하였다. 나중에 7인의 선발대였던 테이트 목사와 결혼하여 함께 오래도록 전주 사역에 헌신하였다.

특별히 잉골드의 한국 기여는 '딸기'다. 한국이 즐겨 먹는 딸기는 백여년 전 잉골드로부터 시작된다. 그녀가 첫 번째 안식년을 마치고 돌아오면서 고향의 딸기 모종을 전주에 가져왔고, 전주 기전여학교 학생들로 하여 선교 동산에 심고 길렀다. 점차 풍성하게 열매 맺으며 오늘날 전국에 걸쳐 딸기가 우리에게 사랑받는 과일로 확산되었다.

잉골드의 모교회가 그녀의 한국 선교를 귀히 여기고 사랑하지만 이런 내용은 그 교회 목회자들이 모르고 있었다. 우리 일행과 교회 목회자들과 교제하며 내가 이 일을 증거하였을 때 모두들 놀라고 기뻐하였다. 나는 이 지역 일대에 혹시 딸기 재배가 넓게 퍼져있는 지 물었는데, 교회 여성 교역자는 긍정의 대답을 해주었다. 그뿐만이 아니라 그녀는 잠시 바깥에 나가더니 딸기를 한아름 사와서 우리 모두에게 나눠주는 센스를 발휘하였고 우리 모두는 잉골드의 헌신을 새기며 함께 기뻐했던 기억이 새롭다.

그렇게 즐거운 록힐에서의 시간을 보내고 돌아왔는데, 참 아쉽게도 놓쳐 버린 일이 있었던 일을 알게 되었다. 록힐에서 우리에게 온 천사는 잉골드 만이 아니라 또 한 명의 여성 선교사가 있었던 것이다. 그것도 불과 500미터밖에 안되는 거리를 두고. 록힐제일장로교회에서 엎드리면 코 닿는 지근 거리에 록힐제일개혁장로교회가 있다. 이 교회 출신이 바로 지금 이야기하는 주인공, 애니 배런이다. 신부의 아버지는 이 교회의 장로였다.

아프리카 이집트 선교 준비하던 애니 배런은 남편 조하파가 가자는 한국으로 선교지를 바꿔 함께 전라도에 왔다. 그녀는 목포에, 대선배 잉골드는 전주에 와서 헌신하였으니 록힐의 두 규수를 전라도에 파송한 두 장로교회가 참으로 고맙다. 잉골드의 장로교회는 이미 알고 있어서 함께 기뻐하며 감사를 나눴는데, 개혁장로교회의 애니 배런은 이제사 알게되었으니 다음에 다시 부러 찾아보며 감사의 인사를 나눌 기회를 가져야겠다.

05
~~
태평양 건너 조선으로 가는 길

조하파와 애니 배런 부부는 한국으로 가기 전, 루이빌의 하이랜드 장로교회에서 목회 사역을 하였다. 하이랜드 체로키 길 1011에 있는 하이랜드장로교회는 1873년에 시작되었다. 이 교회는 1899년 스트래퍼 양을 목포에 선교사로 파송 후원하기도 했다.

목포와 전남의 첫 여성 선교사로 충성한 스트래퍼(Miss. Straeffer Frederica Elizabeth, 서부인, 1868-1939)는 오하이오주 신시내티 출신으로 1899년 12월 27일 불 선교사와 함께 내한하였다. 불 목사는 군산에서, 스트래퍼는 목포에서 각기 사역하였다.

스트래퍼는 목포의 여성과 아동 사역에 헌신하였고, 목포정명여학교 설립에 기여하였으며, 1905-1906년에는 광주에서 일하였고,

은퇴하여 미국 루이빌에서 여생을 보냈다.

하이랜드장로교회 임시 목사로 사역할 때 조하파는 선배 여성 스트래퍼로부터 한국의 선교와 목포에 대해 많은 정보와 이야기를 접했을 것이다. 호남 선교에 대해 마음을 다지던 조하파는 1920년 아내와 함께 한국으로 갔다.

하나님의 새로운 부름을 받아 나서는 길, 미지의 땅 아시아 한국을 찾아 미국을 떠났다. 하늘 생명 복음을 전하러 가는 길, 참으로 어렵고 버거운 삶의 행보를 펼치는 젊은 두 사람, 조하파 부부의 신혼 여행은 선교지로 향하는 여행이었다. 그들 선배들 다수가 그랬다. 오래전 미 남장로교 선발대로 조선을 달려가던 전킨과 레이놀즈도 신혼이었다.

1892년 7인의 선발대

미남장로교 선교사들이 한국에 최초로 도착한 때는 1892년 10월과 11월의 일이다. 조하파가 내한하기 28년전의 일이다. 7명 가운데 4사람은 신혼 부부였고, 3사람은 미혼이었다.

한국 선교를 결단하며 결행이 이뤄지기까지 만 1년의 시간은 참으로 우여곡절이 많았다. 거슬러 올라가면 1891년 늦가을 언더우드의 순회 동원사역으로부터 시작된다.

한국 최초 선교사로서 6년간의 사역을 마치고 첫 안식년을 맞아 귀국한 언더우드는 쉼과 재충전의 시간을 보내는 동시에 다른 한편으로 미 전역을 돌며 한국 선교 동원 사역에도 힘을 기울였다. 1891년 10월 테네시주 내슈빌에서 열린 해외선교를 위한 미국신학교동맹 12차 집회에서 언더우드는 한국 선교 상황을 전하며 젊은 신학도들에게 선교하러 가자고 호소하였다. 대회 참가하였던 테이트, 레이놀즈, 존슨 등이 응답하며 자신들의 삶을 한국에 드리겠다고 결단하였다.

레이놀즈는 리치몬드 신학교로 돌아와 전킨에게 이를 알렸고 함께 선교사로 자원하였다. 시카고 매코믹 신학도 테이트와 함께 각각 미남장로교 총회에 자신들을 조선에 선교사로 보내 달라고 청원하였지만, 총회는 난색을 표하였다. 총회 해외선교실행위원회는 이미 여러 나라에 선교 사업을 진행중이었고 더 감당하기는 재정적으로 어려웠으며, 한국은 전혀 알지 못한 당시 사정 등이 있었다.

레이놀즈와 전킨은 기숙사 방에서 기도하며 하나님께서 길을 열어 주시기를 간구하였고, 미남장로교 선교지에 글을 투고하기도 하였다. 어려운 재정 문제는 언더우드와 형이 해결해 주었다. 미남장로교 총회는 이들에 대한 선교 시행을 결의하기에 이르렀다. 모든 것이 한국에 새 생명의 역사 펼치시려는 하나님의 은혜요 섭리였다.

그 사이에 레이놀즈와 전킨은 각기 결혼도 하였다. 1892년 5월 5일엔 레이놀즈가 볼링과 6월엔 전킨이 메리와 각기 결혼하여 두

쌍의 목사 부부가 준비되었다. 그리고 매코믹 신학교 출신의 루이스 테이트와 그의 여동생 매티 테이트가 나섰고, 린니 데이비스 양까지 미혼 세 사람이 더해졌다. 모두 7명으로 선발 대원이 갖춰지게 되었으니 8월의 일이다.

9월 7일 데이트 남매의 모교회인 미주리주 세인트루이스장로교회와 그랜드에비뉴장로교회에서 파송 예배가 드려졌다. 여기엔 한국인 배선 여사도 함께하게 되었다. 워싱턴 외교관으로 와 있던 이채연의 부인인 배선은 조선으로 돌아가려던 차에 린니 데이비스를 만나게 되고 기독교 신앙에 입문하며 함께 조선으로 가는 7인의 선발대에 합류하였다.

배선을 포함한 선교 일행은 기차를 타고 서부로 달렸다. 한국으로 가려면 샌프란시스코에서 태평양을 건너는 배를 타야 했다. 기차로 미 대륙을 횡단하는 도중에 갑자기 전킨이 편도선염에 걸렸다. 덴버에서 전킨 부부와 레이놀즈 부부 4사람은 치료를 위해 잠시 지체하였다.

나머지 독신 선교사와 배선 등 4명은 기차로 샌프란시스코까지 직진하였고, 9월 17일 증기선(City of Cheefoo 호)을 타고 태평양을 건너 아시아로 향했다. 10일 후 27일에는 치료를 마친 전킨과 레이놀즈 일행이 역시 샌프란시스코 출발하여 태평양을 건너는 배(Empire of China 호)를 타고 뒤따랐다.

선교 역사는 항해의 역사

역대 세계 선교는 늘 배를 타고 바다를 건너는 일부터였다. 바울은 수리아 안디옥을 떠나 선교를 맨 처음 시작할 때 배를 타고 지중해를 건너는 것부터 시작했다. 동역자 바나바의 고향인 구브로 섬을 찾아 첫 선교를 펼치기 시작하였고, 계속해서 구브로 앞에 있는 바다를 배로 건너 버가에 도달했고, 비시디아, 갈라디아 지역에 복음 전도를 할 수 있었다. 2차 선교여행에서 아시아에서 유럽으로 건너 갈 때에도 역시 배를 타고 바다를 건넜고 이후에도 계속해서 그의 선교 행보는 걷는 것 이상으로 늘상 '배'의 교통수단을 중요하게 이용해야 했다.

아무런 도움없이 육신의 발걸음을 이용하거나 말을 이용하는 것도 중요하게 작용했지만, 수천 수만년 인류 역사에 단연 중요했던 건 배다. 대륙을 넘나드는 대양을 건너는 데는 바다 위를 건너는 '배' 말고는 없었던 거다. 자동차나 비행기라는 탁월하게 빠르고 효과적인 교통수단이 등장한 건 불과 1세기 전 일이다.

바울을 뒤잇는 수많은 선교사들의 행보 역시 바다를 건너야 했고, '배'는 늘 중요하고 유일했다. 대체 수단이 달리 개발되기 전의 일이었다. 윌리엄 캐리, 로버트 모리슨, 허드슨 테일러 등등 유럽에서 아시아로 복음을 전하던 선교사들의 발걸음에는 늘 인도양을 건너는 배가 있었다. 한국 선교를 두드렸던 귀츨라프, 토마스, 로스 등도 유럽에서 멀리 인도양을 건너는 수고부터 하였다.

1934년 목포기독청년회

유럽의 기독교는 반대로 대서양을 건너 미주에도 이르렀고, 미주의 장로교, 감리교 선교사들은 또 다시 태평양을 건너 중국과 일본을 거쳐 한국에까지 이르렀다.

생애 처음으로 큰 바다를 건너는 선교사들의 심정은 어떠했을까? 대양과 끝없는 수평선, 드문 드문 보이는 섬들을 지날 때마다 신기해하며 놀라기도 하고 감동하기도 했겠지만, 시시각각으로 변하는 돌풍과 파고에 배가 갸우뚱할 때마다 수도 없이 놀라며 기겁하고 기도하지 않았을까나. 심한 멀미를 여러차례하며 선교지에 도착하기도 전에 상당한 댓가를 치루는 연단의 과정을 톡톡히 겪었을 것이다.

배를 타고 가면서 겪는 멀미는 참으로 고통스러웠어. 말로 표현하기 어려울 정도로 끔찍했지. 가볍게 끝나서 다행이지 그렇지 않았다면 어떻게 견뎌냈을지 상상도 하기 싫구나.
심하게 파도가 몰아치면 배가 사방으로 요동을 치는 데 이걸 또 말로 하기 어려울 정도야. 배가 대부분 앞뒤로만 흔들거리는 줄 알았는데, 내가 탄 배는 너무 길고 폭은 좁아서 양 옆으로도 기우뚱 갸우뚱거려. 처음 36시간 정도는 바람의 방향에 따라 배가 파도를 비스듬히 맞으면서 상하좌우로 심하게 움직였어.
심한 풍랑 속에도 배가 뒤집혀지지 않는다는 게 참 신기했지(유진 벨, 1895년 2월 18일).

2천여 년에 이른 선배들의 세계 선교 도전에 함께하며 한국에 파송되는 미남장로교 7인의 선발대 역시 태평양을 쉽지 않게 건넜을 것이다. 전킨의 뜻하지 않은 컨디션 악화로 1진과 2진으로 나뉘어 미국을 출발한 배는 하와이를 거쳐 10월 일본에 도착했다. 먼저 도착한 1진은 요코하마에서 뒤따라 올 전킨과 레이놀즈를 기다렸다.

그런데 배선은 사정상 지체하지 않고 조선으로 빨리 들어가길 원했다. 미국에서 첫 아이를 낳았는데 얼마 못가 아이가 죽는 바람에 배선 여사는 그동안 심신이 매우 허약해 졌고 불안정했던 것이다. 하루라도 빨리 한국의 친정에 가서 요양을 하고 싶어했던 것이다.

데이비스가 배선을 데리고 먼저 한국으로 향했고 10월 5일 부산에 도착하였다. 한국의 첫 도착지에서 카메론 존슨을 만났다. 한해 전 내슈빌 언더우드의 집회때 누구보다 먼저 결단하고 의욕을 비쳤던 존슨은 미남장로교 총회의 조선 선교 사업이 미적거리자 홀로 나서서 일본과 조선에 독립선교사로 와 있었다.

데이비스와 배선은 이번에는 존슨의 안내로 역시 갓 부임하는 감리교의 노블 부부 선교사와 함께 동행하며 부산을 출발하여 17일 제물포에 도착하였다. 배선 여사는 바로 서울로 향하였고, 선교사 일행은 스튜어드 호텔에서 1박하였다. 다음날인 18일 배로 한강을 거슬러 밤 늦게 서울 성내에 도착하였다. 미남장로 선교사로서 가장 먼저 린니 데이비스 양이 서울에 입성하여 내한하였다. 일본에서 뒤쳐져 있던 나머지 6명의 선교사는 일본에서 사역하는 미북장로교 헵번의 안내와 함께 지내다 언더우드가 쓴 조선문법 책과 사전을 선물로 받고 한국으로 들어왔다. 11월 1일 부산, 3일 제물포를 거쳐 4일 새벽에 서울에 도착하였다. 이렇게 해서 미남장로교 7인의 선발대는 1892년 11월 4일 모두 내한에 성공하였다.

전라도 찾아온 미남장로교 선교사

7인의 선발대가 한국에 도착하여 호남에서 사역을 펼친 이후 숱한 후배들이 잇따라 태평양을 건너 찾아 왔다. 조하파가 한국으로 오던 1920년은 그로부터 28년의 세월이 흘렀으며 그동안 100여명에 이르는 선교사들이 찾았다.

여전히 힘써 수고하는 이들도 있고 로티 벨을 시작으로 린니 데이비스, 전킨, 오웬 등 순직한 선배 선교사들도 있으며 적지 않은 어린 아이들을 잃는 슬픔의 시간도 있어 왔다.

그 과정에서 미남장로교 한국선교회가 책임맡은 전라남북도와 제주도 일원에는 또 셀 수 없는 하나님의 은혜요 결과물들이 넘쳐났다. 신자가 생기고 교회가 곳곳에 세워졌으며 한국인 목회자들까지 양성되고 있었다.

교회와 학교, 병원 사역의 진척이 있고 성장과 부흥의 역사가 늘어날수록 추수할 일군은 한없이 필요했고 미남장로교 해외선교회는 부지런히 새로운 젊은 사역자들을 보냈다.

조하파 부부 역시 이러한 하나님의 열심과 교단의 충성에 힘입어 그들의 신혼 여행을 태평양 도상을 넘나들며 긴장감있게 공유하며 한국으로 향했다.

그들은 일본을 거쳐 3월 23일 한국에 도착하였다.

06
~~
1920년 목포 선교부는

1920년 한국을 찾은 조하파는 목포 스테이션에 배속되었다. 목포 선교부는 미남장로교가 전라도에 세운 세 번째 스테이션이었다. 1892년 7인의 선발대가 처음 내한하였고, 1894년 3월 드루 부부가, 그리고 1895년 4월 유진 벨 부부가 내한하였다. 이미 전라북도의 군산과 전주에 선교부를 개설하여 사역은 시작되고 있었고, 미뤄 둔 전라남도 사역은 벨에게 주어졌다.

유진 벨 선교사는 조하파의 고향 선배이고 학교 선배이기도 했다. 캔터키주 스콧스테이션 출신의 유진 벨은 중앙대학교와 루이빌 신학교 1회 졸업하고 이 지역 출신으로는 가장 먼저 한국 선교의 길에 올랐다. 벨 선교사는 서울에서의 적응 기간과 언어공부를 한

후 1897년 전남의 나주에서 일을 벌였다. 그러나 나주 유생들의 완강한 저항에 부딪혔고, 그즈음 목포 개항이 이뤄져 목포 선교로 선회, 이듬해 1898년 봄 목포에서 준비하여 5월 15일 목포와 전남에서의 첫 예배를 인도하였다. 목포와 전남의 최초 예배, 최초 교회가 시작되는 순간이었다.

서울에 대기하던 아내 로티와 아들 헨리가 가을에 목포로 왔고, 11월엔 의사요 목사인 오웬이 합류하여 마침내 목포 선교부가 개설되었다. 그리고 1년 후 1899년엔 여선교사 스트래퍼가 합류하였다. 목포교회는 이내 주일 저녁예배도 수요예배도 드리며 목포 신자들이 점차 늘어가며 교회가 자랐다.

무엇보다 오웬이 연 진료소를 통해 많은 환자들이 생명을 구하고 질병에서부터 회복과 건강을 얻자 사람들이 서양 기독교가 주는 치료에 힘입어 복음의 진리도 받아들이고 교회 출석하는 이가 늘어갔다.

1900년엔 벨과 오웬으로 임시당회가 구성되어 처음으로 문답이 이뤄졌고 성례식을 거행하기도 했다. 괄목할 성장과 하늘 은혜를 입던 목포교회에 갑작스레 안타까운 사건이 생겼다. 1901년 유진 벨의 아내 로티 위더스푼이 심장병으로 갑자기 사망한 것이다.

미남장로교 최초의 선교사 순직이었다. 성도의 증가로 예배당 신축한 목포교회는 1903년 이를 기억하여 로티 위더스푼 벨 예배당을 헌당하였다.

그리고 그해 가을엔 성도들의 자녀를 위한 남녀학교를 세웠다.
9월 15일 유진 벨이 남자학교를, 스트래퍼가 여자학교를 각기 시작하였다. 목포를 찾는 후배 선교사들이 잇달았다. 오웬은 북장로교 의사 조지아나 휘팅을 아내로 맞아 함께 사역하였고, 여기에 레이놀즈 목사, 프레스톤 목사, 놀란 의사 등이 목포 선교에 불을 지폈다. 목포 교회의 신자들은 선교사들의 조사가 되고 전도 협력자가 되어 목포 인근의 전라남도 농어촌 지역까지 복음을 전하였다. 이들의 노력으로 전남 북부권에 성도들이 늘자 선교부 설치가 필요하여 유진 벨과 오웬 가족은 변창연과 김윤수 등 목포 조력자들과 함께 광주로 옮겨 선교부를 개척하였다. 1904년 12월 25일 광주 교회와 선교부를 시작하였다.

미남장로교는 계속해서 신입 선교사들을 파송하였고 교회와 병원과 학교 사역은 점차 성장하며 활성화되었다. 그리고 1913년엔 순천에도 선교부를 설치할 수 있었다. 군산, 전주, 목포, 광주, 순천 등 5개 선교부에 지난 1세기 동안 450여 선교사들이 찾아와 전도하고 치료하고 교육하는 열심들을 부렸다.

조하파가 내한한 1920년, 미남장로교가 조선에서 사역한 지 28년이 지났을 때는 호남의 모든 지역마다 많은 교회들이 세워져 갔고 각 분야마다 사역이 힘을 얻어 하늘 은혜가 풍성하였다. 목포 역시 목포교회 뿐만 아니라 인근 지역에 여러 지교회를 세웠고 전도자들과 일군들이 세워졌다.

남녀학교엔 전남의 청소년들이 계속해서 배움의 기회를 얻고자 몰려 들었고 학교 체계와 운영은 그 모습을 잘 드러내고 있었다. 병원 역시 한때 화재가 나기도 했으나 1916년 미국의 프렌치 장로의 헌신으로 번듯한 병원을 신축하였고 새로운 의사들이 찾아와 진료에 열심을 내고 있었다.

3.1운동 1주년 박형룡 전도

조하파 부부가 목포에 3월 부임하였고, 얼마 안 있어 목포 교회에서는 특별 전도집회가 열렸다. 겉으로 드러난 행사는 전도집회였지만, 속내는 한 해 전에 있었던 기미독립만세운동 1주년을 기념하는 집회였다. 이때 평양의 숭실학교 학생들로 구성된 전도 순회단이 목포를 찾았고 대표인 박형룡 학생이 강연을 이끌었다.

1920년 4월 7일과 8일 이틀간 양동교회에서 열린 강연 집회는 음악회와 함께 열렸는데 목포 시민 1,300여명이 몰려 들었다. 당시 인구 수를 고려할 때 목포 시민 대다수가 참여한 포교집회였다. 첫날 세시간 가까이 열정적인 전도 설교가 이어졌고 자정이 되어서야 마쳤는데 이 집회로 30여명 가까운 회심자가 일어서는 은혜가 있을 정도로 대단히 성공적인 전도집회였다.

이들이 집회를 마치고 9일 광주로 갈 열차를 타려는 즈음, 일제 경찰은 느닷없이 박형룡 군을 체포 구금하였다.

전도대의 1인, 목포에서 피착
전도 연설하는 중에 과격한 말이 있다고

평양숭실학교 전도대 김형재 외 십칠인이 4월 7일과 8일 양일간 목포 양동예배당에서 음악회를 열고 포교하는 데, 방청자가 남녀 일천 삼백여인이요 주 연설한 사람은 숭실학교 졸업생 당년 24세 된 평북 벽동군 출생 박형룡인데, 세시간동안 재미있게 연설한 결과 방청자 중에 예수 믿겠다고 거수한 자가 남자가 이십여명이요 여자가 여성명이 되어 십이시에 폐회하고 그 이튿날 밤에도 여전히 방청자가 다수 모이고 박형룡이가 다시 연설하는데 방청자 일반이 감격하여 슬퍼한 자가 다수며 신도인 방청자 중에서 전도대 일행의 여비로 금 백여원을 기부하였는데 남자편에는 칠십여원 여자편에 사십여원이며 그 외 여자 편에서 금지환 은지환 혹은 비녀를 기부한 사람이 오륙명에 달하고 미국인 목사의 기도가 있은 후 무사히 폐회되어 그 이튿날 아침 칠시 이십분 차로 일행이 광주로 출발할 즈음에 박형룡은 전도 연설 중에 과격한 말이 있었다고 목포경찰서에서 인치 취조후 오후 사시경에 목포 감옥에 송치하고 그 나머지 일행은 무사히 광주로 출발하였다더라(동아일보, 1920년 4월 14일).

복음은 개개인의 구원과 생명뿐만 아니라 사회와 민족을 변화시키며 하늘 생명의 은혜와 자유를 부여하는 하나님의 선물이지 않겠는가? 박형룡 군은 이를 분명하고도 힘있게 군중들에게 전하고 설파하였는데 이 집회 자체를 밉보는 일제 경찰이 무리한 죄목을 엮어 박형룡 씨를 붙잡았던 사건이 있었다.

따지고보면 1년 전 한국 사회 전체가 유사이래 가장 거족적인 자주독립과 시민 저항 운동을 벌였던 쾌거가 있었던 것이다. 기미년 독립만세운동. 일제하에 놓인 이 민족의 자주성과 독립을 만방에 선포한 전 민족의 평화적이고 호기있는 저항이요 외침이었다.

목포 역시 1919년 4월 8일 만세운동이 크게 일어났고 이 일로 많은 기독학생들과 교인들이 수감되고 여전히 감옥에 갇혀있는 때였다.

채 1년 만에 또 목포 시민들 대다수가 모이고 집회를 하였으니 일제 경찰로서는 긴장하지 않을 수 없었고, 강연자가 무슨 말로 군중을 선동하지 않을까 주시할 만한 일이었던 것이다.

애굽에 갇혀 지냈던 히브리 노예들을 해방하고 자유와 새생명의 가나안으로 이끄시는 하나님의 출애굽 역사를 설교할 때는 이 민족에게 희망과 새 세상의 꿈이요 도전이 되어 모두가 공감하고 마음을 같이하였다.

그러나 일제는 이를 못마땅히 여겨 박형룡을 체포하였고 보안법 혐의를 씌었다. 후에 한국교회에 큰 조직신학자로 충성했던 박형룡은 이 일로 상당 기간 복역하는 일이 있었다.

이때 목포 선교부에는

목포 교회와 지역사회 상황이 이러할 즈음의 목포 선교부에는 수십 명의 충성스런 선교사들이 있었다. 목사로는 무안과 함평 지역을 순회하는 니스벳 목사, 신안, 완도, 진도 등 섬지역 담당하는 매컬리 목사, 그리고 학교 사역을 하는 커밍 목사가 있었고, 병원에서는 리딩햄 의사와 매튜 간호사 등이 수고하고 있었다.

독신 여성 전도자 쥴리아 마틴과 맥머피 선교사 등으로 10여명 남짓 목포를 기반으로 전도와 의료 교육에 열심을 내고 있었다. 이러한 상황은 남은 4개의 스테이션도 비슷하였다.

조하파 부부 내한 한 달 전, 목포는 또 하나의 비보를 접했었다. 목포 여학교를 힘써 이끌어오던 목포의 최초 교육 전문 선교사 유애나(니스벳 부인) 선교사가 사망하였던 것이다.

한 해 전 정명여학교 학생들이 독립만세를 한창 준비하던 때 학생들의 안위를 걱정하며 격려하던 그녀가 2층에서 계단을 타고 내려오다 그만 낙상하였고 부상 후유증을 1년 가까이 겪어오다 결국 소천하였다.

조하파의 내목 선교를 환영한 이는 한 달 전에 상처한 홀아비 니스벳(유서백) 선교사와 조하파보다 2년 먼저 목포 와서 남학교 지도하던 28세의 총각 동갑내기 커밍(김아각) 선교사 등이었다.

유서백은 조하파보다 23살 연상으로 목포에서 내내 조하파의 훌륭한 선배로서 마치 삼촌처럼 그를 아끼고 사랑과 우애를 나눴다.

목포 최초 교육 선교사 유애나 교장과 정명학교, 뒷줄 우측은 조긍선 교사

선교사들에겐 제각기 지역 전도 임무가 부여되었다. 오늘날 구역 심방 교역자 격이라고나 할까. 유서백은 목포 북부지역, 매컬리는 목포 앞바다의 섬 지역, 그리고 새로 합류한 조하파에겐 동부지역이 주어졌다. 영암, 강진, 장흥을 기본으로 해남이 옵션으로 추가되기도 하였다.

1935년 전남노회 주일학교 대회

해남은 특별히 맥머피 여성 선교사가 담당하기도 하였다. 이런 임무 부여는 미남장로교 연례회의에서 결정되었다. 연례회의는 연 1회 정기 모임이 있었고 임시 회의도 간혹 열렸다. 조하파가 시무하던 내내 연례회의는 특별한 경우를 제외하고 대체로 5월, 아니면 6월에 호남의 5개 선교부를 돌아가며 열렸다.

조하파가 조선 호남에 와서 참여한 첫 연례회의는 29차 회의였다. 1892년 11월 11일 서울 딕시에서 첫 연례회의를 하며 조직 구성을 한 이후 28년이 되어 29차 회의를 하였으니, 매해 한 번씩 열린 셈이다. 6월 18일부터 29일까지 11일간 광주에서 열렸다. 당시 한국 호남에서 활동하고 있는 선교사 회원은 73명이었으며 이 가운데 13명이 안식년으로 미국에 가 있었다. 선교사 자녀들 32명도 이때 함께 모였다.

29회 의장은 전주 선교부에 소속되어 전북지역 순회 사역하는 윈(Winn, Samuel Dwight, 위인사, 1880-1954) 선교사가 맡았다. 처음 연례회의에 참석한 조하파 선교사에게는 목포의 동부권 농어촌 지역 전도와 교회 목양의 책임이 주어졌다.

07

장흥, 강진, 영암 순회 사역

조하파는 내목 1-2년차에는 여타 선교사와 마찬가지로 언어 공부에 주 임무가 주어졌다. 누구든지 내한 선교사는 가장 먼저 한국어부터 익혀야 한다. 각 선교부마다 일정한 언어 시험 과정도 해마다 치루는 1차 2차 이상 있어서 이 시험을 통과해야 비로소 본격적인 사역에 임할 수 있었다. 언어 공부가 조금씩 익숙해지면 여타 시간에는 조금씩 장터나 인근 고을을 다니며 한국어 실습과 함께 선교 본연의 임무도 시도하기 시작하였다.

미남장로교 선교연례회의록을 보면 내한 3년차인 1922년에는 조하파에게 (목포) 동부지역 전도 임무가 주어졌고, 1923년에는 좀 더 구체적으로 영암, 강진, 장흥 지역에 대한 전도와 교회 사역이

맡겨졌다.

목포에 온 지 4년 차인 당시 목포 선교부에 속한 선교사들의 업무

1923년 목포 선교사 임무

메리 베인 간호사	언어 공부, 병원 사역
다니엘 커밍 목사	남학교 교장, 여학교 임시 책임, 1924년 1월후 안식년
길머 의사	언어 공부, 의료 사역
조셉 하퍼 목사	영암, 강진, 장흥 지역 전도 사역, 전남 남자성경학원
조셉 하퍼 부인	언어 공부, 지역 전도
플로렌스 휴스 양	언어 공부, 하퍼 목사 구역 전도, 전남 여자성경학원
쥴리아 마틴 양	목포 남은 지역 전도, 여자 사경회
매컬리 목사	해남, 완도, 진도 지역 전도, 남자 사경회와 성경학원, 책방
매컬리 부인	여학교 기술 교육, 기숙사 사감, 지역 전도
맥머피 양	안식년
머피 목사	언어 공부, 함평과 무안 지역 전도
머피 부인	언어 공부, 지역 전도
마가렛 하퍼 양	언어 공부, 언어 공부에 지장없는 정도에서의 여학교 보조,
니스벳 목사 부부	안식년
뉴먼 양	선교사 자녀 교육, 1924년 1월 후 안식년

(1923년 미남장로교한국선교회 32회 회의록)

분장 내역을 보면 다음과 같다.

당시 목포에는 모두 16명의 선교사가 봉직하고 있었다. 하퍼, 매컬리, 머피, 니스벳 목사 부부와 독신 커밍 목사등 9명의 목회자 가족이 있었다. 그 외 의사, 1인, 간호사 1인, 그리고 5명의 여성 전도자 등이다. 이때 니스벳 목사 부부와 맥머피 양은 안식년이었으니 모두 13명의 선교사가 목포를 센터로 사역하고 있었던 것이다. 의사와 간호사 2인은 프렌치 병원을 중심으로 의료사역을, 여성 사역자와 커밍 목사 등은 학교 사역과 지역 전도를 병행하고, 나머지 대부분 목회자 가족은 구역별 지역을 맡아 전도와 지역 교회를 섬겼다. 이미 목포 교회는 한국인 목회자에게 위임하여 자립 자치라는 네비우스 원칙을 오래전부터 유지해왔고, 선교사들은 대신 목포 인근의 농어촌 지역 순회 사역에 역할 분담하며 충성하고 있었다.

목포 북부 지역인 무안과 함평은 니스벳과 머피 목사에게, 남부 지역인 신안, 진도, 완도 등 섬지역은 매컬리 목사에게, 그리고 동부 지역인 영암, 강진, 장흥 지역은 조하파 목사에게 임무가 주어졌다.

떠돌이 순회 전도

선교사들이 선교부 소재 도시를 떠나 곳곳의 농어촌 산간 지역까지 찾아 다니며 전도하는 일은 너무도 기본적이고 일반적인 사역이었다. 한국의 초기 선교사들이 서울이나 평양 등 주요 도시에 선교부를 세우고 기회 닿는 대로 원근각처를 돌아 다니며 복음의 지평을 넓히고 전국 곳곳을 복음화하려 노력하였다.

미남장로교 선교사들도 마찬가지다. 첫 내한 일군들이 각 지역에 토대를 구축하였고 후발 신입 선교사들이 속속 들어오는 대로 그들에겐 외곽 지대 마을 마을을 다니며 복음을 전하고 교회를 세웠다. 5개 스테이션(Station) 외곽 지역에 모임을 만들고 교회가 형성되면 상대적으로 아웃 스테이션(out-Station)이라고 하며 계속해서 부흥 성장을 꾀하기도 하고 더 먼 곳까지 발길을 넓히며 하나님나라의 지경을 넓혔다.

실은 2천년 전 예수께서 하신 일이다. 자신이 직접, 혹은 제자들을 파송하며 지역 순회 복음을 전하고 하늘 말씀을 선포하였다. 그의 순회 사역은 흔히 세가지로 크게 집약한다.

하늘 생명을 1)전하시고 말씀을 2)가르치셨으며 병든 자들을 3)치유 회복시키신 것이다. 갈릴리 온 동네를 다니며 사역하셨고 갈릴리 호수 바다 위에서 전도하셨다. "이에 온 갈릴리에 다니시며 그들의 여러 회당에서 전도하시고 또 귀신들을 내쫓으시더라"(막 2:39). 누가복음 10장에는 예수께서 제자 70인을 여러 고을에 다니며 전도하도록 파송한 사건도 기록되어 있다.

순회 전도 사역은 2천년 교회사에 어느 지역에서나 어느 시대에서나 있어 왔다. 한국교회 선교역사에서도 동일한 사역, 같은 은혜가 이어졌다. 맨 첫 선교사 언더우드의 순회 전도는 유명하다. 해리 로즈의 한국교회사 책에는 이러한 내용이 잘 요약되어 있다. 한국 선교 3년 차인 1887년 가을 언더우드는 서울을 벗어나 멀리 송도, 소래, 평양, 의주로 그의 한국에서의 첫 순회 전도사역을 펼쳤다. 책과 의약품을 함께 가지고 다니며 팔기도 하였다.

이 여행을 통해 한국 최초 교회가 있는 소래에서 7명을 포함해 나머지 지역까지 합해 모두 20여명 이상에게 세례를 베푸는 성과를 올렸다. 이듬해 1888년에는 감리교의 아펜젤러와 함께 또 여행을 했으며 1889년에는 의사 호튼 양과 결혼한 직후 신혼여행을 전도여행으로 함께했다. 평양, 강계를 거쳐 압록강의 의주까지 아내와 허니문의 기쁨을 함께 하기도 하고 만나는 이마다 부부가 전도하고 하늘 생명 복음을 전했던 것이다.

지역 교회 첫 당회장

이러한 순회 전도의 열정과 충성은 이후 내한한 수 천의 선교사들이 공통적으로 벌인 삶이요 선교였다. 이 일이 바로 오늘날 한반도 전국토 곳곳의 마을마다 십자가 달린 교회가 세워진 이유다. 미남장로교 7인의 선발대원들도 수고하며 지난 수십년 호남의 농어촌 고을마다 교회를 세웠고 그 후예되는 조하파 역시 목포의 동쪽인 영암, 강진, 장흥 지역(때론 해남 포함) 일대에 대한 책임 구역을 받아 아내와 함께 신실함으로 전도의 발걸음을 옮겨 다녔다.

(조하파 목사의) 우리 교회에 부임 과정은 조선야소교장로회 전남노회에서 담임 교역자로 파송하였을 것으로 추정되고(당시는 선교사가 지역 내 여러 교회를 순회하면서 예배를 인도하였음), 제 1회 당회록에 의하면 1934년 10월 21일 오전 11시에 조하파 목사는 당회장으로서 제 1대 정기신, 박병근 씨 장로 임직식을 집례하고 조직교회가 되었음을 선언하였으며. 그날 오후 6시에 박병근 장로 댁에서 제 1회 정기 당회를 회집하여 서리집사 임명(남2, 여2)의 사무를 처리하였다(장흥중앙교회 110년사).

1920년대와 30년대 20여년간 영암, 강진, 장흥 지역의 교회는 거개가 조하파 목사의 순회 사역에 의해 성장하고 발전하였다. 조하파 이전에 시작한 교회도 물론 많이 있었지만, 교회가 자라면서 더더욱 조하파 목사에 의해 세례받는 이도 늘어나고 집사 장로 임직자까지 생겼다. 자연스레 교회는 당회를 구성하여 조직교회로 발전하였다. 교회마다 장로는 다 다르지만 이 일대 당회장은 한 사람 조하파 목사였다. 영암에도, 강진에도, 장흥에도, 일부 해남 일원에도 100여년 넘는 역사를 자랑하는 교회마다 첫 당회장은 으레 조하파 목사라고 밝히고 있다.

당시 이들 지역의 인구는 다 합해서 20만을 헤아렸다. 예전 길도 안좋은 시골길을 따라 수십 수백킬로미터를 걸어다니고 바다를 건너며 시골 사람들에게도 복음의 은혜를 끼쳤다.

선교사는 보통 조사, 요리사 등 몇 사람의 전도대와 함께 다니곤 했다. 목포 양동의 선교부에서 한 번 나서면 수십일 걸려 사역하며 돌아오는 행로였다. 마을을 순회하며 한국인 조사나 전도자들이 지도하는 교회에서 준비된 교인들의 문답을 치루고 세례 베푸는 게 중요했고, 교인들은 오랫만에 목사가 인도하는 예배 은혜를 누리기도 했다.

사랑하는 친구에게:
나는 목포에서 약 50마일 떨어진 약 7피트 크기의 작은 한국식 방 안에 앉아 있습니다. 야외용 침대가 이제 막 준비되었고, 곧 잠자리에 들려고 합니다. 근처 우리 안의 돼지가 빨리 울음을 멈추고, 내일 아침엔 마을의 수탉들이 너무 일찍 울지 않기를 바라고 있습니다. 오늘 밤 목포 시내에는 아마도 제 아내와 우리 열한 살 아들 조지가 유일한 미국인일 것입니다.
오늘 우리는 소수의 신자들과 모임을 가졌습니다. 한 젊은이를 학습자로, 그의 아내와 어머니를 정식 교회 회원으로 받아들였습니다. 어제는 근처에서 젊은 부부에게 세례를 주고, 그 아들은 학습 교인으로 받았습니다. 한국 교회는 가정의 구원을 강조하는 사도적 전통을 따릅니다. 이번 가을까지 저는 13명의 유아에게 세례를 주었습니다. 시골 전도 사역은 평소와 같이 진행되고 있습니다 (조하파, 1937년 11월 8일).

조하파 충성에 힘입어 자란 장흥 강진 영암 교회의 연합 사경회

조하파는 1940년 강제 추방으로 사역을 일시 중단할 때까지 전적으로 이 지역 순회 사역에 힘썼다. 20여년을 아내와 함께 충성하였다. 당시 갓 시작된 어린 교회들, 이제 어엿하게 성장하여 대부분 100여년 내외의 역사를 지닌 목포 동부권의 영암, 강진, 장흥 지역교회들이 조하파 목사의 수고와 땀이 서린 목양에 힘입어 자라 있다.

08
~~
목포 연동교회를 설립하다

목포와 전남의 최초 교회인 양동교회는 1898년 시작하였다. 그 이후 선교사들의 열심과 함께 그들을 조력하는 한국인 조사나 전도자들의 헌신과 충성이 이어져 교회는 괄목상대할 정도로 나날이 부흥하고 성장하였다. 목포 시내는 물론 전라남도 곳곳에 교회가 세워지고 확장되었다.
전도자 유진 벨과 오웬을 비롯하여 매컬리, 니스벳 목사와 여성 전도자 등의 발걸음이 닿는 곳마다 어김없이 중생자들이 일어났고 교회가 세워졌다. 이들을 따라 조사 변창연, 지원근, 김윤수, 마서규, 배경수, 정관진 등 여러 사역자들의 충성이 함께하며 전라남도 온 고을에 하나님나라 백성들의 기도처가 생기고 예배 공동체가 만들어졌다. 오늘날 한국 사회에서 가장 기독교 인구 비율이 높고 교회가 상대적으로 많은 까닭은 미남장로교 전도자들의 열심과 이들을 도운 전남의 새생명들이었다.

목포 양동교회의 성장에 따라 성도가 늘어나자 교회는 더 크게 지어졌고 헌당이 이어졌다. 그리고 한 곳에서만 모이기엔 감당키 어려워 지역별로 성도들이 나뉘어 각기 다른 교회들이 세워졌다. 양동교회로부터 가지친 목포의 교회는 여럿이었다.

목포 교회의 분립과 확장

1 온금동교회

1914년 설립되었다. 뉴랜드(Newland, LeRoy Tate, 남대리, 1885-1969) 선교사가 1919년 교회 설립 5주년 때에 이 교회에 대한 글을 남겨놓아 그가 교회를 초기 지도하였을 것으로 추정한다. 더 미셔너리 1919년 12월호에 쓴 그의 글에는 자신이 5년 전 수정동교회에 처음 갔을 때 한 두명의 성도가 있었으며, 현재는 30명의 세례교인을 포함 100여명의 성도가 있다고 증언하였다.

당시 수정동이라는 지명은 일제치하 일본식 행정지명으로 지금의 목포 경동이나 온금동 지역에 해당한다. 교회는 이들 지역명을 따라 여러 이름으로 번갈아 쓰여왔으며 2001년 영암 삼호로 이전하여 경동교회라는 이름으로 지속되고 있다.

② 중앙교회

1923년 4월 10일 남교동 76번지에 쥴리아 마틴(Martin, Julia Annette, 마율리, 1869-1944) 선교사가 개척하였다. 1933년 전남노회 임시회에서 교회 분립 의결하여 정식으로 중앙교회가 설립되었다. 1935년 석조 예배당을 건립하였으며, 박용희 목사, 이순영 목사 등이 일제시기 사역하였다. 장로는 조병선, 서화일, 서인호, 김균희, 주남득, 그리고 제주 교회 초기 신자인 홍순흥이 목포로 이사하여 이 교회 중직자로 섬겼다. 해방후 일제의 사찰이었던 동본원사를 인수하여 예배당으로 오래도록 사용하였고, 2007년 목포 신도시 남악으로 이전하였다.

③ 죽교리교회

양동교회 박대현 집사는 죽교리에 1927년 7월 기도처를 마련하여 교회를 세웠다. 이 지역에 거주하던 양동교회 교인들이 대거 죽교리교회에 함께 하였다. 새 예배당을 마련할 때에 플로렌스 루트(Root, Florence Elizabeth, 유화례, 1893-1995) 선교사가 건축에 필요한 자재를 공급하였다. 교회는 1929년 전남노회의 승인을 얻었고, 1934년 1월 윤남하 전도사가 초대 교역자로 섬겼다. 일정 말기 일제에 의해 목포 교회가 강제 폐쇄되었었는데, 해방 후 이 교회 신자 주용진 집사가 헌신하여 매각된 교회를 다시 사들이고 복구하는 데 헌신하였다. 교회는 1957년 옛 중앙교회 건물을 인수하여 예배해 오다 현재는 석현동으로 이전하여 '우리예닮교회'로 지속하고 있다.

④ 연동교회

1929년 양동교회가 죽동 154-9에 설립하였다. 선교사 하퍼(조하번) 목사가 300원, 휴손(허우선, Georgiana F. Hewson)양이 200원을 보조하여 총공비 800원으로 대지 200평에 10평의 교회당과 사택 등을 건립하였다. 처음 10년간은 전임목사가 없이 양동교회 선교사 등이 순회 인도하였다(한덕선, 목포시사 1987).

1934년 연동교회 하기학교

한덕선 장로는 연동교회의 설립에 휴손과 함께 조하파 선교사가 있음을 목포시사에서 오래전 밝혔다. 한덕선 장로는 목포 정명여학교와 광주 수피아학교에서 오래도록 봉직하며 교육자로 교회 지도자로 충성하였다. 무엇보다 1987년 목포 시사 발간을 위한 글로 목포 기독교역사를 최초로 정리하여 남겼다.

그의 선친이었던 한종구 장로는 전남의 초기 대표적 조사였다. 곡성 옥과 출신의 한종구는 1910년 타마자 선교사에게 수세하였으며, 광주양림교회 장로로서 담양과 화순, 곡성 등지의 순회 전도자로 일하였다. 한덕선은 부친의 신앙을 이어받아 교육자로서의 일생과 함께 교회 섬기며, 무엇보다 이 지역 초기 교회사 연구에 크게 기여하였다.

연동교회가 조하파 선교사에 의해 시작되었음을 알린 그의 글 외에도 당사자인 조하파 선교사 역시 자신과 가족이 연동교회와 매우 밀접하였음을 여러번 언급하고 있다.

우리 목포에서의 사역, 특히 연동 교회에서의 제 아내 하퍼 부인의 활약은 놀라운 축복을 받았습니다. 3~4년 전에 시작된 이 작은 교회는 풀타임 사역하는 한국인 조사 한 명이 있으며, 다음 주일에는 두 사람이 장로에 임직될 예정입니다.

우리 세 아이 각각 육체적, 지적, 영적으로 큰 성장을 하였습니다. 지난 여름 아들 배런과 딸 메리가 교회의 입교 교인으로 받아들여진 것을 보는 기쁨을 누렸습니다(조하파, 1933년 6월 17일).

조하파 선교사 가족은 연동교회에 출석하며 교회를 이끌고 있었다. 하퍼 선교사는 예배 인도와 설교를 하였고, 아내 하퍼 부인은 여전도회를 이끌며 지도하였다. 세 자녀들도 이 교회 주일학교를 다녔고, 특별히 두 아이는 연동교회 입교하기도 하였다. 큰 아들 배런은 12살 때이며, 큰 딸 마디아 양은 11살 때 일이었다. 선교사 자녀들은 대개 연례회의를 통해 가족들이 다 모였는데 그 해 태어난 아기가 있을 경우 선교사들에 의해 유아세례가 이뤄졌다. 그리고 그들이 장성하면 각자 신앙 고백에 의해 출석하는 교회에서 입교 문답을 거쳐 교회 정회원이 되곤 하였다. 목포 연동교회에 선교사 자녀들이 정교인으로 받아들여졌다는 것은 상당히 고무적인 역사다. 그들이 후에 성인이 되어 선교사로서 전주와 광주에서 펼친 활약상을 이해한다면 이는 더더욱 매우 자랑스럽게 느껴질 것이다.

설립자 후손들과의 이어진 이야기

필자는 지난 2021년 미남장로교 탐방을 앞두고 뜻깊은 소식을 들었다. 목포 연동교회 설립자 후손과 연락이 닿아있는 한 분을 알게 된 것이다. 뜻밖의 정보로 인해 나는 그해 11월 미국 노스캐롤라이나의 그린즈버러에 있는 데이빗 하퍼 씨를 만났다.

의사이며 교회 장로인 데이빗은 조하파 선교사가 할아버지이고 조요셉 선교사는 그의 아버지였다. 목포기독교역사박물관 건립과 함께 선교사 후손들과의 연계와 교제를 간절히 찾고 있던 필자에게는 참으로 소중한 만남이었다. 그는 어릴적 할아버지가 있는 목포와 아버지가 사역하는 전주에서 오래도록 지내며 한국에서의 청춘기를 보낸 인연이 깊었다. 나는 데이빗으로부터 할아버지 조하파 선교사가 목포의 연동교회를 설립하였다는 증언을 들었다. 한덕선 장로의 글에서나 보았던 귀한 역사를 직접 그 후손으로부터 들으며 확신할 수 있었던 감격을 잊을 수 없다.

첫 만남 이후 3년여 만에 나는 다시 그를 찾았다. 그동안 목포 역사관을 위해 부친과 조부의 선교 유물을 부지런히 타진하였고, 그는 또한 정성으로 선물을 준비해 놓고 있었다. 2024년 4월 말, 데이빗 하퍼 가족의 극진한 대접과 함께 상당한 물품을 받았다. 할아버지 조하파 선교사가 남긴 지팡이와 아버지가 남긴 친필 설교 원고 등 대단한 진품들이었다. 무엇보다 조하파가 남긴 30여권의 선교 서적은 초기 한국교회를 이끈 선교사 언더우드와 아내 릴리어스 호튼, 마펫, 게일과 클라크 등의 저서로서 무엇보다 이들 대부분은 초판본이었다. 책 앞장마다 니스벳 선교사의 서명이 있는 것으로 보아 아마도 니스벳이 구입하고 읽었던 책을 후배인 조하파에게 주었고, 조하파는 아들과 손자에게까지 전해 주었다고 추

사택에서 조하파 부부, 조마구례

정한다. 이 귀한 선물들은 목포역사관 사업회에 기증되었고, 2-3년후 목포기독교역사박물관이 건립될 때 전시될 것이다.

나는 이번 두 번째 미남장로교 여행에서는 아그네스스콧 대학교 총장 출신의 외손녀(마디아 하퍼의 딸)를 애틀란타에서 또한 만나게 되었고, 그녀로부터 상당한 선교 유물을 기증받았다. 그리고 2024년 가을에는 또다른 외손자 빌 브라운 씨가 목포를 찾아와 함께 교제하였다. 목포정명여학교 교내를 돌며 어릴적 자신이 할아버지 조하파가 살던 사택의 흔적을 찾고자 하였으나 어려웠다. 그 사택은 1950년 6.25 전쟁 중 불타 없어졌다고 하였다.

조하파가 남긴 연동교회의 흔적

목포 시내에서 네 번째로 시작된 연동교회, 한 지교회를 책임맡아 수고하며 지역 전도에도 힘쓴 조하파 선교사와 함께 다른 선교사나 전도자들의 열심은 그 이후에도 계속해서 목포교회가 성장하며 분립 개척되었다. 서부교회, 용당(동부)교회, 상리교회 등이 이어졌고, 성결교회인 북교동교회와 일본인들의 교회 역시 함께 하늘 복음의 은혜를 펼쳤다.

목포에서 수고하며 섬기는 한 하늘 백성의 일군이요 충성자로서 조하파 선교사는 교회가 새롭게 일어서며 목포의 하늘 생명들이 회복되고 자라는 열매들을 보며 선교사로서 자신의 역할과 자긍심에 감사와 기쁨의 역사를 더해 갔으리라. 연동교회가 역사에 대한 관심과 주의를 기울이며 설립자에 대한 이해를 넓혀 귀한 과거지사를 펼치고 더더욱 새로운 시대에 대한 교회의 사명과 복음 사역에 힘을 싣기를 기원해 본다.

09
~~
말씀으로 일꾼을 세우는

세계 기독교 선교와 교회사에서 한국교회는 여러 가지로 특별하고 차별화된 열매와 역사를 지니고 있다. 선교사가 내한하기 전에 이미 외지에서 한국어 성경이 먼저 번역된 사실을 비롯해서 한국교회의 남다르면서 폭발적인 성장과 부흥은 가히 2천년 넘는 선교사에서 기념비적이다. 성경 말씀을 사모하고 성경을 즐겨 익히고 가까이 하는 면에서도 여타 민족과 나라 신자들의 신앙과는 확연히 차이가 크다.

한국교회와 성도들이 성경을 귀히 여기고 가까이 하는 데에는 초기 '사경회'제도가 큰 몫을 했다. 교회 부흥의 기폭제라 여기는 1907년 평양대부흥도 사경회로부터 비롯되었다. 이 부흥운동은 실상 평안남도 도단위로 열렸던 남자 사경회 도중에 발생한 사건이었다. 이 일은 또한 이미 3-4년 전부터 시작된 다른 지역의 사경회로부터 이어진 것이었다. 1903년 원산에서 하디 선교사가 시작한 사경회, 1906년 목포에서 저다인 선교사가 인도한 말씀 사경회에서 각기 먼저 부흥이 일어났고 그 여파가 확장되어 1907년 평양에서 만개한 일이었다.

목포 사경회

목포는 전부터 사경회가 있어 왔는데, 1906년 목포 사경회는 각별하였다. 당시 목포 선교부는 일시 폐쇄되었고, 목포와 전남 서남부 일원은 광주 선교부 속에 편입되어 있었다. 이미 유진 벨과 오웬이 1904년 연말 광주 개척하면서 이주하였고, 1905년엔 프레스톤 목사와 놀란 의사마저 광주로 올라가 있었다. 광주 선교부로 거점을 옮겼지만, 프레스톤이 목포 일원을 담당하였다.

프레스톤은 목포 교회와 성도들의 영적 도약을 기대하며 저다인 선교사를 초청하였다. 저다인(Gerdine, Joseph Lumpkin, 전약슬/전요섭, 1870-1950)은 미남감리교 선교사로 원산에서 사역하였다. 1902년 내한하였는데, 그 다음해 여름에 열린 원산 사경회에서 하디 등과 함께 집회를 인도하여 큰 부흥을 이뤘다.

이 소식을 접한 프레스톤이 교단도 다르고 지역적으로 멀리 떨어져 있음에도 1906년 가을에 저다인을 목포로 불러 말씀 중심의 집회를 열었다. 매일 두 번이상 선포한 그의 설교와 기도회로 목포 교회는 괄목상대할 회심과 부흥이 일어났다.

은혜 풍성한 결실로 말미암아 미남장로교 선교부는 중단하였던 목포 선교부를 1907년 재개하였고, 양동교회는 보다 큰 예배당을 지었다. 좌우에 남녀 출입문을 갖춘 예배당은 1911년 완공되었고, 양동교회는 124년 넘게 예배 공간으로 지금도 쓰고 있다.

해방이후 산업화 시대엔 신유와 은사 집회로 성격이 많이 달라졌지만, 원래 한국교회 부흥은 말씀 중심의 사경회였다. 초기부터 그래 왔고 오랜 전통으로 성도들로 하여 성경을 가까이 하고 하나님 말씀 중심으로 신앙과 삶을 지니게 하였다. 성경을 알아갈수록 사람들은 삶이 변화되고 새로운 가치관과 충성으로 살았다. 참된 신 하나님을 쫓고 헌신하며 교회와 지역사회에 충성하였다.

원산과 함께 목포는 평양대부흥운동의 기폭제였으니, 이러한 사경회 집회는 각별한 전통과 역사 속에 해마다 발전을 거듭했다. 사경회는 주로 농한기인 1-2월에 열렸다.

사경회는 초기엔 개교회 별로 3-4일 진행하기도 하였고, 선교부 단위로 일주일에서 10여일간 열리기도 하였다. 참여하는 사람들은 자급의 원칙 아래 각자 쌀 등 먹을 거리와 이불을 들쳐매고 집회에 참석하여 여러날을 함께 자고 함께 먹으며 지냈다. 오전엔 복음서 등의 성경을 공부하거나 찬송을 배우기도 하고 한글을 익히기도 하였다. 오후엔 거리로 나가 노방 전도하고 집집마다 다니며 축호전도도 하였다. 저녁엔 보다 많은 회중들이 모여 설교와 기도로 심령을 고무하는 대집회로 진행되었다. 사경회는 성도들의 영적 성장을 도모함은 물론 조사나 전도자, 전도부인같은 교회의 일군을 준비시키는데 큰 목적이 있기도 하였다. 항상 풍성하고 차고 넘치는 결과물이 이어졌고, 무엇보다 한국 교회를 책임질 한국의 일군들이 양적 질적으로 세워졌다.

제가 담당하는 전도 지역의 일반적인 조사 결과를 살펴보면 다음과 같은 감사 이유가 있습니다.

1️⃣ 가을에 열린 연합 사경회에 우리 지역에서 참여한 사람들의 출석이 매우 증가했습니다. 이는 세 개의 선교 구역(영암, 강진, 장흥)에서 기독교인들이 일주일 동안 성경 공부를 위해 참석하는 연례 모임입니다.

2️⃣ 저희 지역 교회의 임원들이 후원하는 이 운동은 저희 지역 내에서 비슷한 사경회를 개최하기 위해 중심지에 설립을 목표로 합니다. 저희 지역의 교회, 선교사들, 그리고 기타 관심 있는 분들은 이 수업에 참석하는 사람들을 위한 기숙사 설립을 위해 수백 엔을 기부하였습니다. 저희는 이 운동이 영구적인 성경 공부와 영감을 주는 모임을 위한 기관으로 성장하며, 이를 통해 전 지역에 긍정적인 영향을 미치는 것을 희망합니다.

3️⃣ 지역 교회들이 자선 사업에 적극 기부하고 있습니다.

4️⃣ 조사들의 성품과 업무 전체적으로 보면, 그들은 지역에서 성

실하고 훌륭한 일을 해왔으며, 그 중 일부는 미래 사역을 위한 준비과정에서 상당한 진전을 이루었습니다. 그들은 정규적인 업무 외에도 특별한 전도 모임, 교회 건축 사업, 새로운 모임 장소 설립을 위한 노력을 기울였습니다. 저희 팀 중 두 명은 겨울학기 동안 신학교에서 공부하였으며, 두 명은 현재 봄 학기를 이수중입니다.

저는 교회들을 관리하고 전도지역을 담당하는 것 외에도, 지난 시즌 약 두 달 동안은 연례 사경회에서 가르치고 설교하는 일에 시간을 보냈습니다.

이렇게 가장 중요한 일을 할 때 우리는 항상 주어진 기회와 책임에 대해 민감하게 대처하려고 노력합니다. 그리스도의 부활을 기리는 부활절의 저녁에는, 군산에서 열린 열흘 동안의 연례 사경회에서 "영생과 복음의 생명"이라는 주제로 설교했습니다(조하파, 1937년 4월 9일).

초창기 며칠 열렸던 사경회는 해를 거듭해 가면서 점차 기간도 늘리고 규모와 과정도 심화하여 보다 고급한 교회 인력 양성을 위한 성경학교로 발전하였다. 한 달, 혹은 두 세달씩 몇 년 동안에 걸쳐 과정을 이수한 자에겐 그에 합당한 직분과 자격이 주어지기도 하였다. 사경회(Bible Class)에서 성경학원(Bible Institute), 성경학교(Bible School) 등으로 발전되었다. 여러 과정과 기간 등의 다양함으로 선교부는 성도들과 교회 중직자들의 성경 교육은 물론 지도자로서의 소양 교육까지 병행하였다.

조하파의 성경 지도

조하파 선교사는 그의 편지에서 여러차례 사경회에 대한 소식과 함께 이 집회가 지역교회와 성도들에게 크게 귀한 역할을 하고 있음을 말하고 있다. 그는 목포와 그의 전도 구역뿐만 아니라 다른 지방까지 심지어 상당히 멀리 떨어진 곳에서 미남장로교 외의 다른 선교부와 연합하며 집회를 인도하고 섬겼다.

최근 몇 달간 세 곳에서 일주일씩 사경회를 인도하며 나는 특별한 사역의 기회를 기쁘게 누렸습니다. 첫째는 8월 소래 해변의 여름 휴양지에서 진행한 사경회입니다. 여기에는 한국과 동양 여러 지역에서 온 많은 선교사들이 모였습니다. 저는 이 모임을 이끌며 고린도후서의 왕의 길에 대해 강의하였습니다. 이들과의 교제는 정말 즐거웠습니다.
어느 날 저녁 식사에서는 중국 선교사들이 주최한 모임에 만주, 일본에서 온 선교사들과 제가 한국을 대표해 참석했습니다. 또 어느 날 아침에는 뉴욕 성서신학교 출신의 옛 학생들과 아침을 함께했습니다.
이 주간 성경 공부는 동양의 여러 지역에서 온 선교사들이 함께

한 주일 성찬 예배로 마무리되었습니다.

둘째는 9월에 제 담당 구역에서 열린 사경회입니다. 212명의 한국인이 등록해 일주일간 성경 공부를 했습니다. 브루스 커밍 목사와 제 누나 마가렛 하퍼 선교사도 함께 강사로 수고하였습니다. 이 사경회는 가을 행사로서 큰 성공을 거두었다고 평가받았습니다. 커밍 목사 인도로 성가대와 성도들이 부른 복음 성가는 매우 감동적이었습니다. 이 강의의 긍정적 영향이 이 지역 곳곳에 퍼지고 있습니다.

셋째는 보성에서 열린 연합 사경회입니다. 순천, 광주, 목포 인근 지역에서 함께 모여 성경 공부와 전도 사역을 진행했습니다. 여기에는 녹스 목사, 크레인 양, 제 누나와 제가 강사로 참여했습니다. 올해는 유명한 한국 복음전도자 김익두 목사가 특별 강사로 초청되어 큰 관심을 모았습니다. 많은 이들이 그의 구원에 대한 명쾌한 설교를 들으러 모였습니다. 이 집회의 감화로 인해 보성에 새 교회 건물을 세우기 위한 큰 기부금도 모아졌습니다. 그분의 사역 안에서(조하파, 1937년 11월 8일).

한국에서는 성경 공부에 대한 지속적인 관심이 이어지고 있습니다. 지난주에는 약 300명가량이 참석한 10일간의 남자 사경회가 목포 선교부에서 있었습니다.

1월에는 한 달 동안 약 130명이 공부한 광주의 성경학원에 참여

1938년 목포 성경학원. 앞줄 왼쪽 중절모 쓴 최명길(목사),
뒤 오른쪽으로 의자에 앉아 있는 김아각, 조하파, 박연세(목사), 유서백, 김아열,
오른쪽 서 있는 최섭(장로)

하게 된 것은 영광이었습니다. 그리고 성탄절 이전에는 호주장로교선교부에서 일주일 간 사경회가 있었습니다. 전주 선교부에서는 남성을 위한 한 달간의 성경학원에서 161명이 참가하였습니다. 여성들 사이에서의 성경 공부 역시 동등하게 더욱 격려 받고 있습니다(조하파, 1933년 2월 20일).

해방 이후 목포는 보다 체계를 갖춘 성경학교를 운영하기에 이르렀다. 1947년 이사회가 발족되고 목포 고등성경학교가 새롭게 개

1949년 목포 고등성경학교 1회 졸업
뒷줄 왼쪽에서 세 번째 조하파, 네 번째(중앙) 이근택(교장)

교하였다. 이미 전남노회로부터 분립한 목포노회가 독자적인 교회 목회자 양성을 위한 과정을 만든 것이다. 당시 담양에 있던 순담성경학원을 탤미지 선교사는 광주로 옮겨 성경학교로 통합하려 했는데, 운영상의 어려움을 겪자 목포의 이귀동 장로가 나서서 학교를 목포로 유치하게 된 것이다.

첫 출발당시 이남규 목사가 이사장을 맡았으며, 조하파 선교사는 학교의 명예교장으로 함께하였다. 39명이라는 많은 학생으로 시작한 목포고등성경학교는 이후 목포성경신학원으로 발전하였고, 교단이 여럿으로 나뉘면서 각 교단마다 별도의 신학원이 생겨 목포에만도 여러 장로교 신학원이 현재 사역을 잇고 있다.

10

한국 교회 지도자 양성

내한 장로교 선교사들은 한국 교회 목회자 양성을 위해 신학교를 평양에 세웠다. 1901년 마펫을 교장으로 하여 평양 장대현교회의 장로인 김종섭, 방기창 2 명의 신입생으로 시작하였다. 개교 6년 만인 1907년 7명의 첫 졸업생을 배출하였고, 한국교회 최초 7인의 목사 안수를 시행하였다.

한국장로교 평양신학교는 한국내에서 사역하는 4개 선교부가 연합으로 운영하였다. 미북장로교, 미남장로교, 호주장로교, 캐나다 장로교는 서로 나라와 성격은 조금 달랐어도 한국 내에서 하나의 장로교 하나의 신학교육을 위해 서로 협력하였다.

초기부터 1919년까지는 1년 중 3개월은 학교에서 수업을 하고 나

1931년 평양신학교 연구과 5회 졸업

머지 9개월은 각자 지역으로 흩어져 현장 사역과 목회 실습을 하는 것으로 5년 과정이었다. 1920년이 되어서는 봄과 가을 두 학기 3개년으로 학제 개편하여. 보다 깊이있는 신학 수업이 이뤄졌다. 교수진과 학과목 지도는 재한 선교부가 함께하며 역할 분담도 확연했는데, 미남장로교는 조직신학 분야가 주어졌고, 주로 레이놀즈 선교사가 책임을 맡았다. 레이놀즈 선교사는 성경번역과 함께 아예 평양에 거주하면서 신학교육에 힘썼는데, 그가 안식년 등으로 자리를 비우거나 할 때는 전킨, 유진 벨, 크레인 등이 대타 역할을 하기도 했다. 1937년 레이놀즈가 은퇴할 때에는 크레인 선교사가 대신하여 평양신학교 주임 교수 사역을 하였다.

1931년 가을에는 조하파에게도 평양신학교에서 처음 강의할 수 있는 기회가 주어졌다. 그의 나이 39세이고 내한 선교 12년차일 때였다. 아내와 세 자녀를 데리고 함께 목포에서 멀리 떨어진 평양에서 지내며 목사 후보생들에게 조직신학을 가르쳤다.

저는 한국장로회신학교에서 (1931년) 가을학기 강의를 하였습니다. 우리 남장로선교회의 정규 교수인 레이놀즈 박사를 대신해서 이 강의를 맡았습니다. 이 학교는 미국의 북장로교와 남장로교, 호주 장로교, 캐나다 연합 교단 등 한국에서 사역하는 모든 해외 장로교 선교회의 지원을 받고 있습니다. 가을학기에는 120명의 학생이 있으며, 훌륭한 정신과 좋은 성과가 있었습니다. 저의 신학교 사역으로 저희 가족은 3개월 동안 평양에서 지냈습니다(조하파, 1932년 1월 27일).

조하파는 그 이후에도 1937년과 1938년 한 학기씩 평양신학교에서 강의 수고를 하였다. 이즈음에는 세 자녀들이 10대 중후반이어서 평양 외국인학교에 다니며 온 가족이 목포를 벗어나 평양에서의 보람있는 시간을 보냈다.

신사참배로 인한 폐교와 재개교

조하파 선교사가 교수로서 목회자 교육에 힘쓰는 기회와 충성으로 헌신하던 1938년 가을, 평양신학교가 폐쇄되었다. 개교한 지 27년 만의 일이었다. 당시 일제는 신사참배를 강요하였고, 한국교회는 총회는 물론 노회와 각 교회가 허무하게 굴복하며 배교를 일삼는 일이 벌어졌다. 선교사들이 주도하는 미션학교만이 이에 저항하며 폐교를 자진하였고, 급기야 평양신학교마저 문을 닫게 된 것이다.

1940년 한국인 지도자들에 의해 조선신학교가 새로 개교하였고, 해방이후엔 자유주의 신학에 대항하는 별도의 신학교가 이어졌으며, 역사 속에 각 교단이 분열할 때마다 여러 개의 학교로 나뉘어 왔다.

해방이후 각기 성격을 달리하는 신학교 설립 속에 한국에서 사역하는 외국 선교부들도 정체성을 따라 선별적으로 합력과 배타를 거듭해야 했다. 서울에 생긴 장로회 신학교에서 조하파는 후학을 지도하는 기회를 가졌다.

평양신학교 폐교직전 강의로부터 물경 10여년이 흐른 후의 일이었다.

서울 장로회신학교는 우리 선교부와 협력하고 있으며 260명이 등록했습니다. 제 일은 11월 1일부터 이 신학교에서 6주간 가르치는 것입니다. 현재 원 박사가 이 학교에서 강의하고 있습니다. 이 중요한 일을 위해 기도해 주시기 바랍니다(조하파, 1949년 11월 26일).

조하파 교수는 평양신학교 활동 중, 교수진의 유일한 신학 학술지였던 '신학지남'에 기고도 하였다. 1932년 신학지남 14권 1집에 "예수 기독교를 기억하라", 2집에 "영적 자아 발전"이라는 글을 실었다. 그는 또한 총회 차원에서 벌이던 성경 주석 사업에도 참여하였다. 1934년 조선장로교 제23회 총회에서는 한국 기독교 선교 50주년을 맞아 성경주석 간행을 결의하였다.

당시까지만 해도 단 한 권의 주석도 국내 출판이 이뤄지지 못한 상황에서 이는 대단히 고무적인 일이었다. 한국의 많은 목회자들이 설교 준비와 성경 연구에 이렇다 할 지침서 하나 없는 상황에서 이를 무척이나 고대하던 일이었기 때문이다.

총회 주석 '이사야' 집필

총회 종교교육부는 표준주석의 간행을 결의하고 평양신학교 교수들과 함께 이 작업을 벌였다. 한국인 교수 박형룡(朴亨龍) 박사와 마펫, 나부열, 클라크 교수 등으로 편집위원회를 조직하였다. 1937년 곽안련 교수에 의해 '욥기-시편' 주석이 처음 출간되었고, 이후 여러 집필자들에 의해 권별 집필과 출간이 이어졌다. 조하파 선교사도 역할이 주어졌고, 편집위원회는 1939년 그에게 '이사야' 선지서를 집필해 달라고 부탁하였다.

지난 12월에는 1940년에 출판할 이사야서 주석을 준비해 달라는 요청을 받았습니다. 이 주석은 현재 준비중인 출판물 시리즈의 일부로 출간될 예정입니다.
4월 11일 이후 저는 이 중요한 작업에 전념하고 있으며, 감사하게도 작업이 순조롭게 진행되고 있습니다. 이 멋진 작업을 위해 기도해 주시길 부탁드립니다. 빌립 집사가 이사야서를 통해 예수님을 전해 많은 이들이 믿음을 갖게 한 것처럼, 저희도 그렇게 전도할 수 있기를 기도합니다(조하파, 1940년 6월 11일).

당시는 일제의 강압 통치와 신사 참배 강요가 득세하여 교회와 사회적으로 몹시 암울하던 때였다. 선교사들도 여러 가지로 사역에 위축과 사기를 떨어뜨리는 상황들이 이어지고 있었다. 조하파의 주석 출간도 난관에 부딪혔다.

1940년 일본제국주의는 한국에 있는 모든 선교사들을 쫓아냈다. 중일전쟁을 일으키며 대륙 침략을 노골화하고 태평양과 미국에까지 침략의 발톱을 내민 일제는 미국 선교사들을 간첩으로 몰아 추방령을 내렸다. 선교사들은 무력하게 사역을 접고 미국으로 다 돌아가야 했다.

조하파가 쓴 이사야 주석은 이미 원고가 마련되었겠지만, 그 출판은 훨씬 뒤에 가서야 이뤄졌다. 해방이 되었지만, 나라와 사회는 불안정하였고, 1950년엔 전쟁으로 3년여 시간이나 또 어려움에 처했다. 휴전이 되고 1년이 지난 1954년 잠자고 있던 원고가 빛을 보아 출판이 되었다.

조하파의 이사야서를 비롯하여 여타 학자들에 의해 준비되었던 각권 주석도 발행이 이뤄졌고, 이후에도 장로교단이 분열되며 또 다시 주석 편찬 사업이 어려움을 겪었지만, 시간이 많이 지나면서 각 교단별로 주석 진행이 이뤄지고 완간이 되었다. 개별 학자들의 열심과 헌신으로 만들어진 주석이 마련되기도 하여 오늘 한국 교회에 귀한 성경 지침서로 자리하고 있다.

11
~~
목포를 떠나 있을 때

대다수 선교 사역자들은 한 해 한 해 임무에 충성하며 최선으로 헌신하면서 중년을 넘고 노년이 되어가면서 한국이 참으로 자신의 몸 이상으로 가까워 진 걸 자기도 모르게 느낀다. 때론 안식년을 얻어 미국에 잠시 있을 때도 횟수를 거듭해 갈수록 자신의 임지, 한국이 고향 이상으로 크게 다가온다.
한국은 제 2의 고향이요, 자신의 일생에서 어쩌면 가장 앞선 삶의 터전이었다. 그래서일까? 선교사들은 곧잘 미국으로 돌아가 이 세상의 일을 마치고 천국으로 들어가기 직전, 자신을 한국에 묻어 달라고 부러 부탁한 게 한 둘이 아니다. 가장 중요한 청춘과 절정기를 한국에 온통 쏟아 부으며 에너지를 다해 살았기에 한국은 자신이 태어난 미국보다 더 소중했고, 은퇴 이후에도 늘 한국이 그립고 눈물겨웠다.

안식년에 벌어진 미션

선교사는 보통 6년을 사역하면 7년째, 1년간은 안식년을 누린다. 그간의 사역 때문에 지친 심신에 쉼과 회복의 시간을 주는 것이 중요했다. 그뿐이랴. 그동안 벌인 일들에 대해 고향과 후원자와 교회를 다니며 보고하고 지속적인 협력을 펼치기도 하고, 한편으로 다른 후배 청년들을 향해 선교 도전하고 동원 사역을 벌이는 일도 중요한 또다른 미션이었다.

한국 첫 선교사 언더우드가 첫 안식년을 얻어 미국에서 벌인 동원 사역은 그 중요성을 여실히 보여주었다. 호남지역에도 하나님의 생명과 은혜가 전해지고 전라도 곳곳에 교회가 세워져 온 지난 역사는 1891년 언더우드의 안식년 사역에서부터 시작이 된다. 언더우드는 1885년 4월 내한하여 만 6년을 사역하고 1891년 4월부터 안식년을 그의 고국 미국에서 가졌다. 안식년 중 여러 활동 가운데 선교 강연 활동은 가히 선교 동원 사역의 전형적이고도 기념비적인 모델이었다.

9월 시카고 매코믹 신학교 강연에서 테이트 신학생이 일어섰고, 이어진 10월 테네시주 내슈빌에서 열린 미국신학교연맹 대회에서 펼친 한국 선교 호소에 테이트는 물론 버지니아 유니언 신학교에서 참여한 카메론 존슨과 레이놀즈도 결단하였다. 레이놀즈는 대회후 학교로 돌아가 학우 전킨에게 독려하였고, 이들은 결국 다음해인 1892년 미남장로교 7인의 선발대로 한국을 찾아 선교하게 되었다.

안식년은 이처럼 또 하나의 큰 미션이며 축복이었다. 7인의 선발대로 한국 호남 선교가 시작되었고, 그들도 여러 번 안식년을 갖기도 하며 한국에서 여전한 충성을 벌였다.

그리고 이젠 조하파 선교사 역시 비슷한 과정을 밟으며 제 2의 선교 사역, 안식년이 주어졌다. 그는 해방 이전까지 두 번의 안식년을 가졌고, 일제 말기엔 예기치 않은 강제 추방으로 목포와 한국을 떠나 있어야 했다.

조하파 두 번의 안식년

1920년 내한하여 사역한 조하파는 만 7년의 사역을 다하고 8년째 되는 1927년 처음으로 안식년을 얻었다. 1927년 6월 1일 세 자녀를 데리고 조하파 부부는 미국으로 돌아갔다. 오래 전 한국에 올 때는 아내와 둘 뿐이었는데, 그동안 한국에서 사역하면서 세 자녀를 얻는 축복이 있었다. 이제 그 아이들과 함께 5명의 가족이 미국의 가족과 고향 교회 방문을 위해 돌아갔다. 신혼과 함께 선교지에 와서 수고했던 다수의 선교사 부부들에게 비슷한 경험이었다.

첫 안식년으로 고국의 가정에 돌아갈 때 그들 부모에게 그동안 얻은 첫 손주들을 보여주며 함께 기뻐하였던 것이다.

이 기간 동안 조하파는 특별히 석사 과정 공부하는 일에 집중하였다. 꼬박 1년을 유니언 신학교에서 학업을 이어가는 것으로 지내고 1928년 6월 목포로 복귀하였다.

조하파 선교사의 두 번째 안식년은 그로부터 7년이 지나 또 찾아왔다. 1935년 초여름의 일이다. 이때는 미국에 돌아가는 길에 태평양을 건너지 않고 인도양을 건너 유럽을 통해서 귀국했다.

6월 17일 한국을 출발하여 아시아, 팔레스타인, 이집트, 지중해 및 영국 등지에서 2개월 반 정도 여행을 하고 대서양을 건너 9월에 미국에 도착했다. 두 번째로 갖는 안식년의 활동은 처음보다는 더 다채롭고 내용도 풍성했다.

저희 부부는 우리를 후원하는 교회인 켄터키주 루이빌에 위치한 하이랜드 장로교회를 방문했으며, 켄터키와 사우스 캐롤라이나를 중심으로 여러 곳에서 선교 보고를 하였습니다. 한국에서의 사역 소식을 전하게 된 많은 기회들에 대해 저희는 큰 감사함을 느끼고 있습니다. 유감스럽게도 모든 요청을 다 받아들일 수 없는 점이 안타깝습니다.

효율성을 높이기 위해 저는 벌써 버지니아주 리치먼드에 있는 유니언 신학교에서 열흘을 보냈습니다. 1936년 1월 1일에 저는 다시 리치먼드로 돌아가서 가족과 함께 머무를 계획입니다.

저희는 두 번째 학기를 위해 리치먼드의 미션 코트를 휴가 동안의 숙소로 정하였습니다(조하파, 1935년 12월 18일).

미국에 도착한 조하파는 우선 선교사로 가기 전 임시로 사역한 적이 있는 하이랜드 장로교회를 방문하여 사역 보고하는 일이었다. 캔터키주 루이빌 다운타운 가까이에 위치한 교회는 당시 60여년의 역사를 지닌 교회였다.

사우스캐롤라이나 록힐의 교회를 방문하여 교제하는 일도 중요한 일이었다. 아내 애니 배런의 고향이요 모교회를 찾는 일이었다. 록힐제일연합장로교회는 여전히 로저스 목사가 담임을 하고 있었다. 애니 배런을 어릴 때부터 지도하였고 그들 부부 결혼식을 집례하였던 로저스는 이 교회에서 50여년을 목회하였다. 조하파의 자녀들은 이 지역에 있는 윈드롭 기술학교를 다니기도 했다. 한국에 있을 때 이미 평양외국인학교를 다니며 중등과정을 이수 중이었던 아이들은 부모와 함께 미국에 와 있게 되자 미국의 학교에 편입하게 된 것이다.

조하파 가족은 1935년 하반기엔 사우스캐롤라이나 록힐에서 지냈으며, 1936년 상반기엔 버지니아 리치몬드에서 지냈다. 조하파 목사가 유니언 신학교에서 박사과정을 밟아야 했기 때문이다. 석사를 했던 유니언 신학교를 다시 찾아 학업을 이었는데 이 기간 중 숙소는 미션 코트를 이용했다.

미션 코트(Misson Court)는 리치몬드에 있는 선교사를 위한 안식관이었다.

최근 내슈빌에 있는 해외선교 사무국으로부터 소식을 받았습니다. 그 소식에 따르면, 우리는 8월 15일에 시애틀에서 출항 예정인 '프레지던트 잭슨'이라는 여객선에 예약되어 있습니다.
이는 미국에서의 휴가가 약 3개월 정도밖에 남지 않았다는 것을 의미합니다. 3개월 동안 제 가족의 계획은 다음과 같습니다.

미션 코트, 긴터 파크	현재부터 6월 11일까지
사우스캐롤라이나 록힐	6월 12일부터 6월 30일까지
노스캐롤라이나 몬트리트	7월 전체
켄터키 루이빌 (웨스트 버넷 애비뉴 2522)	8월 1일부터 8월 10일까지.

우리는 8월 10일 루이빌을 떠나, 9월 1일 한국 목포에 도착할 예정입니다(조하파, 1936년 5월 12일).

1936년 상반기를 리치몬드에서 학업으로 지낸 가족은 다시 록힐, 몬트리트와 루이빌을 들러 방문 인사한 후 다시 사역지로 돌아왔다. 안식년의 모든 일정을 마치고 1936년 9월에 목포로 다시 돌아와 예전처럼 목포 동부권 농어촌 전도에 힘쓰기도 하고 평양으로 가서 신학교육도 하며 수고하였는데, 점점 한국의 사회와 교회의 상황이 어두어져 갔다. 일제의 무도한 통치와 함께 신사참배 강요는 예전의 어떠한 것보다 강력한 사탄의 공격이었다.

추방으로 목포를 떠나 미국에서
한국의 교회는 속수무책으로 당하고 훼절하였으며, 학교는 문을 닫기에 이르렀다. 급기야 일제는 선교사들까지 추방하는 일이 벌어졌다. 미국의 스파이라는 음모론을 펼치며 강제적으로 몰아냈다. 한국에서 사역하는 모든 선교사들이 사역을 중단하고 돌아가야 했다. 조하파 역시 하던 일들을 중단하고 태평양을 되돌아가야 했다. 조하파는 이때의 심경을 역사 속의 하나님 말씀으로 새기며 주의 일하심과 주권에 의지하였다.

우리는 바울이 아시아에서 말씀을 전하는 것을 성령께서 금하셨다는 사실을 다시 한 번 상기하게 됩니다. 그는 비시디아로 가려고 했지만, 예수의 영이 허락하지 않으셨습니다. 아시아의 닫힌 문들이 마케도니아 부름의 배경이었습니다.
이 예언은 복음 선지자 이사야가 암시한 것입니다. 여러분은 하나님의 택함받은 백성이 포로로 잡혀가기 오래 전에 이사야가 그의 두 아들에게 주어진 상징적인 이름을 통해 이스라엘의 원수가 전복되고 참된 남은 자들이 돌아올 것을 지적한 것을 기억할 것입니다.

마찬가지로 우리도 믿음으로 한국 선교의 아들들을 상징적으로 이름 지을 수 있습니다. 한 아들은 "남은 자들이 돌아올 것이다"는 뜻의 스왈야숩이고 다른 아들은 "약탈은 재빨리 일어나고 약탈은 재빨리 일어난다"는 뜻의 "마헬살랄하스바스"입니다.

또는 아치볼드 러틀리지 시인의 더 대중적인 표현을 사용하여 우리의 예언을 표현하자면, 우리는 단순히 "곧 새벽이 올 것이다."라고 말할 수 있을 것입니다(조하파, "프레스바이테리안 서베이", 1943년 5월).

1940년대 초반 주님께서 다시 기회를 주시고 부르실 동안 미국에서 최선으로 지내며 다음을 기약해야 했다. 조하파는 조지아주 디케이터에 있는 에모리교회(Emory Presbyterian Church)와 버지니아주 매리언에 있는 로얄오크교회(Royal Oak Presbyterian Church)에서 목회 사역을 했다. 1943년에는 딸 마디아가 결혼을 하고, 1945년엔 아들 배론이 결혼을 하는 경사도 있었다.

해방이 되자 다시 목포를 찾아 선교 재개한 조하파

멀고 길게 느껴졌

던 사역 중단과 일제의 한국 지배가 5년후 일본의 항복으로 상황이 급변하였다. 1945년 8월 한국은 자유와 국권 회복이 이뤄졌고, 선교사들은 다시 한국을 찾아 사역을 재개할 수 있는 은혜의 시간이 도래했다. 미남장로교 선교회는 즉각 한국선교 복구위원회를 구성했다.

1946년 복구위원에 선임된 조하파는 8월 15일 구례인 선교사와 함께 화물선을 타고 태평양 건너 한국에 다시 복귀하였다. 감격과 은혜의 시간이었을 터이다. 복구위원들의 활약에 힘입어 속속들이 예전의 일군들이 다시 돌아오기도 하고 새내기 후배들이 자원하여 한국 선교에 지원하기도 하였다.

일생의 헌신, 값진 수고를 기억하자

그러나 1950년 6.25 전쟁으로 또다시 전국이 총칼의 화마에 휩싸이는 아픔이 뒤이었다. 3년간의 남북간 상처와 아픔은 너무도 컸다. 이 기간 조하파는 대구에 생긴 총회신학교 교수 사역도 하고 아내 애니 배런은 서울에서 게스트하우스 관리 책임도 맡아 사역하였다. 아들 부부와 딸 부부가 각각 내한 선교하며 전주와 광주에서 충성하였다. 자녀들이 부모를 이어 기특하게도 선교에 헌신하는 축복이 이어지는 가운데, 어느덧 조하파는 60대를 넘기는 노년의 인생에 접어 들었다.

1952년 세 번째 안식년을 얻어 미국에 돌아갔고, 2년후 1954년엔 선교사 직을 사임하였다. 그의 나이 62세때의 일이고, 아내 애니 배런은 61세였다. 그 이후 미국에서의 삶과 사역은 주로 노스캐롤라이나의 몬트리트나 그린즈버러에서 지냈다.

아들 배론(조요섭)에 의하면 부모인 조하파가 1959년엔 몬트리트에서 거주하고 있다고 말하고 있고, 1971년 79세로 조하파가 사망할 때는 그린즈버러 하이포인트였다. 조하파의 손자 데이빗 하퍼 씨가 그린즈버러에 살고 있고, 조하파의 누나 조마구례 선교사의 묘가 이곳에 있는 이유 등으로 그의 말년의 거주지를 짐작해 본다. 조하파의 묘는 처가가 있는 록힐의 로렐우드 묘원에 있다. 아내 애니 배런은 1979년 85세로 사망하였으며 남편과 함께 같은 공원에 안장되어 있다.

언제 다시 가볼 수 있으려나. 2024년 4월, 잉골드 선교사의 교회를 찾아 록힐에 가보기는 했으나, 아쉽게도 애니 배런의 모교회도, 조하파 부부의 묘원도 찾아가질 못했다. 그의 수고와 헌신이 있어서 오늘 우리가 복음을 알고 은혜의 삶을 누리고 있으니, 그 감사와 사랑의 족적을 찾아 기회를 만들어 록힐에 다시 가봐야지 않겠는가! 로렐우드 공원 조하파 부부의 묘 앞에 나의 작은 열심, 이 조하파 평전을 바치며 그의 수고에 감사하고 하나님 은혜와 섭리를 노래할 수 있는 날이 있기를 소원해 본다.

12

목포 여학교 교장, 누나 조마구례

1923년 목포에 부임한 조마구례 선교사는 어학 공부와 함께 목포 여학교 사역에 바로 투입되었다. 물론 어학공부에 지장을 초래하지 않는 수준에서였다. 선교사는 현지에 오면 맨 먼저 현지어를 익혀야 하고 엄격한 심사 기준을 거쳐야 했다. 대개 2년의 시간이 주어졌고 그 안에 적절한 시험을 통과해야 선교사로서 주어진 임무를 힘있게 펼칠 수 있었다. 갓 부임한 조마구례 선교사에게 어학공부와 함께 여력이 되는 대로 여학교 책임이 주어진 것은 나름의 사정이 있었다.

목포 여학교는 그동안 니스벳 부인(유애나) 선교사가 유일한 교육 전문가로서 훌륭하게 학교를 이끌어 왔지만, 안타깝게도 1919

정명여학교장 조마구례와 교직원

년 3.1독립운동 준비 과정에서 낙상 사고를 당해 1920년 사망하였다. 맥머피(명애다) 선교사가 대신 맡아왔지만, 1923년 안식년으로 목포를 비우게 되자 커밍(김아각) 선교사가 맡고 있었다. 김아각 선교사가 기존의 남학교 사역에 힘을 쏟고 있어서 여학교까지 역할하기엔 벅찼는데, 마침 마가렛 하퍼가 오자 그녀에게 여학교 운영에 관한 일부 보좌 역할이 주어진 것이다.

내목 만 2년이 된 1925년에는 전적인 책임이 주어졌다. 언어와 목포 적응을 마친 조마구례는 목포여학교 교장이 되었다. 1937년 9월 신사참배 반대하며 폐교할 때까지 12년을 교장으로 봉직했다.

신자는 교육하라, 정명여학교

목포 기독학교는 1903년 9월 15일 유진 벨이, 여학교는 스트래퍼 선교사가 이끌었다. 1898년 유진 벨에 의해 목포 선교가 시작되고 목포 교회가 시작된 이후 5년이 지난 때였다. 그동안 오웬, 스트래퍼 등이 합류하여 복음 사역에 진보가 있었고 목포 교회는 성장하고 있었다. 세례 교인도 늘어갔고 교회도 새롭게 지어졌다. 2년 전 1901년 벨의 아내 로티 위더스푼의 안타까운 사망으로 아픔도 있었지만, 교회를 찾는 성도들이 늘어갔고 그들의 자녀들도 주일학교를 통해 북적였다.

"불신자는 전도하고 신자는 교육한다."는 선교회 기치아래 몰려드는 어린 성도들을 위해 교육 사역을 펼치기로 했다. 교회와 병원에 이어 학교 교육까지 선교회의 3대 기본 사역의 날개가 비로소 다 전개되기 시작하는 셈이다. 일찌기 예수님께서도 3년간의 공생애 동안 갈릴리에서 펼쳤던 하나님나라 과업은 전도, 교육, 치유였지 않은가? "예수께서 온 갈릴리에 두루 다니사 그들의 회당에서 가르치시며 천국 복음을 전파하시며 백성 중의 모든 병과 모든 악한 것을 고치시니(마 4:23; 9:35)."

미남장로교 선교 스테이션마다 남녀학교가 비슷한 시기에 각기 시작되었고 100여년 넘는 오늘까지 오랜 역사와 전통을 지니며 젊은이들을 교육하여 온 일은 우리 전라도 고을에서 참으로 귀하고 복된 일이었다. 고난과 어려움으로 덮여져 온 지난 근, 현대사 속에서 우리의 아이들이 미국 선교회의 열심아래 교육받아오며 성장한 것만큼 또한 감사요 은혜였던 게 달리 없으리라.

목포는 '영흥' '정명'이라는 이름으로 오늘날까지 남녀학교 교육 사업이 진행되었다. 정명여학교는 1903년 스트래퍼로부터 시작하여 초기 목사 사모들이 이어받아 운영해왔고, 1911년 교육전문 선교사인 유애나가 부임하였다. 니스벳(유서백) 선교사의 아내인 유애나는 미국 교사 자격증을 소지한 교육전문인으로서 목포 초기 학교를 운영하기에 적합하였다. 자신의 전공을 살려 열심내었던 유애나의 활약으로 정명여학교는 비약적인 발전을 거듭하였다. 학교 교사도 새로 짓고 학교 이름도 이때 '정명'이라 새롭게 하였다.

기존의 보통과에서 고등과를 신설한 것도 그녀의 열심이었다.
오래도록 그녀가 정명여학교를 이끌었을 법한데, 그만 1920년 사고로 인해 일찍 사망하고 말았다. 그녀가 남긴 학교는 맥머피에 이어 조마구례에게 맡겨졌다. 마가렛 하퍼 양은 교장 직과 함께 자신의 전공을 살려, 학생들에게 영어와 음악, 그리고 성경을 가르쳤다. 그녀의 헌신이 이어졌는데 1937년 9월 학교를 폐쇄해야 하는 상황은 안타까운 일이었다.

일제 강점말기 학교 사역이 중단되었지만 해방이 되어 다시 복구가 되었고 그때도 조마구례는 다시 한국 목포를 찾아 학교를 재건하는 일에 열심내었다. 그녀의 수고와 땀이 오랜 시간 버무려져 오늘 120여년 넘는 역사를 지닌 학교로 자라왔음을 오늘 우리는 기억하며 새겨야 할 것이다.

목포와 결혼한 세 여전도사

지난 1백여년 동안 목포에 와서 수고한 미남장로교 선교사는 80여명에 이른다. 유진 벨, 매컬리, 니스벳 등 목사는 전도와 교회를, 오웬(목사 겸임), 포사이드 등 의사와 휴손 등 간호사는 병원 진료 사역을, 그리고 커밍(김아각), 니스벳 부인(유애나) 등은 학교 교육 사역을 분담하여 헌신하였다. 그리고 일평생 독신으로 지내며 충성한 여성 사역자들도 많았음을 기억해야 한다.

여성 사역자로는 맨 처음 온 스트래퍼를 시작으로 여러 독신 사역자들이 목포에 생명의 씨를 뿌렸다. 특별히 쥴리아 마틴, 아다 맥머피, 그리고 마가렛 하퍼 등 세 여성 선교사는 귀하다.

30-40여년을 목포에서 지내며 목포의 여성과 아동에게 복음을 전하고 교육하며 십자가의 길을 걸었다. 이들은 지역 순회전도하며 교회를 세우고 아이들을 교육하며 나환자들을 돌보기도 하였다. 남성 목사 중심의 미남장로교선교회 분위기에서 여성 선교사는 권한과 역할이 제한적이었지만, 개의치 않고 주어진 십자가의 길을 걸었다.

쥴리아 마틴 양은 1908-1940년까지 32년간 사역하였다. 자신의 급여를 아끼지 않고 교회와 기관 설립에, 사람을 키우는 일에 투자하였다. 목포중앙교회와 희성유치원 설립을 주도하고 목포 나환자 시설에 기부하였다. 함평 지역 순회 사역하였을 때 고아 윤치호의 양모가 되어 주의 일군으로 인도하고 고아들을 돌보는 공생원 사역을 하도록 이끌기도 하였다.

맥머피 양은 1912-1958년까지 46년간 장기 사역하였다. 니스벳 부인이 불의의 사고에 이어 사망하게 되자 목포여학교를 대신 맡아 3년여 수고하였고, 대부분 지역전도와 부인 성경학원 등 여성 지도자 양성 일을 맡아 일하였다.

선배 여성의 뒤를 이어 목포에 부임하였고, 이들과 거의 같은 기간 동안 함께 동고동락하며 선교 동역의 길을 걸었던 이가 조마구례다. 그녀 역시 전남 농어촌 지역 마을을 다니며 복음을 전하고 여성과 아이들을 돌보는 일에 수고하였다. 주로 남동생 조하파 목사가 담당하던 영암, 강진, 장흥 일대를 같이 다녔다.

집에서 안식년을 보내고 선교 현장으로 다시 돌아왔습니다. 나는 한국에서 다시 일하게 되어 기쁩니다. 나는 어제 동생(조하파 목사)과 함께 열흘간의 시골 전도 여행을 마치고 돌아왔습니다. 우리는 요리사, 음식, 간이 침대와 이불을 가지고 다녔고, 작은 초가집에서 지냈습니다. 어느 날 밤에 무언가 기어가는 소리에 깨어났습니다. 손전등을 비춰 지금까지 본 가장 큰 지네를 찾았습니다. 바로 옆방에 있던 요리사를 불렀고 그녀는 지체없이 용감하게 지네를 잡았습니다.

또 다른 날 우리의 작은 배는 진흙이 무릎까지 차올랐을 때 갯벌에 멈춰 섰습니다. 주민들이 돌을 쌓아 올리는 동안 우리는 보트에 앉아 있었습니다. 그 돌 위에는 좁은 노의 한쪽 끝을 놓았고, 다른 쪽 끝은 보트 위에 놓았습니다. 이것을 판자로 사용하여 우리는 뭍으로 올라설 수 있었고, 마른 땅으로 걸어 나갔습니다.

그 곳에서 우리는 선교사가 한 번도 가본 적이 없는 마을에 갔습니다. 한 명의 여성과 두 명의 소년이 학습 문답을 치루기 위해 기다리고 있는 것을 발견했습니다. 소년들은 또한 소요리문답을 암송했습니다. 이들 모두가 작년 봄에 처음으로 복음을 들었습니다.

우리는 한 시골의 일곱 곳을 방문했는데, 그 중 네 곳은 교회 건물이 있었고, 다른 곳은 사용가능한 모든 장소에서 예배가 드려지고 있습니다. 두 명의 한국 남자는 전임으로 사역하고 한 명의 여자는 파트 타임으로 일하며 이 지역에서 기독교 전도에 힘쓰고 있습니다(조마구례, 1936년 9월 29일).

마가렛 히긴스는 1886년 5월 27일 켄터키주 링컨카운티에 있는 스탠포드 마을에서 태어났다. 4남 2녀의 6남매 가운데 4번째이고 차녀였다. 아래로 조지와 조셉(조하파) 두 남동생이 있었는데, 조셉은 6살 아래 막내였다. 1900년 마가렛이 14살일 때, 남매 가운데 맏이이며 유일한 언니였던 매티가 23살로 사망하는 아픔이 있어 이후로는 5남매의 유일한 딸로 성장하였다.
그녀는 한국으로 선교사로 오기 전까지 여러 학교에서 공부하였고, 영어 교사로 활동하기도 하였다. 36세라는 비교적 다른 사람보다는 늦게 선교에 뛰어 들었던 그녀이니 20대와 30대의 청춘을 미국 고향에서 지내며 다양한 경력을 쌓았다.
캔터키주 렉싱턴의 스탠포드 여학교와 Sayre College 등에서 영어를 전공하였고, 신시내티 음악학교를 다니기도 했다. 1909-1911년 모교 스탠포드 학교에서 영어 교사로 활동하였다. 1914-1915년에는 테네시 대학교에서 공부하였고, 1915-1917년에는 테네시주 브리스톨의 스톤웰 학원(Stonewall Jackson Institute)에서 영어를

조마구례 교장의 수업

가르쳤다. 한국으로 오기 직전에는 Sayre College 교장을 맡기도 하고 선교 준비차 뉴욕으로 가 화이트 박사의 성서신학교 과정을 이수하기도 하였다. 다채로운 교육 경력과 성경 연구 등은 장소를 바꿔 멀리 태평양 건너 한국 목포에서도 빛을 발하여 목포여학교 교장과 여성 성경 공부 지도와 전도활동에 잘 적용하였던 것이다. 조마구례는 어릴 때는 고향 마을의 스탠포드장로교회 출석하였고, 선교사로 오기 직전에는 렉싱턴의 맥스웰교회(Maxwell Street Presbyterian Church)를 다녔다.

나는 목포로 가야 해요

조마구례 선교사는 1923년 봄에 내한하였다. 1940년 일제에 의한 강제 추방으로 미국에 돌아가는 일도 있었지만, 태평양전쟁이 끝나고 한국이 해방되자 1947년 다른 선교사들과 같이 그녀도 복귀하였다. 한국 목포는 그녀에게 새로운 고향이었고 삶의 터전이었으며 그녀가 일생을 담아 살아야 하는 곳이었다. 그 긴 기다림의 시간이 얼마나 힘들었을까? 그녀의 기도를 들어주신 하나님 은혜에 감사하며 새롭게 열린 인생과 선교지를 그녀는 기꺼이 한 걸음에 달려와 목포와 해후할 때 얼마나 또한 기쁨의 눈물을 가졌으려나. 목포 시민 교우들과 학교 동문 선생들과의 재회의 감격은 실로 형언하기 어려웠으리라.

이제는 50대 중노년의 쇠하여진 육신이었어도 다시금 힘을 내어

학교를 챙기고 전도하는 일에 힘쓰며 노익장을 부렸다. 1950년 6.25라는 전쟁은 또 이어지는 아픔이고 고난이었지만, 포기하지 아니하고 주의 은혜를 기다리며 주의 일하심에 의지하였다.

"나는 한국에 반했어요."
"한국인은 하나의 언어, 하나의 문화를 가진 민족이고, 어떤 경계도 그들의 생각을 근본적으로 구분하지 못합니다." 1923년부터 한국에 머물렀던 미스 마가렛 하퍼. 그녀는 스탠포드에서 교사 학교를 그만두고 선교사가 된 이후로 그곳에서 장로교 선교사로 일해 왔다. 조용한 말씨의 하퍼 양은 스탠포드 여자 학교를 졸업하고 스탠포드에서 5~6년 동안 공립학교에서 가르쳤다.
그녀는 확신에 찬 어조로, 지금은 완전히 혼란스러운 한국이 사랑스럽다고 말했다. "저는 한국을 정말 사랑하고 상황이 허락하면 한국으로 돌아갈 생각입니다."
그녀는 여러 선교사와 함께 지난 6월 25일 서울이 침공당했을 때 한국에서 일본으로 대피했다. 6~7명이 그곳에 남겨져 통역과 구호 활동을 하며 군대를 도왔다.
1923년 이래로 마가렛 하퍼 양은 미국에서 태평양을 건너 한국으로 일곱 번이나 여행했고, 그녀는 대부분의 시간을 한국 목포에서 보냈다(캔터키 신문).

전쟁동안 선교사들은 대부분 일본에서 대기하며 언제고 또 한국으로 돌아갈 날을 기다렸다. 그들이 물러설 자리는 미국이 아니었다. 이미 대다수는 한국이 자신의 삶의 자리였기 때문이다. 계속되는 역사와 사회의 격변이 실망과 좌절을 가져다 주긴 했어도 도망가지 않고 뒤돌아 서지 않았다. "우리가 선을 행하되 낙심하지 말지니 포기하지 아니하면 때가 이르매 거두리라(갈 6:9)."

그녀의 사역으로 얼마나 많은 이들이 구원의 열매를 맛보며 얼마나 많은 이땅의 어린 소녀들이 교육의 혜택을 누리고 복된 삶을 열었을까나. 참으로 고마운 일이다. 그녀의 열심, 일생을 건 충성, 자신의 결혼 상대는 목포로 알며 지아비 섬기는 지어미의 헌신처럼 목포와 목포 사람들을 섬겼던 조마구례 선교사. 오늘 그녀를 본받아 못지않은 충성 벌이는 숱한 여전도사와 일군들에게 박수와 하늘 축복을 빈다.

조마구례는 34년간의 선교 사역을 마치고 1957년 은퇴하여 미국으로 돌아갔다. 그녀의 나이 71세였다. 그녀는 노스캐롤라이나 몬트리트에 이어 하이포인트 남장로회 사택에서 여생을 보냈다.

늘 동생인 조하파 목사 부부 가정과 가까이에서 함께 지냈던 그녀는 1976년 11월 6일 90세에 천국 부름을 받았다. 그린즈버러 길포드 공원묘지에 안장되었다.

그녀가 안식에 들어간 지 45년이 지난 2021년 11월, 양국주 선교사와 함께 그녀의 조카 손자인 데이비드 하퍼씨와 함께 그녀가 잠

그린즈버러 길포드 묘원에 있는 조마구례 묘를 찾아(2021년 11월 방문).
조카 손자 데이비드 하퍼와 양국주 선교사

들어 있는 길포드 묘를 찾아 갔다. 누가 그녀를 기억하며 누가 찾는가. 함께 누워있는 작은 비문의 이름을 더듬고 주위의 풀을 다듬으며 그녀에 대한 고마움을 조금 채웠다.

그녀로 인해 오늘 복된 생명과 은혜를 누리는 목포 교회와 성도는 그녀를 기억하며 마가렛 하퍼의 삶과 신앙을 잇고 더한 충성 벌이기를!

13

부전자전 똑닮은, 아들 조요섭

부자지간에 대를 이어 떠돌이 전도자로 살았다. 아버지 조하파는 일제 강점기 어려운 시대에 전라남도 목포를 중심으로, 아들 배론은 전라북도 전주를 중심으로 호남의 농어촌 황토밭 마을과 마을을 걷고 걸으며 하늘나라의 은혜따라 그리스도의 십자가 복음을 전하였다. 인생의 참 스승이요 구원자 예수 판박이의 삶이다.

2천년전 예수도 떠돌이였다. 가버나움을 중심으로 갈릴리 주변 여기저기 두루 다니시며 복음을 전하고 말씀을 가르쳤으며 병자들을 치유하였다.

당신 뿐만 아니라 부르고 따르는 제자들에게도 동일한 삶과 미션을 부여하였고, 이방인들을 위해 각별히 바울을 불러 떠돌이 선교사로 일생을 헌신하게 독려하였다. 고단하고 버거운 삶이다.
고향과 부모 형제 친척을 때론 등져야 하고 가지고 있는 지위 신분 모든 자산을 통째 팽개치고 아무 보장도 아무 댓가도 이 세상에서 기대지 아니한 채 살아가는 인생, 오직 하늘 은혜만을 소망하며 노숙하고 굶어가며 상당부분 핍박과 고난을, 멸시와 천대를 감수하며 살아가는 멍청하고 어리석은 인생을 누군가는 복되게 여기고 멋지게 일생을 던진다.

태산을 넘어 험곡에 가도

배론 하퍼(조요섭)는 1948년 27세에 내한하여 1986년 65세 은퇴, 이한하기까지 38년간 선교사역하였다. 전주선교부 소속되어 전라북도의 시골 마을을 수없이 돌고 돌았다. 전북노회, 전서노회, 김제노회 소속한 지역들, 어떤 곳은 걸어 다니기에 참으로 버거운 곳도 많았다.

고산준령, 높은 산 깊은 계곡을 오르 내리며 고개 넘어 산동네 마을을 찾아 다녀야 하는 떠돌이 전도사역이다. 힘겨울 때마다 "태산을 넘어 험곡에 가도 빛 가운데로 걸어가면 주께서 항상 지키시기로 약속한 말씀 변치않네." 찬송을 크게 부르며 힘을 내어 산고개를 수도 없이 오르내렸을 것이다. 그렇게 이 일대에도 주의 복음이 임하고 생명과 구원의 은총이 뿌리 내렸다.

곳곳에 세운 교회가 밤이면 붉은 십자가를 드러냈다.

① 순창군

한 기독교 이발사가 300가구가 있는 어느 마을로 이사해 왔습니다. 그는 자신의 이발소에서 주일학교와 설교 예배를 시작했으며, 참석 인원은 70~80명 정도입니다. 지난 가을에는 정기 예배를 드리지는 않았지만, 소년 4명을 교리 문답하고 받아들였습니다. 올 봄부터 이곳을 정기 방문 대상에 포함하였으며, 아마도 이발소에서 계속 예배를 하게 될 것으로 보입니다.

이로써 우리가 교회를 시작한 이채로운 장소 목록에 또 하나 추가합니다. 기차역, 방앗간, 병원 진료소, 교실, 읍사무소, 천막, 가정집, 그리고 야외 등입니다.

② 임실군

군청에서 몇 마일 떨어진 기차역 주변에 큰 마을이 형성되었습니다. 우리는 오랫동안 그곳에 교회를 세우기를 원했습니다.

약 6개월 전부터 전주 예수병원 직원들로 구성된 전도팀이 병원 전도사의 리더로 이 지역에서 사역을 시작했습니다. 이들은 일요일마다 병원 앰블런스로 방문하여 기독교인 약사의 집에서 예배를 드리고 있습니다.

조만간 병원에서 일하는 한국인 직원들의 도움을 받아 교회를 건축하고 전임 전도사를 청빙할 예정입니다.

③ 남원군

높은 고원 지대에 각각 100가구 이상 되는 마을이 대여섯 개 있는 지역이 있습니다. 이곳에는 지금까지 교회가 한 번도 세워진 적이 없습니다. 12월 초, 1년 전에 세례를 받은 한 젊은이가 이 지역에 있는 간척 사업지로 이사해 와서 예배를 시작했으며, 현재 주일학교에 300명(어른 150명, 아이 150명)이 모인다는 놀라운 소식을 들었습니다.

성탄절 직전, 근처 목사님과 함께 그곳을 방문했습니다. 날씨는 춥고 눈이 내리고 있었지만, 얼마 지나지 않아 100명이 넘는 사람들이 마당에 모여 예배를 드렸고, 이후 지역 일군들은 작은 방에 함께 모여 교회를 세우는 방법에 대해 논의했습니다.

최근 그 젊은이가 저를 찾아와 곧 군 입대를 앞두고 있으니, 훈련된 전도인을 보내 달라고 요청했습니다. "6개 마을이 각각 여섯 칸짜리 건물의 한 칸씩을 맡아 책임진다면, 올 봄 안에 예배당을 마련할 수 있을 것입니다."(조요섭, 1964년 2월 12일).

순창, 임실, 남원뿐이랴. 사역 초창기 담당 구역은 물론 점차 범위를 넓혀 정읍, 고창 등 전라북도 남부 지역 대부분이 그의 선교지였다. 산골 마을에도 찾아가 하늘 생명을 전하며 신자를 얻고 봄 가을로 세례 문답하며 성례도 베풀고 지역교회의 순전한 한국인 목회자를 격려 후원하며 일평생 충성했던 떠돌이 전도자 조요섭,

아버지 조하파가 전남에서 벌인 그 미션을 전북으로 옮겨 이어받은 하늘 인생이었다.

사람을 키우는 선교

조요섭의 주 사역은 전도하는 일이었지만, 다른한편 그에겐 학문과 지성을 겸비한 학자로서의 소양이 또한 뛰어나 남장로선교회는 교육 사역의 임무 역시 배제하지 않았다. 해방이 되고 재차 한국 호남선교를 하면서 미남장로교는 이제 대학교를 설립하고자 하였다. 이미 오래 전부터 비전을 품고 기획하였던 일이었다.

일제 신사참배와 강제추방으로 미뤄두었던 숙제를 꺼내어 심지를 다시 붙였다. 기존의 5개 선교부에 있는 교회와 병원은 물론 남녀 학교 복구하는 데 한국의 교회와 지도자들을 앞세워 힘썼고, 기존의 중등교육 이상으로 이제 고등교육을 시작하려고 대학 설립을 시도하였다. 새로운 선교지 대전을 후보지로 정하고 선교재건조사위원회는 1948년 대학 설립을 논의하였다.

6.25 전쟁이라는 또다른 시련과 아픔 속에서 대전 선교부 개척과 대학설립위원회가 구성되었다. 인돈(William Linton), 유화례(Florence Root), 김기수(Keith Crim), 구바울(Paul Crane), 보이어(Elmer Boyer), 서의필(John Nottingham Somerville), 그리고 조요섭 등 7인이었다. 1956년 학장 인돈 목사와 함께 대전기독학교가 시작되어 한남대학교로 발전하였다. 김기수, 서의필 선교사는

교수로 함께 사역하였지만, 조요섭 등 나머지 위원들은 원래의 부임지에서 계속 고유의 자기 사역에 더 열심을 내었다. 조요섭 역시 대학 설립 이후 이사로서 역할을 종종 하였으나 주 임무는 전주에서 전도하며 목회하는 일이었다.

조요섭의 교육 사역과 관련한 일은 광주 호남신학대학교에도 있다. 일생의 단짝이자 매부 톰슨 브라운(부명광)이 세워 시작한 호남신학교. 초대 이사장으로 섬긴 부명광에 이어 1973년 2대 이사장으로 3년간 직분을 감당하였다. 전도와 교회 세우는 일 못지않게 신자를 훈련하고 젊은이들을 교육하는 일에, 특별히 한국교회를 지도할 목회자 양성에 그가 힘을 더하고 함께 수고하였다. 그의 전도자요 교육자로서 섬긴 일생을 가까이서 지켜본 순천의 안기창 목사는 그를 이렇게 높이 평가하였다.

> 미소짓는 첫 인상 조요섭 선교사
> 대인관계가 원만하고 평안해
> 농촌 교회 방문하며 선교의 열이 뜨거워
> 가난한 교인들 학생들을 도우며
> 목사를 많이 배출하였으며 매사가 확실하여
> 아니요 예가 분명한 선교사여라
> 임실군 농촌 교회 당회장 시무할 때
> 많은 비로 건널 수 없는 냇물

돌아가려고 차를 돌렸는데
마침 술 배달부가 술을 싣고 건너니
조 목사 술 배달부도 가는데
복음을 배달하는 우리가 못 가리
옷을 벗어 머리에 얹고 강을 건너서
교회를 방문한 일 잊을 수 없어라(안기창, "선교이야기").

조셉 배런 하퍼(Hopper, Joseph Barron) 선교사, 한국이름 조요섭은 1921년 5월 17일 광주에서 태어났다. 당시 목포에는 미국인 의사 선교사가 없어 조하파 부부는 광주병원(기독병원)의 윌슨 의사 도움을 얻어 아이를 출산하였다. 어린시절 목포 양동, 지금의 정명학교 구내에 있었던 사택에 거주하며 그곳에서 동네 아이들과 지내며 자랐다. 초등과정의 학교는 다니지 않고 집에서 어머니 애니 배런의 가르침을 받았다. 통신과정으로 진행하는 미국의 교육과정을 따라 초등과정의 배움을 가졌다.

격변기 한국사회와 함께한 인생

주일학교와 신앙생활은 목포 연동교회에서 주로 가졌다. 아버지 조하파가 세우고 설교하며 예배 인도하는 교회, 어머니는 연동교회 여전도회를 이끌었고, 조요섭은 두 동생들과 함께 주일학교 출석하며 입교 문답을 통해 연동교회 정회원이 되기도 했다.

1934년 13살이 되자 중고등학교 과정의 교육이 필요했다. 가을에 부모를 따라 평양에 가서 외국인학교에 입학하였다. 3년전 1931년 아버지가 평양신학교 교수활동할 때 잠깐이나마 가족이 같이 와서 지낸 적이 있어서 조요섭에게 낯선 곳은 아니었다.

조요섭은 이곳에서 그의 선교적 일생을 함께하는 귀한 학우들을 많이 만났다. 특히 톰슨 브라운(부명광)과의 학창생활은 개인의 성장 뿐만 아니라 한국의 2세대 선교 사역 동지로 엮어지는 시간이었다.

이 두 사람은 일생의 친구요 동역자로서 해방이후 산업화 시기에 광주와 전주에서 호남의 선교를 책임지는 일군으로 섬겼다.

톰슨 브라운의 아버지도 중국 선교사였으니 이들은 선교사 자녀라는 공통점도 있었거니와 이때부터 남은 일생의 모든 학업과 사역, 긴 인생을 같이 하였다. 조요섭과 부명광은 평양학교를 1938년 6월 졸업하고 함께 미국으로 건너가 데이비슨 대학, 유니언 신학교 과정까지 밟았다. 그 둘은 클래스 메이트이기도 하고 심지어 기숙사 룸 메이트이기도 했다. 그리고 조요섭의 여동생 마디아가 브라운과 교제하고 가정을 이루기도 했으니, 이들은 매부와 처남이라는 가족 연으로도 끈끈한 동지였다.

조요섭은 1938년 평양외국인학교를 졸업하고 미국으로 건너가 가을에 노스캐롤라이나의 데이비슨 대학에 입학, 1942년 우등으로 문학 학사 학위를 받았다. 계속해서 리치먼드의 유니언 신학교에 입학하였다. 이때 아버지 조하파는 일제에 의한 선교 방해로 더 이상 사역을 하지 못하고 미국에 돌아와 있었으며, 버지니아 매리언의 로열오크장로교회에서 사역하였기에 가족이 다시 리치몬드에 모여 지냈다.

조요섭은 3년의 과정을 마치고 1945년 5월 졸업하였으며, 7월 강도사 인허, 결혼, 8월 12일 몽고메리노회에서 목사 안수를 받았다. 연이은 경사요 벅찬 삶의 새로운 도전이었다.

조하파 며느리, 도로시 롱넥커

1945년 7월 19일, 조요섭은 도로시 롱넥커와 결혼하였다. 이들은 7년전 1938년에 몬트리트에서 처음 만났다. 조요섭이 미국 대학 진학과 아버지 조하파의 안식년이 겹쳐 몬트리트에 머물렀다.

조하파는 이곳에서 역시 안식년으로 돌아와 있는 허시 롱넥커 선교사를 만났고 가정이 함께 조우하면서 젊은 두 청춘도 만나게 되었다.

허시 롱넥커는 조하파의 루이빌신학교 1년 선배로서 아프리카 콩고에서 사역하고 있었다. 두 아버지 동문의 반가운 해후와 만남이 자녀들에게 이어진 것이다. 허시의 딸 도로시 롱넥커는 부모가 사역하는 콩고의 루삼보(Lusambo)에서 1920년 3월 26일 태어나 자랐고, 청년이 되어 미국 샬럿의 퀸즈 대학에 진학해 있었다. 조요섭의 1년 연상이었던 것이다.

도로시는 퀸즈대학을 졸업하고 선교사 비전을 가지고 미남장로교 총회가 운영하는 리치몬드의 총회훈련학교(후에 유니언 신학교에 편입)를 다녔으며, 버지니아 블랙스톤의 교회에서 봉사하였다. 부모처럼 자신도 아프리카 선교하기위해 총회 선교부에 지원서를 내고 교회 사임과 함께 출국 준비하던 그녀에게 조요섭이 청혼하였다. 새로운 인연으로 도로시는 아버지의 선교지 아프리카에서 남편의 선교지 한국으로 바뀌어 새 출발을 하였다.

조요섭은 아내를 맞아 가정을 이루는 복 가운데 버지니아주 캘러웨이에 있는 피드몬트장로교회에서 목회 사역을 2년간 하였고 1948년 10월 내한하였다. 그사이에 태어난 어린 딸 앨리스와 함께였다.

조요섭은 유니언 신학교에서 1950년 신학 석사, 1965년 데이비슨 대학교에서 신학박사 학위를 취득하였다. 38년의 선교사역 가운데 전라북도 일대에 여러 교회를 세우는 일에 충성하고 숱한 성도들과 함께 후배 목회자 양성하는 일에 헌신하였다. 1982년 미남장로교 한국선교가 공식적으로 마쳐졌지만, 그는 계속해서 사역을 더 이었고 1986년 65세에 은퇴하였다. 선교사 은퇴마을인 몬트리트에서 여생을 보냈다.

조요섭 부부는 네 자녀를 낳았다. 2남 2녀. 장녀 앨리스 역시 청년 때 광주에서 선교사 자녀교육 활동을 펼쳤다. 조부모와 부모에 이은 3대째 선교사역을 이룬 셈이다. 나머지 세 자녀는 배런, 데이비

어린이 사역 중인 도로시 롱넥커

드, 마가렛 로이스 등이다. 조요섭의 셋째인 데이비드 하퍼 장로는 필자와 깊은 인연을 또한 갖고 있다.

나는 2021년 은사 양국주 선교사와 함께 미국 남장로교 탐방중 그린즈버러에 있는 그를 찾아 귀한 교제를 가졌고, 목포기독교역사관 건립에 협력을 부탁하였다.

3년후 2024년 4월 재차 방문할 때 데이비드는 그의 남매들과 협력하여 아버지 조요섭, 그리고 할아버지 조하파 선교사가 남긴 귀한 유품, 선교 유물들을 건네 주었다. 얼마나 감사한 일이랴.

조요섭 부부와 자녀들

2027년 목포기독교역사관이 세워져 목포와 호남의 선교 역사를 기릴 때 후손들이 기증한 멋진 내용들이 함께 전시되고 그 선배들의 귀한 이야기들을 우리는 더듬어 볼 수 있을 것이다.

조요섭 선교사는 71세된 1992년 4월 27일에 사망했다. 아내 도로시 롱넥커는 2015년 12월 4일 안식하였고, 부부는 블랙마운틴 공원 묘지에 누웠다.

조요섭과 평양외국인학교 동문 인연으로 교제하였던 루스와 그녀의 남편 빌리 그레이엄 목사는 이렇게 추모하였다.

우리는 예수님의 말씀을 믿습니다. "잘하였도다, 착하고 충성된 종아, 주님의 기쁨에 들어가라." 그리고 우리는 이 말씀이 지금 이 시간에 조요섭에게 참으로 적절하다고 믿습니다.
우리는 그의 놀라운 선교사 가족을 위해 계속 기도합니다.
그리고 그들의 기독교 유산과 사역의 지속적인 확장을 위해 기도합니다.(빌리와 루스 그레이엄).

| Joseph Hopper |

14
~~
영특하고 훌륭해, 딸 마디아

세상 대개가 남자들에 의해 지배되고 움직이는 듯해도, 그 남자를 또한 움직이는 건 여성이다. 많은 경우 남자의 뒤에 가려져 있어서 잘 드러나지 않아도 뒷배라도 참 훌륭하여서 그 남자로 하여 남다른 길을 걷게 하고 세상을 이끌게 한다.
그래서 달리 지혜롭고 영특한 여성은 진실로 아름답다. 그래서일까! 타고르 시인은 "여인이여, 반은 여성이고 반은 꿈이로다"라며 신비로운 여성에 대한 찬사를 늘었다. 그리고 빅토르 위고는 "남자는 눈을 가졌지만 여자는 통찰력을 지녔다"고 평했다.
목사도 아니고 남자도 아니라서 상대적으로 덜 알려져 있고 덜 평가되지만, 미남장로교 상당수 여성 선교사들은 실로 충성스럽

조 마디아

고 훌륭한 사역을 펼쳤다. 그나마 잘 알려진 서서평, 유화례 외에도 도마리아, 마율리, 명애다, 조마구례, 허우선 등 독신 여선교사들은 물론 남편에 가려있지만 숱한 부인 선교사들의 헌신과 수고역시 귀하고 멋지다. 그 가운데서 호남 선교를 이끌었던 목사 선교사의 딸로 호남에서 태어나고 자라 남편 선교사와 함께 호남을 다시 찾아 선교한 여성들이 있는데, 특별히 두 여성이 떠오른다. 샬롯 벨 린튼과 마디아 하퍼 브라운이다. 목사 부모의 딸로 태어나 성장하여 자신도 사랑하는 남자와 결혼하고 함께 재차 한국을 찾아와 부모의 대를 이어 선교에 헌신하였다. 게다가 이들은 자그만치 3세대에 걸친 선교 가족의 고리이기도 하였다.

호남에서 사역한 450여 미남장로교 선교사들, 그들 중에는 홀로 평생을 사역한 이도 있고, 부부가 와서 수고한 이도 있고, 누구는 형제끼리, 자매끼리, 혹은 남매가 와서 충성한 이도 있다. 그리고 2세대 자녀들까지 수고한 가족도 있고, 더하여 손자인 3세대에 걸쳐 충성한 두 가족이 있다. 바로 벨-린튼으로 이어지는 가문과 하퍼 가문이다. 샬롯 벨과 마디아 하퍼는 이 가족의 2세대 자녀로 충성하였다.

슬픔을 딛고 일어서서, 인사례

샬롯 벨은 전라남도 선교의 개척자 유진 벨의 딸이다. 1895년 내한한 부모는 1898년 목포 선교부를 개척하였고. 이듬해 벨의 둘째이며 첫 딸로 목포에서 태어난 아이가 샬롯 벨이었다. 그렇게 벨의 가족으로 목포 사람들의 귀여움을 받으며 자란 어린 여아 샬롯인데 그만 엄마가 일찍 죽어 버렸다. 샬롯이 태어난 지 만 2년이 지났을 무렵인 1901년 어머니 로티 위더스푼 사모가 심장병으로 사망하였다. 샬롯이 겨우 걸음마를 뗄 시기 일이라 어머니 체취와 사랑이 제대로 남아 있지 못한 채 성장하는 아픔이 컸다. 어린 아기 샬롯은 미국에 건너가 조부모 손에 키워졌다.

아버지는 다시 목포와 광주에 돌아와 선교에 열심이었지만, 샬롯의 유소년기는 부모가 공백인 상실의 시간이었다. 그럼에도 그녀에게 하나님의 은혜는 컸다. 캔터키 루이빌 조부모 집에서 성장하였고 아그네스 스캇 대학을 졸업한 후 루이빌 노회의 파송으로 한국 선교에 헌신하였다. 1922년 일본에서 윌리엄 린턴(인돈) 목사와 결혼하였고 이후 전주와 대전 그리고 목포에서 교육 사역을 펼쳤다. 샬롯 벨 린턴(인사례) 부부는 4자녀를 두었으며 두 남자아이 인휴와 인도아 역시 선교사로 수고하여서 3 세대가 호남에서 사역하는 멋진 가업을 이었다.

그 중심에서 튼실하고 훌륭한 고리가 되었던 인사례. 비록 어릴 때 어머니를 잃고 아버지로터 부정도 가까이서 얻지 못하며 자랐지만, 하나님이 아버지되어 주셔서 하나님의 은혜입어 장성하였고 헌신하며 훌륭한 선교 가업을 이뤄냈으니 참으로 멋진 여성 사역자 아니런가.

인사례 보다 한참 후배이지만 이와 버금가는 영특하고 훌륭한 여성 선교사가 바로 마디아 하퍼다. 그녀는 상대적으로 복된 가정의 품에서 자랐다. 아버지 조하파 목사는 목포에서 선교하며 농어촌 순회 전도자로 일생을 충성하였다. 위로 오빠 배런 하퍼(요셉)와 아래로 남동생(조지 하퍼) 사이에서 마디아는 사랑과 귀여움을 받으며 행복한 성장기를 보냈다.

선교사 자녀들의 배움터

1922년 11월 22일 군산에서 태어난 마디아 하퍼(Mary Alexander "Mardia" Hopper)는 어릴 적 3남매가 함께 어머니의 홈스쿨 지도를 받으며 자랐다. 선교사 자녀들 대다수가 홈스쿨러였다.

이들을 위한 초등학교는 따로 없었다. 각 선교부마다 한국인 아이들을 위한 학교를 선교회에서 세워 운영하였지만, 정작 자기 자녀들은 이 학교를 이용하지 않았다.

남편이 사역에 집중할 때 아내는 가정과 자녀들의 교육에 집중했다. 마디아 세 남매도 어릴 때는 어머니 배런 하퍼 여사에 의해 기초 교육을 받았다. 일제 강점기 목포에서 사역하는 조하파 부부는 미국식 교육의 홈스쿨러들이 이용하는 교재를 이용하여 아이들을 가르쳤다. 세 남매가 청소년기에 접어들어 중등교육을 받아야겠다고 생각될 때 비로소 이들은 다른 아이들과 함께 학교를 다녔다. 평양에 있는 외국인 자녀들을 위한 학교 평양외국인학교는 선교사 자녀들을 위해 세워졌다. 한국은 물론 중국이나 일본에서 사역하는 선교사의 자녀들을 위한 미국식 중등교육기관이다. 한국내 사역하는 해외 선교회 단체들이 함께 공동으로 운영하였다. 1900년 6월 시작한 외국인학교(Pyeng Yang Foreign School)는 선교사들이 추방당해 폐쇄된 1940년까지 40여 년 동안 운영되었다.

평양외국인학교 동기생들과, 맨 뒤 오른쪽 마디아

그동안 584명이 등록하였고, 졸업생은 188명이었다. 이 학교를 졸업한 많은 선교사 자녀들이 또한 졸업후 미국에서 대학 교육과 신학 교육을 마치고 재차 한국에 돌아와 2세대 선교사로 헌신하거나 세계 각지에서 충성하였다.

예수원 설립 운영으로 잘 알려진 대천덕 신부와 루스 벨 여사, 그리고 지미 페이지 카딩턴 등은 나이도 비슷해서 마디아와 같은 시기에 동문수학하였다. 중국 선교사 자녀들이었던 이들 중 특별히 루스 벨은 미남장로회 선교회와 깊은 인연을 맺고 귀한 사역으로 이어졌다.

중국에서 의료 선교하던 부모에게서 태어나 자란 루스 벨은 평양 외국인학교에 진학하였다. 후에 부흥 전도자 빌리 그레이엄 목사와 결혼하였는데, 루스 벨 부부가 몬트릿에 거주하면서 학창시절 맺은 인연으로 미남장로교 선교사들의 은퇴 마을이 몬트릿과 블랙마운틴에 조성되었다. 선교에서 은퇴한 2세대 3세대 사역자들, 혹은 그 자녀들이 이곳에 거주하며 여생을 보내고 있다.

한국과 선교, 그리고 외국인학교 동문이라는 공통주제가 많은 이들이 지금도 모여 교제한다. 일제강점시기를 자란 세대들은 평양에서 공부하였고, 해방이후 1950년대 이후부터는 대전에 미남장로교 대학인 한남대가 세워지고 여기에 또한 자녀들 학교가 만들어졌다. 마디아나 조요섭 선교사는 어릴 적 평양의 외국인학교를 다녔고, 이들의 자녀들은 대전에 있는 외국인학교를 다녔다. 평양외국인학교를 모델로 대전에 새로 설립한 이 학교는 존 섬머빌(서의필) 선교사에 의해 시작되었는데, 그의 부인이 버지니아 벨 여사였다. 루스 벨의 친 동생으로 언니와 함께 평양외국인학교를 다녔으니, 이들이 자라 각자 미남장로회와 인연을 갖고 부모 세대에 이어 한국 선교에 귀히 섬겼다.

1930년대 후반, 한국 사회는 일제 치하에서 엄혹한 시절이었고 부모들은 불편하고 궁벽한 환경 가운데서도 지사충성으로 선교에 헌신할 때, 마디아와 자녀들도 외국인학교를 함께 다니며 함께 한국의 사회 현실과 선교의 중요성에 마음과 몸을 담았다.

그리고 그들도 대부분 하나님의 영광을 따라 부모의 의지와 일생을 따라 본 받으며 자신들도 비전을 키우고 기꺼이 아골골짜 빈들을 향해 달려갔다.

여성 선교사들의 활주로

마디아 하퍼는 평양외국인학교 스무명 남짓한 동기 중에 가장 뛰어난 학생이었다. 1939년 6월 졸업식에서 그녀가 대표로 고별사를 한 것은 최우등생이었기 때문이었다. 일본이 벌인 태평양 전쟁으로 학교 폐쇄되기 1년 전의 일이었다. 마디아는 부모따라 안식년으로 미국에 건너갈 때에는 어머니 고향에 있는 윈드롭학교에 다니기도 했다. 그녀는 중고등과정을 마치고 아그네스 스캇 대학에 진학하여 고등 학문을 익혔다. 지도자로서의 소양과 실력을 갖추는 일에 보다 진일보하였다.

애틀란타 디케이터에 있는 아그네스 스캇은 버지니아 스톤턴에 있는 메리 볼드윈 대학과 함께 남장로교 여성 지도자를 양성하는 대표적 학교였다. 이 두 학교 출신들 상당수가 한국 호남 선교에 헌신하였다. 마디아가 다닌 아그네스 스캇 동문은 전주의 랭킨과 몽고메리 크레인, 광주의 리틀 페이지 카딩턴, 순천의 애니 프레스톤, 목포의 프레스톤 커밍, 간호사 허우선과 라두리, 그리고 대선배 샬롯 린튼 등이다. 결핵 의사 카딩턴의 아내 리틀 페이지 여사는 대학 시절을 같은 시기에 보냈고, 또한 같이 광주에서 보냈으니 마디아에겐 가까운 절친이요 평생의 동료가 되었다.

1950년대 이후 이삼십여년을 카딩턴 여사는 광주의 의료 사역에, 마디아 부인은 광주의 교육 사역에 헌신하였다.

마디아는 1943년 대학을 졸업한 직후인 7월 23일 톰슨 브라운(부명광)과 몬트리트에서 결혼하였다. 부부는 이미 평양 외국인학교에서 처음 만났고 공부를 같이 하였다.

마디아가 평양학교 3학년일 때, 브라운이 중국에서 건너와 4학년에 전학을 왔다. 중국 선교사 자녀로 중국에서 태어나고 자란 브라운은 중일 전쟁으로 인해 부득이 한국에 있는 외국인학교를 찾아와야 했다. 빌리 그래함의 아내가 될 루스 벨 역시 같은 이유로 평양에 왔고 한국의 남장로회 자녀들과 인연을 맺게 된 것이다.

부명광이 1년 선배였고, 마디아의 오빠 조요섭과는 동기로 이때부터 둘은 절친이 되었다. 지혜롭고 아름다운 마디아는 부명광 아내로서 함께 선교 2세대로 헌신하였다. 부명광은 자신의 부모가 사역하고 자신이 태어난 중국으로 가고 싶은 마음이 있었을 터인데, 중국이 공산화되고 선교의 길이 막힌 탓에, 아내 마디아의 고향과 처가가 있는 한국을 택했다.

마디아와 브라운 부부는 1952년 내한하였다. 광주를 중심으로 호

부명광 부부

남신학대학교 설립하여 교회 지도자 양성에 힘썼다. 서울에서 사역할 때는 연희동에 거주하며 마디아는 외국인학교 교사로 서울의 장로회신학대학교 영어 교수로 가르치기도 하고 여러 교회를 순회하며 성경공부 모임을 만들어 지도하였다.

한국을 떠나 미국에서 노년을 보낼 때는 조지아 디케이터에 거주하였고, 마디아는 2018년 4월 10일 스톤마운틴의 파크스프링스 양로원에서 지병으로 별세하였다. 디케이터 공원 묘지에 누워 있다.

마디아 부부는 5명의 자녀를 두었다. 큰 딸 메리 브라운 블록 여사는 아그네스 스캇 대학교 총장과 중국 쿤샨 대학교 부총장을 역임하였다. 어머니와 아버지의 지적 재능과 소양을 쏙 빼닮아 성장하였고 사역하였으며 현재 디케이터에 거주하고 있다.

둘째 조지 톰슨 브라운은 프렌드십 인터내셔널 총재를 역임했고 애틀란타에 거주하며, 셋째는 조지타운대학교 교수로 남북한 경제 문제 연구에 열심인 윌리엄 배런 브라운, 넷째 샬롯 브라운 힐은 오스틴 IBM에서, 다섯째 막내 브루스 페린 브라운은 애틀란타에서 법률 회사의 대표 변호사로 활동하고 있다.

15

호남신학교 설립한, 사위 부명광

한국 기독교 선교는 유래를 찾기 힘들 정도의 부흥과 성장을 거듭하였다. 일제 강점기 고통의 역사와 시대 속에서도 신자들과 교회는 하루가 다르게 늘었다. 수많은 선교사들의 헌신이 기초하였고, 한국 초기 신자들의 충성과 순종이 함께 한 귀한 열매였다. 한민족은 해방을 맞았으나 또다시 6.25라는 상잔의 비극 속에서 많은 희생을 치루면서도 교회는 성장을 거듭했다. 선교사로는 감당치 못하고 교회를 지도할 한국인 일군이 절실했다.

한국교회 지도자 양성

1950년대를 넘어가면서 교회를 이끌 지도력 수요가 많았으나 상대적으로 너무 부족했다. 교회의 한국인 사역자들은 대부분 안수 받지 않은 평신도였다. 신학교 교육을 받고 안수받는 목사가 배출 되는 것보다 교회의 신생과 성장이 더 빨라서였다.

고등과정의 신학교육 이수자는 적었으며, 특히 농어촌에 있는 교회일수록 훈련된 지도자는 너무 부족했다. 신학교육을 늘리고 목회자 양성에 힘을 기울여야 했다.

선교회는 이를 크게 여겼고, 부명광 선교사는 이 일에 앞장서서 심혈을 기울였다. 전쟁이 그친 1954년 부명광은 광주에 성경학교 프로그램을 확장했고, 더 나아가 대학 과정의 신학교 설립을 꿈꾸었다. 그렇게 일궈낸 프로젝트가 호남신학교로 드러났다.

1961년 미남장로교 선교회는 호남선교협의회와 협력하여 호남 성경학원과 두 개의 노회가 운영하는 신학교를 통합하는 데 성공했다. 이렇게 해서 광주에 새로운 호남신학원이 생겨났다.

이 학원은 10개 노회와 5개 선교부에서 파송한 대표자들로 합동 이사회를 구성했고, 1961년 가을 총회의 인가를 받았다.

졸업생들은 시골 교회의 전도자가 되었다. 총회신학교 특별과정 상급반에 진학했다. 첫 번째 이사회에서 브라운 목사는 교장으로 선출되었다. 70명의 학생이 첫 학기에 등록했고, 1961년 10명의 학생이 처음 졸업했다(부명광, "한국 선교 이야기").

기존의 광주 성경학교, 광주 야간신학교, 순천 매산신학교를 통합하여 호남신학원으로 개교하였고, 부명광 선교사가 초대 원장이 되었다. 이는 주로 남자 지도자를 위한 학교였으며, 여성 지도자를 위한 통합 학교 역시 새롭게 이뤄졌다.

1961년 같은 시기에 전주의 한예정 성경학교와 광주의 이일 성경학교가 합병되었다. 전도부인 양성에 힘써 온 두 학교는 전주에 한일여자성경신학원으로 발전하였다.

부명광 선교사 가족: 의자에 앉은 부모, 뒤 왼쪽 형 프랭크 부부와 자녀, 오른쪽 부명광 부부와 자녀

이렇게 해서 남자는 광주에, 여자는 전주에 각각 나뉘어 호남에서의 기독교 지도자 양성과정이 이뤄지게 되었다.

부모는 중국에서, 자신은 한국에서

톰슨 브라운(Brown, George Thompson "Tommy", 부명광)은 1921년 4월 30일 중국 장시성 루산에서 태어났다. 중국에서 선교하는 아버지 프랭크(Frank Augustus Brown)와 어머니 샬럿(Charlotte

광주 양림동에 현존하는 부명광 사택

Thompson)사이에서 차남으로 출생하였다.

톰슨은 청소년기 한국의 평양에 있는 외국인학교를 다니며 조요섭과 함께 평생을 가까이서 함께하였다. 데이비슨 대학교와 유니언 신학교도 같이 다니며 그도 목사가 되었다. 조요섭의 누이 마디아 하퍼 양과 평양 학교에서부터 알고 지내다 가정도 이뤘다.

2차 세계대전에 참전 복무도 한 톰슨은 아내와 함께 1949년 한국 선교사로 지명되었다. 톰슨은 프린스턴에서 석사 학위도 취득하고 노스캐롤라이나에 있는 교회들에서 목회를 하던 중, 1952년 내한하였다.

광주 선교부에 배정되어 선교사역을 펼친 부명광은 1961년 호남 신학을 설립하여 1967년까지 지냈다. 사역기간중 1963년에는 모교 유니언에서 박사학위도 취득하였고, 안식년 마치고 재차 한국에 돌아와 목포에서 사역하기도 하였다. 부명광의 자녀들은 광주에서 주로 자랐지만, 이때의 일로 어린 시절의 목포에 대한 추억도 간직하고 있다. 또한 이 시기에 박사학위 논문을 기초로 "Mission to Korea(한국 선교 이야기)" 책을 폈다. 이는 미남장로 호남 선교에 대한 대략의 역사를 서술한 명저로 남아있다.

선교의 역사는 하나님의 섭리와 관련된 인간 사건들의 과정을 단지 추적만 할 수 있습니다. 하나님은 자신의 위대한 능력으로 외국 땅에 자신의 교회를 세우십니다. 거기에는 측정하거나 한

정하거나 묘사하거나 분석할 수 없는 하나님의 영의 보이지 않는, 신비한 역사가 있습니다. 따라서 모든 것이 이야기될 때에도 단지 최소한의 주요 부분만 열거됩니다.
인간적으로 말한다면, 선교사역은 불가능한 사역입니다. 자료와 정교한 계획 그리고 희생적인 헌신이 아무리 많이 있다 해도 그것만으로는 지난 70년 동안 한국에서 일어난 것을 설명할 수 없습니다. 왜냐하면 다음과 같은 말씀이 있기 때문입니다. "이는 힘으로 되지 아니하고 능력으로 되지 아니하며 오직 나의 영으로만 된다고 만군의 주께서 말씀하셨다." - 스가랴 4:6
(1962년 1월, 부명광, "한국 선교 이야기").

부명광이 낸 "한국 선교 이야기"는 그보다 훨씬 전에 나온 애너벨 니스벳(유애나)의 "Day in Day out in Korea(조선에서의 나날)"과 함께 선교사가 써낸 자신들의 역사서로 유이하게 남아있다.
1892년 시작부터 후자가 1919년까지의 30년 채 안된 이야기를 담았다면, 전자는 1962년까지의 70년사를 담았다.
부명광 선교사는 1967년 호남신학원장을 마치고 남장로회 극동지역 총무로 임명되어 광주를 떠나 서울로 옮겼다. 행정 업무와 함께 장신대학교에서 성경학 교수 사역도 병행하였다. 그리고 1973년에는 남장로회 미국 본부의 해외선교위원회 책임자가 되어 귀국 애틀란타에 거주하였다.

선교 행정과 함께 이번에는 컬럼비아 신학교에서 선교학 교수를 역임하였고, 1989년 은퇴하였다.

우리가 믿는 것은 보배

1992년 10월 부명광은 한국을 다시 찾아 그가 헌신했던 호남신학대학교를 방문하였다. 강당에 모인 이 지역의 교회 지도자들과 교수 학생들을 향해 지난 미남장로교 선교회가 어떻게 이 땅에서 헌신하고 땀 흘리며 복음의 씨를 뿌리고 펼쳤는 지 강연하였다. 그는 선후배 동료 선교사들의 충성을 간략히 소개하며 하나님 나라가 어떻게 이 호남 고을에 뿌리 내리고 귀한 열매를 맺어 왔는지 매우 의미심장한 메시지를 남겼다.

100년 전 미남장로교회의 선교사들이 전라도 지방으로 들어왔다. 그들은 예수 그리스도의 교회를 세우기 위해서 왔다. 그들은 한국 사람들의 관습에 대해 알지 못했었다. 그들은 한국말을 거의 하지 못했다. 그들의 코는 너무 커서 이 지역의 사람들에게는 이상하게 보였다. 그들은 실수를 자주 하였지만, 그럼에도 한국 사람들은 그들이 가져온 복음을 들었으며, 믿었고 교회가 세워졌다.

그들은 선교사들의 지혜 때문에 믿은 것이 아니며, 선교사들의 힘과 가지고 있던 재력 때문에 믿은 것이 아니다. 고후 4:7에서 우리가 믿는 믿음의 이유를 사도바울은 다음과 같이 설명하고 있다: "우리가 이 보배를 질그릇에 가졌으니 이는 능력의 심히 큰 것이 하나님께 있고 우리에게 있지 아니함을 알게 하려 함이라." 그 선교사들은 질그릇임에 틀림없다. 그러나 그 질그릇은 귀한 보배를 담은 질그릇인 것이다. 그 보배는 예수 그리스도의 복음의 복된 소식이다. 이에 있어 그들이 믿은 것은 질그릇때문이 아니며, 보배때문인 것이다.

오늘 나는 초기의 선교사들과 한국의 기독교인들에게 감사하고 싶다. 그러나 더더욱 감사하고 싶은 것은 그들이 가져왔으며, 또한 그들이 믿었던 보배에 대한 것이다(부명광, 호신대 강연, 1992년 10월 20일).

부명광 선교사는 조지아주 스톤마운틴의 은퇴자 마을에서 지내다 파킨슨 등 합병증으로 2014년 1월 사망하였다. 93세였다. 4년 후 별세한 아내 마디아 하퍼와 함께 디케이터 공원묘지에 누워있다. 호남 선교에 인생을 걸었던 일군들, 조하파 부부와 조마구례부터 시작하여 2세대 아들 조요섭 부부와 딸 부부인 마디아와 부명광, 그리고 3세대 앨리스 루스까지 참으로 훌륭하고 아름다운 사역이었다.

그들 가족의 수고와 땀으로 오늘 호남의 모든 교회와 신자들이 생명과 소망의 삶을 누리고 있다.

그 귀한 역사와 선각자들의 충성을 따라 오늘 우리 교회와 성도들도 빚진 마음과 열심 모아 또다른 저 세상에 빛과 소금의 메신저, 아골골짝 빈들 찾아가는 복음 전도자로 살기를 다짐해 본다. 조하파 가족과 그 후손들에게 참으로 감사를 드린다. 이 모든 일을 이루시며 섭리하시는 우리 주 여호와께 영광과 찬송을 높이 올린다.

할렐루야 아멘!

조요섭 명함
1970년대의 주소, 전화번호, 우편번호

미국남장로 교선교회
목사 조 요 섭
전주시중화산동 159번지
전 화 사목실:2-3416
　　　자 택:2-2574
우편번호:520

조마구례 캔터키 명함

Miss Margaret Higgins Hopper

Kentucky.

趙瑪具禮

朝鮮木浦

조마구례 명함 1, 2

Miss Margaret H. Hopper

Mokpo, Korea

| Joseph Hopper | 제2부

조하파 글

목포에서 조하파 가족

PYENG YANG FOREIGN SCHOOL

GRADUATION PROGRAM

Tuesday, June 13, 1939

Processional - Marche Militaire . . . . Schubert
    Mr. and Mrs. D. R. Malsbary
America . . . .
Invocation . . . . Rev. J. E. Kidder
Scripture Reading . . . . Rev. L. T. Newland, D. D.
Salutatory . . . . Miss Sarah Bolton Newland
Class Song . . . .
        Eighth Grade
Address . . . . Rev. J. I. Paisley, D. D.
Quartette - God is Love . . . . Rowe Shelley
    Parker Anspach   Stacy Roberts
    Victor Winns   William Shaw
Valedictory . . . . Miss Mary Alexander Hopper
Presentation of Graduates . . . . The Principal
Presentation of Diplomas . . . President of the School Board
Awards and Announcements . . . .
Benediction . . . . Rev. J. Hopper

Copyright 2018 William Brown

평양외국인학교 졸업식순

평양신학교에서 조하파 가족

> The Missionary Survey, August, 1920.
> A Unique Preparatory Communion Service.

Rev. Joseph Hopper.

The preparatory communion service about which I am to tell you may well be called unique because of the place in which it was held, the people who were present, and the program of the service.

This service was held in a church and in a community quite different from the place where I attended my last preparatory communion service in America early in January. At that time I was in the Hawes Memorial Building of the Highland Presbyterian Church, Louisville, Ky. Since then, however, I have come to a foreign country, and my first meeting, of this character here was in the leper church of Kwangju, Korea. The Kwangju home for lepers has at present 310 inmates. This band of lepers supports a Korean evangelist on the island of Quelparte. The Southern Presbyterian Church has a strong organization at the Kwangju leper home, the leper church having a membership of over 100. As this church is a part of Mr. Talmage's parish he asked me to go with him on Wednesday night, April 7th, and preach to the lepers at

> 미셔너리 서베이, 1920년 8월.
> 독특한 성찬 준비 예배.

조하파 목사.

내가 여러분에게 말씀드리려는 성찬 준비 예배는 그 장소, 참석한 사람들, 그리고 예배 프로그램 때문에 독특하다고 할 수 있습니다. 이 예배는 제가 1월 초에 미국에서 마지막으로 성찬 준비 예배에 참석했던 곳과는 전혀 다른 교회와 지역 사회에서 일어난 일입니다. 그 당시 저는 켄터키주 루이빌에 있는 하이랜드 장로교회의 호스 기념관에 있었습니다. 그 이후 저는 한국으로 건너왔고, 전혀 다른 성격의 첫 모습을 한국 광주의 나환자 교회에서 보았습니다. 광주 나환자 요양원[1]에는 현재 310명이 있습니다. 이 나환자들은 제주도에 있는 한 한국인 복음 전도자[2]를 후원합니다.

---

1)
1909년 포사이드 선교사가 나환자 여인을 대하는 '선한 사마리아인의 선행'은 한국 사회에 큰 반향을 일으켰다. 나환자에 대한 전통적 편견과 우려를 씻기고 광주의 윌슨과 최흥종 등으로 이어진 나환자 치료와 사역은 한국 선교와 교회에 기적중의 기적이었다. 1912년에는 광주 봉선동에 나환자 요양 진료소와 교회가 세워졌고, 1926년에는 여수 애양원으로 옮겨 오늘에 이어지고 있다.

2)
광주 봉선동 나환자교회 성도들은 하루 한 끼 금식하며 성금을 모아 제주도에 1918년 파송한 원용혁 전도사를 후원하였다.

their preparatory communion service.

Upon my first arrival in Kwangju on March 24th, I felt a little hesitancy in going in the neighborhood of a leper, but was soon assured by Dr. Wilson that with the necessary precautions I need not fear. I was glad, therefore, to go with Mr. Talmage to this leper service. The church building has recently been erected, and is a well arranged, attractive-looking structure.

When the hour for the service had come the church was well filled with about 250 lepers. They were not nearly so repulsive looking as I had imagined. They were neatly dressed, and looked happy and cheerful. They seemed ready to enter into the spirit of the worship, many of them having their own Bibles and hymn-books.

They looked so very different from the poor lepers we see begging on the roadside, who have never been physically nor spiritually cleansed.

As the service began, a strange and wonderful feeling came over me. I had never seen that many people at a preparatory communion service before - and they were Korean lepers! What an inspiration it was to hear them sing,

"O, for a thousand tongues to sing,

My great Redeemer's praise,

남장로교회는 광주 나환자 요양원에서 강력한 조직을 갖추고 있습니다. 나환자 교회에는 100명이 넘는 성도들이 있습니다.

이 교회는 탤미지 목사의 교구에 속해 있고, 그는 나에게 4월 7일 수요일 밤에 자기와 함께 가서 나환자들의 성찬 준비 예배에서 설교해 달라고 부탁했습니다.

나는 3월 24일 광주에 처음 도착했을 때, 나환자가 있는 곳으로 가는 데 약간 주저했지만, 곧 윌슨 박사가 필요한 예방 조치를 취하면 두려워할 필요가 없다고 확신시켜 주었습니다. 그래서 나는 탤미지 목사와 함께 이 나환자 예배에 가게 되어 기뻤습니다. 교회 건물은 최근에 세워졌고, 잘 정돈되어 있으며 매력적으로 보이는 건물입니다.

예배 시간이 되자 교회는 약 250명의 나환자들로 가득 찼습니다. 그들은 내가 상상했던 것만큼 흉측해 보이지는 않았습니다. 그들은 단정한 차림새였고, 행복하고 명랑해 보였습니다. 그들은 예배에 집중할 마음의 준비가 된 듯했고, 그들 중 많은 사람은 자기 성경과 찬송가책을 가지고 있었습니다.

나환자 성도들은 육체적으로나 영적으로 결코 정화된 적이 없는 길가에서 구걸하는 불쌍한 나환자들과는 너무나 달랐습니다.

예배가 시작되자 이상하고도 놀라운 느낌이 들었습니다. 저는 이렇게 많은 사람들이 성찬 준비 예배에 참석한 것을 본 적이 없었습니다. 그리고 그들은 한국의 나환자들이었습니다!

The glories of my Lord and King,
The triumphs of his grace."
Their words were foreign to me, but not the tune, nor the spirit in which they sang it. Like the Samaritan leper of old they, with a loud voice were glorifying God, and giving Him thanks. With prayer, song, and Scripture reading the service continued. In response to a question of Mr. Talmage six of the lepers said they were ready to recite the Shorter Catechism, and a number of others the Child's Catechism. Many who had recently been admitted into the home showed by their skill in finding and reading Scripture verses that they had learned to read since their arrival. Following this part of the service Mr. Talmage had me to ask the congregation some Bible questions so as to test their knowledge of Scripture. I had been told before that they were excellent Bible students, but their answers at this time simply astounded me. Had I been a school teacher I could easily have given them a grade of 95 per cent. on this impromptu examination. Here are some of my questions which they answered:

What is the first prophecy in the Old Testament concerning Christ?

Where are the Ten Commandments found?.

그들이 부르는 노래를 듣는 것은 참으로 큰 영감을 불러 일으켰습니다.

"오, 천 개의 언어로 노래하기를,
나의 위대한 구속주를 찬양하며,
나의 주님과 왕의 영광을,
그의 은혜의 승리를."

그들이 하는 말은 저에게는 생소했지만, 그들이 노래한 곡조나 영감은 놀라왔습니다. 옛날의 사마리아 나환자처럼 그들은 큰 소리로 하나님께 영광을 돌리고 감사를 드렸습니다. 기도, 노래, 성경 봉독으로 예배는 계속되었습니다.

탤미지 목사의 질문에 대한 답변으로, 나환자 6명이 짧은 교리 문답을 암송할 준비가 되었고, 다른 많은 사람들은 소요리 문답을 암송할 준비가 되었다고 말했습니다. 최근에 이곳에 들어온 많은 사람들은 도착한 이후 글 읽는 법을 배웠고, 성경 구절을 찾아 읽는 능력을 보여주었습니다.

이 예배가 끝난 후, 탤미지 목사는 저에게 회중들에게 성경에 대한 지식을 시험하기 위한 몇 가지 질문을 하라고 했습니다. 저는 그들이 훌륭한 성경 학생이라는 말을 전에 들었지만, 이번에 그들의 대답은 저를 그저 놀라게 했습니다. 제가 학교 선생이었다면, 이 즉흥 시험에서 쉽게 95%의 점수를 줄 수 있었을 것입니다.

그들이 답한 제 질문 중 일부는 다음과 같습니다.

Name the sons of Jacob.

What was the name of the first city taken by Joshua in Canaan? The second?

Where was Joshua when the sun stood still?

Repeat Psalm 1:1.

Where are the words, "The heavens declare the glory of God" found?

Give a verse in the New Testament which tells the purpose of Christ's coming into the world. (One answer was "The Son of Man came not to be ministered unto, but to minister." Another, "The Son of Man came to seek and to save that which was lost." Chapter and verse were given with latter answer.)

What chapter in the New Testament records the most parables?

Name these parables.

Where is the parable of the prodigal son found?

What is your favorite passage in Matthew? (11:28-30 was answered.)

What verse in the Bible gives you the most comfort? (John 14:2 was given by many.)

Where was the Gospel first preached in Europe?

Who was the first Gentile converted?

구약성경에서 그리스도에 대한 첫 번째 예언은 무엇입니까?

십계명은 어디에 있습니까?

야곱의 아들들의 이름을 말하십시오.

여호수아가 가나안에서 점령한 첫 번째 도시의 이름은 무엇입니까?

두 번째는 무엇입니까?

태양이 멈췄을 때 여호수아는 어디에 있었습니까?

시편 1:1을 반복하십시오.

"하늘이 하나님의 영광을 선포한다"는 말은 어디에 있습니까?

신약성경에서 그리스도가 세상에 오신 목적을 알려주는 구절을 하나 말하십시오. (한 가지 답은 "인자는 섬김을 받으러 온 것이 아니라 섬기러 왔다."였습니다. 다른 하나는 "인자는 잃어버린 자를 찾아 구원하러 왔다."였습니다. 후자의 답과 함께 장과 절이 주어졌습니다.)

신약성경에서 가장 많은 비유가 기록된 장은 어디입니까?

이 비유들의 이름을 말하십시오.

탕자의 비유는 어디에서 찾을 수 있습니까?

마태복음에서 가장 좋아하는 구절은 무엇입니까? (11:28-30이 답이었습니다.)

성경에서 가장 위로가 되는 구절은 무엇입니까? (요한복음 14:2은 많은 사람에게 주어졌습니다.)

Repeat Romans 8:28.

Repeat Romans 12:1.

How many epistles did Paul write?

Give a passage teaching the work of the Holy Spirit. (John 3, Christ's conversation with Nicodemus, was answer.)

Name a chapter on faith. (Hebrews 11 was answer.)

Name a chapter on the resurrection. (1 Cor. 15 was answer.)

Name a chapter on the Lord's Supper. (1 Cor. 11 was answer.)

Repeat last verse of 1 Cor. 13.

Give passages which show Christ's teachings on prayer.

Give a verse which teaches the importance of Bible study. (John 5:39 was answer.)

Name the seven churches of Asia Minor.

After they had answered such questions as these I realized that the Korean church had its Bereans, that it might truthfully he said of these lepers as of the Berean Christians of Paul's time, "Now these were more noble than those in Thessalonica in that they received the word with all readiness of mind, examining the Scriptures daily whether these things were so."

The sermon which followed was my first sermon to a Korean congregation. It was a wonderful privilege given

유럽에서 복음이 처음 전파된 곳은 어디입니까?

최초로 개종한 이방인은 누구였습니까?

로마서 8:28을 반복하십시오.

로마서 12:1을 반복하십시오.

바울은 몇 개의 서신을 썼습니까?

성령의 역사를 가르치는 구절을 적으십시오.

(요한복음 3장, 니고데모와 그리스도의 대화가 답입니다.)

믿음에 대한 장의 이름을 적으세요.

(히브리서 11장이 답입니다.)

부활에 대한 장의 이름을 적으세요.

(고린도전서 15장이 답입니다.)

주의 만찬에 대한 장의 이름을 적으세요.

(고린도전서 11장이 답입니다.)

고린도전서 13장의 마지막 구절을 반복하세요.

기도에 대한 그리스도의 가르침을 보여주는 구절을 적으세요.

성경 공부의 중요성을 가르쳐 주는 구절을 적으세요.

(요한복음 5:39이 답입니다.)

소아시아의 일곱 교회를 적으세요.

그들이 이런 질문에 답한 후에 저는 한국 교회에 베레아 사람들이 있다는 것을 깨달았습니다. 바울 당시의 베레아 그리스도인들과 마찬가지로 이 나환자들에 대해서도 "이들은 데살로니가 사람

me to witness for Christ in the uttermost part of the earth, and especially to a congregation of this character. I felt that Christ's commission was being heeded in a special way in that the poor were having the gospel preached to them. The Holy Spirit was evidently present. The lepers gave excellent attention, following closely Mr. Talmage, who interpreted the message to them. They seemed to receive the Word with readiness of mind and to be profited thereby. Yet I wonder if the greater blessing was not received by the new missionary himself as he experienced in his own heart the fulfillment of Christ's promise, "Lo, I am with you alway, even unto the end of the world."

Kwangju, Korea.

들보다 더 고상하여 말씀을 온전히 기꺼이 받아들이고 날마다 성경을 상고하여 이것들이 참인지 아닌지 알아보았느니라"[3]고 진실되게 말씀하셨습니다.

그 뒤에 이어진 설교는 한국 교회 성도들에게 행한 저의 첫 설교였습니다. 그것은 놀라운 특권이었습니다. 나에게 땅의 가장 끝에서 그리스도를 증거하도록 주셨는데, 특히 이런 성격의 회중들에게 하도록 하셨습니다. 나는 그리스도의 사명이 특별한 방식으로 받아들여지고 있다고 느꼈습니다. 가난한 사람들에게 복음이 전파되고 있었기 때문입니다. 성령이 분명코 임재하셨습니다.

나환자들은 각별한 주의를 기울여 메시지를 그들에게 통역해 준 탤미지 목사에게 귀 기울였습니다. 그들은 마음의 열고 말씀을 받아들이고 그로부터 은혜를 입는 듯했습니다.

그러나 나는 신참 선교사인 제가 "볼지어다 내가 세상 끝날까지 너희와 항상 함께 있으리라"[4]

는 그리스도의 약속이 성취되는 것을 마음속으로 경험하면서 그보다 더 큰 축복을 받지 않았을까 궁금합니다.

광주, 한국.

---

3)
행 17:11
4)
마 28:20

> The Korea Mission Field, September, 1920.
> (The Missionary Survey, January, 1921.)
> Annual Meeting Of Southern Presbyterians In Korea.

Joseph Hopper.

The twenty-ninth annual meeting of the Southern Presbyterian Mission was in session at Kwangju from June 18th to June 29th.

Rev. S. D. Winn was elected chairman. The attendance on the part of the members on the field was almost 100 per cent. Fifty-eight of the seventy-four members of the mission were in Korea at the time of the meeting, and fifty-six were in attendance. The presence of thirty-two children of the missionaries brought added interest and pleasure to this gathering. A service especially for the children was conducted by Rev. W. M. Clark on Sunday morning, June 20th. The mission felt keenly the absence from its midst of Mrs. Nisbet, who was called to a higher field of service in February. A special service was held in her memory on the evening of June 20th, when the following addresses were made: "Mrs. Nisbet as a Hostess," by Rev. W. B. Harrison; "Mrs. Nisbet as an Evangelistic Worker," by Mrs. L. B. Tate; "Mrs. Nisbet as a Teacher," Rev. H. D. McCallie; "Mrs.

> 코리아 미션 필드, 1920년 9월.
> (미셔너리 서베이, 1921년 1월.)
> 미남장로교 한국 연례회의.

조하파 목사.

미남장로 한국선교회 29차 연례회의가 6월 18일부터 29일까지 광주에서 열렸습니다. 원 목사가 의장으로 선출되었습니다. 선교지 회원 출석률은 거의 100%였습니다. 회의 당시 74명의 선교부 회원 중 58명이 한국에 있었고, 56명이 참석했습니다.

선교사의 자녀 32명이 참석하여 이 모임에 더욱 흥미와 즐거움을 더했습니다. 6월 20일 일요일 아침에 클락 목사가 특별히 어린이들을 위한 예배를 집전했습니다.

선교부는 2월에 천국 안식의 부름을 받은 니스벳 부인[5]이 선교부에서 빠진 것을 뼈저리게 느꼈습니다. 6월 20일 저녁에 그녀를 추모하는 특별 예배가 열렸고, 다음과 같은 연설이 있었습니다.

---

5) 니스벳 부인: Mrs. Nisbet Anabel lee Major(유애나, 1869.1.19.~1920.2.21.). 테네시주 클락스빌 출생하여 1885년 찰리스여자대학을 졸업하였다. 1899년 존 니스벳(유서백) 목사와 결혼하여 아칸소, 테네시와 텍사스에서 남편의 목회를 도왔고, 1907년 함께 내한, 전주와 목포에서 사역하였다. 교육학 전공을 살려 목포여학교장(1911~1920)을 오랫동안 맡았고, 학교 발전에 힘썼다. 1919년 그간의 미남장로교 한국선교 역사를 기록하여 "Day in and Day out in Korea, 조선에서의 나날"이라는 책을 펴냈다. 그해 3.1운동이 일어날 때 목포의 만세운동을 준비하던 여학생들의 안전을 염려, 지도하며 기숙사 계단을 내려가다 그만 낙상하여 큰 부상을 입었고, 다음해 1920년 사망하였다. 묘는 광주 양림동산에 있다.

Nisbet as a Writer," Rev. Robert Knox; "Mrs. Nisbet - a Character Sketch," Rev. L. 0. McCutchen. These addressses are soon to be published.

The following were welcomed as new members: Misses Elizabeth Walker, Willie B. Green and Janet Crane, and Rev. and Mrs. Joseph Hopper. Miss Hattie Knox was welcomed as an associate member. Mr. Gerald Bonwick, of the Korean Christian Literature Society, and Mr. Hugh Miller, of the British and Foreign Bible Society, were welcomed guests, who made addresses at one of the sessions of the meeting.

The mission was exceptionally blessed this year in having as its guests during annual meeting Dr. and Mrs. H. E. Dosker, of Louisville, Ky. Dr. Dosker has been Professor of Church History in the Presbyterian Theological Seminary of Kentucky for about a quarter of a century. He is not only a master teacher in his particular department, but also has a wide reputation as preacher, lecturer, scholar and writer. It was a rare intellectual and spiritual treat to listen to his most helpful addressses and devotional talks. His addresses were upon the following subjects: "Iarael: Yesterday, To-day and To-morrow"; "Modern German Christology"; "Has the Reformation Failed?" His expositions of 2 Cor. 12:7, Phil. 4:4-7, Heb. 12:1-2, and John 17: 24, will long live in the

"호스티스로서의 니스벳 부인", 해리슨 목사[6] "복음 전도자로서의 니스벳 부인", 테이트 부인[7] ; "교사로서의 니스벳 부인", 매컬리 목사[8] "작가로서의 니스벳 부인", 녹스 목사,[9] "캐릭터 스케치로서의 니스벳 부인", 매커천 목사. 이 연설문은 곧 출판될 예정입니다. 다음은 새 회원으로 환영받은 사람들입니다:

엘리자베스 워커 양, 윌리 그린 양, 쟈넷 크레인 양, 그리고 조하파 목사 부부입니다. 해티 녹스 양은 준회원으로 환영받았습니다. 조선예수교서회의 제럴드 본윅 목사와 영국 및 해외성서공회의 휴밀러 목사는 환영받는 손님으로, 회의 중 한 분과에서 연설을 했습니다.

---

6)
해리슨 목사: Rev. Harrison, William Butler(하위렴, 1866.9.13.~1928.9.22.). 켄터키주 레바논 출신으로 유니언 신학교와 루이빌 의과대학을 수료하고 1896년 내한, 전주와 목포에서 선교했다.

7)
테이트 부인: Mrs. Tate, Martha Barbara Ingold(1867.5.31.~1962.10.26.). 노스캐롤라이나주 르누아 출신으로 볼티모어 의대를 졸업하고 1897년 내한, 전주 병원 진료와 함께 남편 테이트 목사와 전북 일대 순회 전도하였다.

8)
매컬리 목사: Rev. McCallie, Henry Douglas(맹현리,1881.4.16.~ 1945.10.20.). 테네시주 채터누가 출생하여 유니언 신학교와 프린스턴 대학교를 졸업하고 1907년 내한, 목포를 중심으로 아내 에밀리 코델 간호사와 함께 남서해안 섬지역 전도에 헌신하였다.

9)
녹스 목사: Rev. Knox, Robert(노라복, 1880.3.3.~1959.3.1.). 텍사스주 기딩스에서 출생하여 프린스턴 신학교를 졸업하고 아내 메이 보든과 함께 1907년 내한, 목포와 광주에서 지역 전도와 교육사역에 열심내었다.

memory of those of us who were privileged to hear him.

The annual reports from the five stations of the mission showed that during the past year there had been a most gracious outpouring of the Holy Spirit upon the work. Some of the leading features of the work have been the awakened interest in education, the large attendance on the part of the young men at the church services, the big increase in gifts of the native churches, and the corresponding increase in the administration of the work, increase in hospital receipts, shortage of workers in all the departments of the work, and unprecedented opportunities all over the field for missionary activity. The substance of the station reports may be summed up in the words of Jesus himself found in Matt. 9:37, "The harvest truly is plenteous, but the laborers are few." Their keynote appeal may be expressed in the following verse: "Pray ye therefore the Lord of the harvest that he send forth laborers into his harvest."

The three subjects that loomed largest in the discussions of the business sessions were the educational program, the financial budget, and the assignment of the workers. As the result of these discussions large plans were made for more aggressive work. The mission decided to make a special effort during the coming year to get the field adequately

올해 선교부는 연례 회의에 켄터키주 루이빌의 도스커 박사 부부를 초대하여 특별히 환영하였습니다. 도스커 박사는 켄터키 장로교신학대학에서 약 25년 동안 교회사 교수로 재직했습니다.

그는 자신의 전공 학문에서 뛰어난 교사일뿐만 아니라 설교자, 강사, 학자, 작가로서도 명성을 얻고 있습니다. 그의 수준높은 연설과 경건한 이야기를 듣는 것은 드문 지적, 영적 즐거움이었습니다. 그의 연설은 다음과 같은 주제에 관한 것이었습니다. "이스라엘: 어제, 오늘, 그리고 내일"; "현대 독일 그리스도론"; "종교 개혁은 실패했는가?" 고린도후서 12:7, 빌립보서 4:4-7, 히브리서 12:1-2, 요한복음 17:24에 대한 그의 강연을 듣는 특권을 누린 우리는 기억 속에 오래도록 새기며 살아갈 것입니다.

5개 선교부에서 매년 보고한 바에 따르면 작년에 성령 사역에 가장 은혜롭게 부어졌다고 합니다. 사역의 주요 특징 중 일부는 교육에 대한 관심의 각성, 교회 예배에 청년들이 많이 참석, 토착 교회 은사의 큰 증가, 그리고 그에 상응하는 사역 행정과 병원 수입은 증가했는데, 그에 반해 사역의 모든 부서 일꾼은 부족하다는 것이었습니다.

또한 선교 활동을 위한 전 분야에 걸쳐 전례없는 기회가 있습니다. 보고에 따르면, 마태복음 9:37에 있는 예수의 말씀으로 요약할 수 있습니다. "추수할 것은 참으로 많은데 일꾼이 적습니다." 그들의 주요 호소는 다음 구절에서 표현될 수 있습니다. "그러므로 추

equipped and manned. As much united prayer has been offered for a great revival throughout Korea, plans were made for a special evangelistic campaign all over the field.

Fraternal greetings were received from the Northern Presbyterian Mission, and the following answer was given: "Mission reciprocates cordial greetings, Eph. 4:4-7."

A pleasant variation from the strain of business session and committee work was the evening of June 24th, which was given over entirely to entertainment. The program consisted of musical selections by some of the guests, and a humorous performance, "Mrs. Jarley's Wax-works," by the members of Kwangju station.

Tennis was the most popular outdoor recreation.

At each of the Sunday services a collection was taken - the one was given for Armenian and Syrian relief, the other to the leper church for the purpose of purchasing an organ.

The meeting next year will be held at Chunju.

July 14, 1920.

수의 주인에게 추수할 일꾼을 보내 달라고 기도하십시오."

사업 분과 토론의 가장 큰 세가지 주제는 교육 프로그램, 재정 예산, 일꾼 배정이었습니다. 토론에 따라 보다 적극적인 사역의 큰 계획이 세워졌습니다. 선교부는 내년에 현장마다 장비와 인력 확보에 특별한 노력을 기울이기로 했습니다.

한국 전역에서 큰 부흥을 위한 많은 연합 기도회를 통해 선교지의 특별한 전도 캠페인 계획이 세워졌습니다. 북장로교 선교부로부터 형제 교단으로서의 인사가 있었고 다음과 같은 답변이 주어졌습니다. "선교부는 진심 어린 인사를 드립니다, 엡 4:4-7."

6월 24일 저녁은 업무 회의와 위원회 업무의 긴장에서 벗어나 즐거운 변화를 주었는데, 전적으로 오락에 할애되었습니다. 프로그램은 일부 게스트의 음악 선택과 광주 회원들의 유머러스한 공연 "잘리 부인의 왁스 작품"으로 구성되었습니다.

테니스는 가장 인기 있는 야외 레크리에이션이었습니다.

일요 예배 때마다 모금을 했습니다. 하나는 아르메니아와 시리아 구호를 위해 기부했고, 다른 하나는 오르간을 구입하도록 나환자 교회에 기부했습니다. 내년 회의는 전주에서 열릴 예정입니다.

1920년 7월 14일.

> The Missionary Survey, April, 1921.
> Christmas Day At Mokpo.

Mrs. Joseph Hopper.

You are just beginning your Christmas and ours is ending. It is now nine o'clock. I think I shall begin at the beginning and try to picture how we spent our first Christmas day in Korea,

Early this morning we were awakened by some of the school boys singing carols. The moon was shining so brightly that we thought it was day, but finding it was only four o'clock went back to sleep. At six we were awakened again by some more singers. The Korean school teachers of the girls' school sang, "It Came Upon a Midnight Clear," in front of our house, and a little further on. "Holy Night"

They sounded so prettily sung in Korean. This is wonderful when you take into consideration the fact that these people have only known of Christmas during our lifetime. Our first missionaries came to Mokpo in 1898.

Shortly after this the activities of the day began for us. We had a sunrise Christmas tree at our home. Dr. Nisbet, Mr. Cumming and Mr. Hopper while on a hunting trip Thursday

> 미셔너리 서베이, 1921년 4월.
> 목포에서의 크리스마스.

조하파 부인.

당신들은 크리스마스를 막 시작했지만 우리의 크리스마스는 끝나 가고 있습니다. 지금은 9시입니다. 한국에서 보낸 첫 크리스마스를 시작부터 지금까지 어떻게 보냈는지 떠올려 보려고 합니다. 오늘 이른 아침, 학교 소년들이 캐럴을 부르는 소리에 깨어났습니다. 달이 너무 밝게 빛나서 낮인 줄 알았지만, 가까스로 4시가 되어서 다시 잠이 들었습니다. 6시에 또 다른 새벽송 대원들이 우리를 깨웠습니다. 여자 학교의 한국 선생님들이 우리 집 앞에서 "그 맑고 환한 밤중에"를 불렀고, 조금 후엔 "거룩한 밤"을 불렀습니다. 한국어로 부르는 노래가 참 예쁘게 들렸습니다. 이 사람들이 우리가 살아 있는 동안만 크리스마스를 알았다는 사실을 고려하면 참으로 멋진 일입니다. 목포에 첫 선교사가 온 것은 1898년입니다.

그 후 얼마 지나지 않아 그날의 활동이 시작되었습니다. 우리 집에는 떠오르는 해 모양의 크리스마스 트리가 있었습니다. 니스벳 목사, 커밍 목사, 그리고 하퍼 목사는 목요일 오후 사냥을 하면서 나무와 호랑가시나무 몇 개를 가져왔습니다. 이곳에는 삼나무가

afternoon secured the tree and some holly. There are no cedar trees here, so we had to use a pine tree. By the way, Dr. Nisbet killed a deer. They also got some pheasants. At the present we have a pheasant and some venison hanging in our pantry. We decorated the tree and the others sent over their gifts yesterday. We had it at We had it at sunrise because we have such a pretty sunrise view from our living-room and dining-room windows.

The sun rising over the mountains and water is always different and beautiful, especially when the mountains are snow-capped. Then, too, there were no children in the station for this Christmas (the McCallies went to Kwangju), and we thought it would seem more like Christmas if we got up early and had a tree anyway. There were just eight of us altogether:

Misses Martin, McMurphy, Matthews and Walker, Dr. Nisbet, Mr. Cumming and the Hoppers. Mr. Hopper acted as Santa Claus. We had a real good time and re ceived very useful as well as pretty gifts. After this we had breakfast together. We did not get through breakfast until after nine although we had a very simple meal, At ten the Sunday-school exercises began and lasted until almost two. The program was made up mostly of recitations from the Bible,

없으므로 소나무를 대신 사용해야 했습니다. 그리고 니스벳 목사는 사슴을 잡았습니다. 그들은 꿩도 몇 마리 잡았습니다.

지금은 식료품 저장실에 꿩과 사슴고기가 걸려 있습니다. 우리는 나무를 장식했고 다른 사람들은 어제 선물을 보냈습니다. 우리는 일출을 즐겼습니다. 우리는 거실과 식당 창문에서 아침 해가 뜨는 아름다운 장관을 볼 수 있기 때문입니다. 산과 물 위로 떠오르는 태양은 항상 색다르고 놀랍습니다. 특히 산에 눈이 덮였을 때 말입니다.

게다가 이번 크리스마스에는 목포 선교부에 아이들이 없고(매컬리 목사 가족은 광주로 갔음), 일찍 일어나서 성탄 트리를 만들면 크리스마스 분위기가 날 것이라고 생각했습니다. 우리는 모두 여덟 명뿐이었습니다. 마틴 양,[10] 맥머피 양, 매튜스 양,[11] 워커 양,[12] 니스벳 목사, 커밍 목사와 조하파 목사 부부입니다.

---

10)
마틴 양: Miss. Martin, Julia Annette(마율리, 1869.10.23.~1944.9.1.). 캔자스주 이오와 포인트 출생하여 애치슨 산업대학과 무디성경학원을 졸업하고 1907년 내한, 목포에서 1940년까지 지역전도와 여성 교육에 선교하였다.

11)
매튜스 양: Miss. Matthews, Esther Roswell(마에스더, 1881.5.13.~ 1960.1.28.). 노스캐롤라이나주 메크렌부르크 출생하여 챨스턴로퍼병원에서 연수후 1916년 내한, 간호사역하였다.

12)
워커 양: Miss. Walker, Elizabeth Rachel(1886.6.13.~1958.4.20.). 1919년 내한하여 광주에서 행정과 여성 사역을 하였고, 상처했던 니스벳 목사와 1921년 6월 결혼하였다.

the Catechism, Christmas songs and drills.

The children were all dressed up for the occasion, at least they were all cleaned up. I wish you could have seen them. Some one said they looked like a bed of tulips, and they certainly did. It was a sight I will never forget to see the church filled up mostly with these children in all their bright-colored dresses; some with blue skirts (touching the floor, for they all wear long dresses), and red waists, or vice-versa, and others with the other bright colors mixed. Their colors are brighter, too, than oura. They say that we have such pale, faded out clothes.

All were made just alike, for they have one design for old and young. All had their heir, shiny black, parted in the middle, and braided down the back. These, of course, were the school children. In the corner where we sat were other children who were not clean. Perhaps they had been to Sunday school, but I think they were the ones who had just wandered in to see what was going on. Many of these standing behind us and sitting about our feet were dirty and ragged, and looked as if their hair had never been combed. Lots of them not ten years old, had big babies strapped around their backs. There were also many grown people and old people present who took part. Two old men (they say

조하파 목사가 산타클로스 역할을 했습니다. 우리는 정말 즐거운 시간을 보냈고, 매우 유용하고 예쁜 선물도 교환하였습니다. 그 후 우리는 함께 아침 식사를 했습니다. 우리는 매우 간단한 식사를 했지만 9시가 넘어서야 아침 식사를 마쳤습니다.

10시에 주일학교 연습이 시작되어 거의 2시까지 계속되었습니다. 프로그램은 주로 성경 낭송, 교리 문답, 크리스마스 노래와 연습으로 구성되었습니다. 아이들은 모두 이 행사를 위해 잘 차려입었고, 적어도 모두 정갈했습니다. 당신들도 그 아이들을 볼 수 있었으면 좋았을 텐데요. 어떤 사람은 그들이 튤립 침대처럼 보인다고 말했고, 정말 그랬습니다. 교회가 대부분 이 녀석들로 가득 찬 광경은 결코 잊지 못할 광경이었습니다.

어떤 아이들은 파란색 치마(바닥에 닿을 정도로, 모두 긴 드레스를 입었습니다.)와 빨간색 저고리, 또는 그 반대의 경우도 있었고, 다른 아이들은 다른 밝은 옷으로 콤비를 맞춰 입었습니다. 그들의 차림새는 오로라보다 더 밝습니다. 그들은 우리가 너무 창백하고 빛 바랜 옷을 입었다고 말합니다. 모두 비슷하게 보였습니다.

어른이나 아이나 하나의 디자인으로 만들었기 때문입니다. 모든 아이들은 가운데 가르마를 탄 검은 머리를 뒤로 땋아 넘겼습니다. 물론 이들은 학교 아이들이지요.

우리가 앉은 구석에는 깨끗하지 않은 다른 아이들이 있었습니다. 그들은 주일학교에 갔을지도 모르지만, 나는 그들이 무슨 구경거

one was eighty), recited some Scripture. After the exercises gifts were given and prizes for good work.

At two we had our Christmas dinner at the home of the single ladies, and it was a real Christmas dinner. We even had turkey, which is a most unusual thing in Korea. A Japanese who has an American wife sent the turkey as a gift to the station.

The missionaries have been very nice to his wife, and he seems to appreciate it. The turkey was such a big, nice one, too. We surely enjoyed it. After dinner we enjoyed some victrola music.

When we came out of the house sitting by the door-step was a most pitiable woman - a leper. It is heart-rending to feel that we can do nothing for them.

They are outcasts. No one will have them in his house nor touch them. There is no place to send them here. In the leper hospital at Kwangju Dr. Wilson has taken in more than he can adequately care for.

Late in the afternoon Mr. Hopper and I went for a walk. Coming back we had such a good view of the full moon rising over the water. We had been at home only a short time when some American mail came. This was indeed a fitting end to our day to have home letters to read.

리가 있는 지 방금 들어온 아이들이라고 생각합니다. 우리 뒤에 서 있었고 우리 발치에 앉아 있는 이들 중 많은 이들이 더럽고 헝클어졌으며, 마치 머리를 빗은 적이 없는 것처럼 보였습니다. 그들 중 많은 아이들은 열 살도 안 되었고, 등에 큰 아기를 업고 있기도 했습니다. 또한 많은 어른과 노인들도 함께 자리하였습니다. 두 명의 노인(한 명은 여든이라고 합니다.)이 성경을 암송했습니다. 모든 발표를 마치고, 선물을 나누고 잘한 일에 대한 상을 주었습니다.

두 시에 우리는 독신 여선교사들 집에서 크리스마스 저녁을 먹었는데, 그것은 진짜 크리스마스 저녁이었습니다. 우리는 칠면조도 먹었는데, 이것은 한국에서는 매우 이례적인 일입니다. 미국인 아내를 둔 어떤 일본 사람이 칠면조를 우리 선교부에 선물로 보내줬습니다. 선교사들은 그의 아내에게 매우 친절했고 그는 그것을 감사히 여기는 듯했습니다. 칠면조도 정말 크고 좋았습니다. 우리는 확실히 맛있게 먹었습니다. 저녁 식사 후에 우리는 빅트롤라 음악을 즐겼습니다.

우리가 집에서 나왔을 때 문 앞에 앉아 있는 가장 불쌍한 여자, 나병 환자가 있었습니다. 우리는 그들을 위해 아무것도 할 수 없다는 사실에 가슴이 아팠습니다. 그들은 소외된 자들입니다. 그들을 집으로 인도하거나 만져 주는 이는 아무도 없습니다.

그들을 보낼 수 있는 공간이 이곳엔 없습니다. 광주 나병원의 월

Another feature of interest in Mokpe, I might add, was a dinner given by a Japanese to-night to the Japanese Christians of Mokpo.

Out of 10,000 or more Japanese only twenty-one Christians could be found, showing the great need for missionary work among them.

This ends our day. We missed being at home, but we have had a wonderful day, and we are glad we can be here in a country where so much work is needed at the present time.

슨 박사는 자신이 충분히 돌볼 수 있는 이상으로 나환자들을 받아들이고 있습니다.

오후 늦게 남편 조하파 목사와 나는 산책을 나갔습니다. 돌아오는 길에 물 위로 떠오르는 보름달을 아주 잘 볼 수 있었습니다. 우리가 귀가한 지 얼마 안 되어 미국에서 우편물이 도착하였습니다. 집에서 편지를 읽는 건 오늘을 마무리하는 매우 적실한 일이었습니다.

목포에서의 흥미로운 또 다른 특징은 오늘 밤 일본인이 목포에 거주하는 일본 기독교인들에게 준 저녁 식사였습니다. (목포에 거주하는) 10,000명 이상의 일본인 중에서 겨우 21명의 그리스도인을 찾을 수 있었는데, 이는 그들 사이에서 복음 전파가 크게 필요하다는 것을 보여줍니다.

이것으로 오늘 하루를 마칩니다. 우리는 미국 고향이 참 그리웠지만, 멋진 하루를 보냈고, 현재 많은 일을 필요로 하는 한국에 있다는 것이 기쁩니다.

> The Missionary Survey, January, 1922.
> Island Evangelism In Korea

Rev. Joseph Hopper.

If you will look at a good map of Korea, you will see to the south west, off the coast from Mokpo, a large number of small islands. These have a total population of about 200,000, and form the evangelistic field of Rev. H. D. McCallie. Recently it was my privilege to be with him for two weeks on one of his itinerating trips. We traveled by steamer, sail-boat and ferry, and on one stretch walked about twelve miles.

Two islands visited have been of special interest to me as illustrating the work of missions. On the one, Kogum, we saw the work in its unorganized, initial stage; on the other, Choyak, the results after fifteen years of organization and effort. Kogum is a most beautiful spot. Its mountains, covered with pine trees and other shrubbery, its valleys with their fields of rice and barley with here and there a Korean village, and its many little bays extending far inland, all combine to make this island a place of physical beauty, of which it might be said, "Every prospect pleases, and only

> 미셔너리 서베이, 1922년 1월.
> 한국의 섬 전도.

조하파 목사.

한국의 좋은 지도를 보면, 목포 앞바다 남서쪽으로 작은 섬들이 많이 보일 것입니다. 이 섬들의 총 인구는 약 20만 명이며, 매컬리 목사의 선교 구역입니다. 최근 매컬리 목사의 순회 여행중 한 곳을 그와 함께 2주간 보낼 수 있게 된 것은 저의 큰 영광이었습니다. 우리는 증기선, 돛단배, 그리고 여객선을 타고 여행했고, 한 번은 약 12마일을 걷기도 했습니다.

방문한 두 섬은 선교 활동을 보여주는 것으로 특별한 관심을 가지게 되었습니다. 한 섬인 고금도[13]에서는 조직되지 않은 초기 단계의 활동을 보았고, 다른 섬인 조약도[14]에서는 15년간 이뤄진 준비와 노력의 결과를 결과를 보았습니다.

고금도는 가장 아름다운 곳입니다. 소나무와 다른 관목으로 덮인 산, 논과 보리밭이 있는 계곡, 여기 저기에 한국 마을, 그리고 멀리 내륙으로 뻗어 있는 많은 작은 만은 모두 합쳐져 이 섬을 물리적

---

13) 고금도: 전라남도 완도군 고금면
14) 조약도: 전라남도 완도군 약산면

man is vile." Out of a population of about 5,000, there are only about ten baptized Christians and one hundred adherents. We spent a night in the home of one of these Christians, where a service was held. It would have been more largely attended but for the fact that a heathen night funeral had at tracted the majority of villagers. They had dug up a body and were reburying it in a different place so as to better placate the spirits. In another village I witnessed a most unusual sight. It was the baptism of an old woman, eighty-three years old. Mr. McCallie had known her for several years. The fruits of her Christian life were evident in her village; and after she had passed a satisfactory examination, she was baptized in her home. In another village large numbers of heathen attended the services and bought Bibles and Christian literature.

From Kogum we went by ferry to Choyak. This island has a population of about 3,000, and one of the best Churches in our whole country field. Before we had reached the village where the church is located, we were greeted by a large number of the local brethren and by about thirty of the little boys who attend the Christian school. The first Christian convert was baptized here twelve years ago by Mr. McCallie. Today there is a Church with

아름다움의 장소로 만들어냈습니다. "온 세상이 아름다우나 인간은 추악하다"는 말은 이 광경을 두고 할 말일 것입니다.

약 5,000명의 인구 중에서 기독교인은 약 10명의 세례 교인과 100명의 일반 교인뿐입니다. 우리는 이 기독교인 중 한 사람의 집에서 하룻밤을 보냈고, 여기서 예배를 하였습니다. 이교도의 장례식이 대부분의 마을 사람들을 끌어들였다는 사실이 아니었다면 더 많은 사람들이 예배에 참석했을 것입니다. 그들은 시신을 파내어 영혼을 더 잘 달래기 위해 다른 곳에 다시 묻고 있었습니다.

다른 마을에서는 매우 보기드문 장면을 목격했습니다. 83세 한 노파의 세례식이었습니다. 매컬리 목사는 그녀를 수 년 동안 알고 있었습니다. 그녀의 기독교적 삶의 열매는 그녀의 동네에서도 눈에 띄었습니다. 그녀가 만족스럽게 문답에 합격하였고, 그녀는 집에서 세례를 받았습니다. 다른 동네에서는 많은 불신자들이 예배에 참석하여 성경과 기독교 서적을 사갔습니다.

고금도에서 우리는 여객선을 타고 조약도로 넘어 갔습니다. 이 섬의 인구는 약 3,000명이며, 우리가 사역하는 시골 지역에서 가장 좋은 교회 중 하나가 있습니다.[15]

---

15) 약산제일교회: 조약도 혹은 약산도로 불리는 이 섬에 1904년 오웬 선교사의 조사인 노학구의 전도와 이듬해 1905년 오웬 선교사가 광주에서 찾아와 예배하며 교회가 시작되었다. 마을 이름을 따 관산리교회라 하였다. 오웬 이후 매컬리(맹현리) 선교사의 지도로 성장하였고, 1923년엔 이웃한 섬 고금도에 분립 교회를 세웠다. 관산교회는 후에 약산제일교회로 개명하였다. 위치: 전라남도 완도군 약산면 관산길 164

sixty-six communicants, all in good standing; seventy catechumens, and twenty-seven infant baptisms. Their gifts to benevolences last year amounted to $80.00. Both elders give their entire time to Church work, one of them on one-third the regular salary for a Church helper. The elder elect has given, without any remuneration, more than half his time.

For six or eight years this Church was apparently at a stand still, but last year it had a wonderful spiritual awakening, like so many other places in Korea. On this visit thirty-five were examined for the catechumenate, four adults were baptized, and fifteen infants. Large numbers also attended the preaching services and Bible classes. In addition to its effort to reach the heathen on its own island, this Church has also decided to send some of its members to Kogum three Sundays each month, to help in the evangelization of that island.

Upon our return trip our little boat encountered a very rough sea and contrary wind. Soon I was so sea-sick that I did not realize the danger. Mr. McCallie, however, was an experienced sailor, and quickly saw that we were in imminent peril. The Korean boatman told him that the trip was impossible, but at this juncture Mr. Mc- Callie offered

교회가 있는 마을에 도착하기도 전에, 우리는 많은 지역 형제들과 기독교 학교에 다니는 약 30명의 어린 소년들에게 인사를 받았습니다. 최초의 기독교 개종자는 12년 전 매컬리 목사에게 세례를 받았습니다. 오늘날에는 66명의 성찬 참석자가 있는 교회가 있으며, 모두 좋은 신분을 가지고 있습니다. 70명의 학습 교인과 27명의 유아 세례자가 있습니다. 작년에 그들이 헌금한 금액은 80달러였습니다. 두 장로[16]는 교회 활동에 전 시간을 바치고 있으며, 그 중 한 명은 교회 보조자의 정규 급여의 3분의 1을 받습니다. 선출된 장로는 아무런 보수 없이 시간의 절반 이상을 바쳤습니다. 6~8년 동안 이 교회는 다소 정체되어 있었지만, 작년에는 한국의 다른 많은 곳처럼 놀라운 영적 각성을 이루었습니다. 이번 방문에서 35명이 학습 문답을 받았습니다. 성인 4명이 세례를 받았고, 유아 15명이 세례를 받았습니다.[17] 많은 사람들이 설교 예배와 성경 공부에도 참석했습니다. 이 교회는 조약도 내에 있는 불신자들에게 전도하려는 노력 외에도, 매달 세 주일에 전도대를 고금도에도 보내 그 섬의 복음화를 돕기로 결정했습니다.

돌아오는 길에 우리의 작은 배는 매우 거친 바다와 역풍을 만났

---

16) 약산제일교회, 최병호 장로(1914년 장립), 박선래 장로(1917년 장립)

17) 1921년 4월 13일 열린 약산제일교회 당회록 25차 내용과 일치한다.

up a special prayer for our safety. There seemed to come almost an immediate answer, for within an hour the sun was shining, the wind had changed to the opposite direction, and we were having a most pleasant boat-ride. Thus, God protects his people, carries forward his work, and fulfills his promise, "Lo, I am with you always, even unto the end of the world."

Mokpo, Chosen.

습니다. 저는 즉시 배멀미에 시달리느라 위험을 깨닫지는 못했습니다. 그러나 매컬리 목사는 숙련된 선원이었고 우리가 절박한 위험에 처해 있다는 것을 금방 파악했습니다. 한국인 선원은 그에게 항해가 어렵다고 말했지만, 이때 매컬리 목사는 모두의 안전을 위해 강력한 기도를 드렸습니다. 거의 즉각적인 응답이 온 듯했습니다. 한 시간 만에 태양이 빛나고 바람이 반대 방향으로 바뀌었고 우리는 매우 즐거운 항해를 했습니다. 이처럼 하나님은 그의 백성을 보호하고, 그의 일을 계속하며, "보라, 내가 세상 끝날 때까지 항상 너희와 함께 있다"는 그의 약속을 이루십니다.

한국, 목포.

> The Korea Mission Field, May, 1924.
> Mokpo.

Joseph Hopper.

In the south-west corner of the peninsula of Korea, at the terminus of a branch line of the South Manchuria Railway, is located the city of Mokpo.

A generation ago this place was perhaps little more than a fishing village lying at the foot of a rugged mountain of rock. At that time there were hardly any railroads in the whole of Korea, few Japanese had come to the country, and missionary activity had not begun in this province. I can imagine that the name Mokpo, meaning wooded port, was more appropriate at that time than now, in so far as it suggested a place where there were many trees. Today it is particularly the port feature that causes Mokpo to be ranked among the important commercial cities of Korea. It was declared a treaty port in 1897.

Mokpo has a fine, deep harbor and steamer connections with other ports of Korea, Japan and China. Regularly several small steamboats, and eight or ten motor boats do coastwise passenger business in and out of Mokpo, while every day

코리아 미션 필드, 1924년 5월.
목포.

조하파 목사.

한국 반도의 남서쪽 끝, 남만주 철도의 지선 종착역에 목포라는 도시가 있습니다.

한 세대 전만 해도 이곳은 바위투성이의 산기슭에 있는 어촌에 불과했을 것입니다. 당시 한국 전역에는 철도가 거의 없었고, 일본인도 거의 오지 않았으며, 이 지방에서 선교 활동이 시작되지도 않았습니다. 당시에는 나무가 많은 곳이라서 나무로 우거진 항구를 의미하는 목포라는 이름이 지금보다 더 적절했을 것이라고 상상할 수 있습니다. 오늘날 목포가 한국의 중요한 상업 도시 중 하나로 꼽히는 것은 항구의 특징 때문입니다. 1897년에 조약항으로 선포되었습니다.

목포는 아름답고 깊은 항구를 지니고 있으며, 한국에서 일본과 중국의 다른 항구로 가는 증기선이 연결되어 있습니다. 정기적으로 여러 척의 작은 증기선과 8~10척의 모터 보트가 목포에서 해안을 따라 여객 운송을 하며, 매일 해안가를 따라 움직이는 수많은 범선을 볼 수 있습니다.

목포는 이처럼 훌륭한 항구가 있지만, 도시를 내려다 보는 700피

any number of sail boats can be seen along the water front. Although Mokpo has this excellent harbor, yet from the top of the little mountain seven hundred feet high which overlooks the city, the open sea is not visible. In every direction can be seen a succession of hills and mountains with valleys and lowlands submerged. There are many little peninsulas in view, while off the coast are some two hundred small islands. These bodies of land are so arranged by the hand of the Creator that it is difficult to distinguish islands from the mainland. The large island of Quelpart is about one hundred miles south of Mokpo.

The past two decades have witnessed a remarkable growth in the size of the city and Today the volume of business transacted. Today the population is about 20,000. Of this number 5,000, or more, are Japanese. Here are the residences of the vice-governor of South Chulla province, and many other officials of lower rank. Mokpo has a big cotton, rice, and fish market, a branch of the Bank of Chosen, and the largest mercantile houses in this whole section. The city enjoys such modern conveniences as water-works, electric light, a wireless station, and excellent train service.

In 1898 the Southern Presbyterian mission opened a station

트 높이의 작은 산[18] 꼭대기에서는 넓은 바다가 보이지 않습니다. 사방으로 계곡과 저지대가 물에 잠긴 언덕과 산이 줄지어 보입니다. 작은 반도가 많이 보이고 해안으로부터 멀리 약 200개의 작은 섬이 널려 있습니다. 이 지역은 창조주의 손으로 배열되어 있어 섬과 본토를 구별하기 어렵습니다. 큰 섬인 제주도는 목포에서 남쪽으로 약 100마일 떨어져 있습니다.

지난 20년 동안 도시의 규모가 현저하게 성장했고 오늘날 거래되는 물동량도 증가했습니다. 지금 인구는 약 20,000명입니다. 이 중 5,000명 이상이 일본인입니다. 이곳에는 전라남도 부지사와 다른 많은 하급 관리들의 거주지가 있습니다. 목포에는 큰 면화, 쌀, 생선 시장, 조선은행 지점, 이 지역 전체에서 가장 큰 상가가 있습니다. 이 도시는 상수도, 전등, 무선국, 훌륭한 기차 서비스와 같은 현대적인 편의 시설을 갖추고 있습니다.

1898년 미남장로교 선교회가 목포에 선교부를 열었습니다. 그 이후로 4년(1904-1907년)간을 제외하고는 이곳에 상주하는 선교사가 있었습니다. 그 해에는 일꾼이 부족하여 선교 사역을 일시적으로 중단하였습니다. 목포 선교부를 돌아보면 일꾼이 자주 바뀌고, 빠르게 성장하는 선교 사업의 요구와 기회에 부응하는 충분한 선교사도 부족했습니다. 그렇지만 이 선교 활동은 지금까지 은혜로

---
18) 목포 유달산

at Mokpo. Ever since that time there have been resident missionaries here with the exception of four years (1904-1907), when the station was closed temporarily on account of lack of workers. The history of the station is marked by frequent changes in its personnel and an inadequate force to meet the demands and opportunities of a rapidly growing work. At the same time the work has been graciously blessed until today it is a mighty factor in the evangelization of Korea.

Our compound with its five residences, boys' school, girls' school, hospital and dispensary, occupies a choice site in the city - the total value of the property being probably $60,000. The newest building on the compound, completed this year, is the administration building of the girls' school, making this the best equipped school plant in our whole mission.

For the purpose of giving the gospel to the 600,000 people in the Mokpo territory, we have a roissionary force on the field consisting of three evangelists with their families, two single lady evangelists, principal of boys' school, principal of girls' school, doctor and nurse. A fourth evangelist and his wife are on furlough. The teacher of missionaries" children is an associate member of the station.

The Mokpo evangelistic field covers a large area, many

운 축복이 이어지고 있으며, 한국 복음화에 큰 역할을 하고 있습니다. (호남 지역의) 5개 선교부 각 단지에는 남자 학교, 여자 학교, 병원, 진료소가 있고, 우리 목포 선교부도 이 도시의 좋은 부지에 위치하고 있으며 총 부동산 가치는 아마도 6만 달러일 것입니다. 올해 단지 내에 완공된 가장 새로운 건물은 여학교의 행정 건물[19]로, 우리 선교부 전체에서 가장 잘 갖춰진 학교 시설입니다.

목포와 인근 지역에 있는 60만 명의 사람들에게 복음을 전하기 위해, 우리 사역지에는 3명의 목사와 가족, 2명의 미혼 여성 전도자, 남학교 교장, 여학교 교장, 의사와 간호사로 구성된 선교사들이 있습니다. 네 번째 목사와 그 아내는 안식년 중입니다. 선교사 자녀교육하는 교육선교사는 선교부의 준회원입니다.[20]

목포 복음 선교 구역은 넓은 지역을 아우르며, 많은 지역이 접근하기 어렵습니다. 그 중 약 3분의 1은 섬이고, 또 다른 3분의 1은 선교 센터에서 바다 건너에 있으며, 나머지 3분의 1은 인접한 육지로 되어 있습니다.

~~~~~~

19)
목포(정명)학교는 1923년 1월, 석조 3층 240평의 최신식 교사를 신축했다. 매컬리(맹현리) 선교사의 채터누가 고향 누나인 그레이스(Miss. Grace McCallie) 양이 유언 기부한 1만 달러로 지어졌으며, 당시 '매컬리기념여학교'라 하였다.

20)
1923년 목포 선교부 선교사: 3명의 목사 가족: 머피, 조하파, 매컬리; 2명의 미혼 여성 전도자: 쥴리아 마틴, 플로렌스 휴스; 남학교 교장: 커밍; 여학교 교장: 마가렛 하퍼; 의사: 길머; 간호사: 배인; 안식년 중인 목사 가족: 니스벳; 교육선교사: 케이트 뉴먼.

parts of which are difficult of access. About one-third of it is made up of islands; another third lies across the bay from the station; the remaining third is adjacent land territory.

The station schools rank among the best in the mission. Their present enrollment totals about eight hundred. The hospital has been closed for several years because there has been no doctor to carry on the work.

However, a new doctor is now on the field studying the language. Plans are on foot for his opening the hospital. We have a We have a fine medical plant, favorably located, and the prospect is bright for a most flourishing medical work.

The local Korean church has a native pastor, a membership of about two hundred and fifty, and an average attendance each Sabbath of about seven hundred. There is also a Japanese Christian church in the city, with a Japanere pastor and a small membership. Recently they erected a beautiful little church build. ing at the cost of about five thousand yen, A few Sundays ago eighteen new members were baptized in this church.

As we think of the challenge of the thousands of unconverted in the city of Mokpo, and the hundreds of thousands in the surrounding country districts, we turn to the great Captain of our Salvation for strength, and in the

선교부 남녀 학교는 선교부에서 가장 좋은 학교 중 하나입니다. 현재 등록 학생 수는 약 800명입니다.

병원[21]은 수년 동안 문을 닫았는데, 그 이유는 일을 이어갈 의사가 없었기 때문입니다. 그러나 새로운 의사[22]가 지금 선교지에 와서 언어를 공부하고 있습니다. 병원을 여는 계획이 진행 중입니다. 우리는 좋은 의료 시설을 가지고 있으며, 유리한 위치에 있으며, 가장 번창하는 의료 사업에 대한 전망이 밝습니다.

목포 한국인 교회[23]는 한국인 담임 목사가 있고, 회원 수는 약 250명이며, 매 주일 평균 출석자는 약 700명입니다. 도시에는 일본인 목사와 소규모 회원이 있는 일본인 교회도 있습니다.

최근에 그들은 아름다운 작은 교회 건물을 세웠습니다. 약 5천 엔의 비용으로, 몇 주 전에 열여덟 명의 새로운 회원이 이 교회에서 세례를 받았습니다.

목포시에 있는 수천 명의 불신자들과 인근 시골 지역에 있는 수십만 명의 미전도인들의 도전을 생각하면서, 우리는 구원의 위대

~~~~~~

21)
목포 병원은 1899년 오웬 선교사가 시작하였다. 1916년 프렌치 장로의 기부로 2층 석조 신식 병원이 건립되었고 프렌치병원이라 불렸다.

22)
길머 의사(Dr. Gilmer, William Painter, 길마, 1890.5.26.~1978.7.4.). 버지니아주 드레이퍼 출생하여 버지니아 의대를 졸업하고 1차 세계대전 참전후 1923년 내한 목포 프렌치 병원과 광주 제중 병원에서 진료하였다.

23)
목포 최초 교회인 양동교회는 1898년 5월 15일 유진 벨 선교사에 의해 시작되었다. 이 글이 쓰여진 1923년 당시 담임 목사는 김응규 목사이다.

words of Caleb of old, our slogan is, "Let us go up at once and possess it, for we are well able to overcome it."

한 선장에게 힘을 구하며, 옛날 갈렙의 말처럼, 우리의 슬로건을 외칩니다.

"우리가 곧 올라가서 그 땅을 취하자, 능히 이기리라." [24]

---

[24] 민 13:30

> The Presbyterian Survey, October, 1924.
> The Work of An Evangelist in Korea.

Joseph Hopper.

Our work during the past year, even if more strenuous than preceding years, has brought with it increased opportunities for usefulness which we gladly welcome. As we continually face the many intricacies and impossibilities of the Korean language, together with the perplexing problems in the care of the churches and in teaching the people, we are made to feel more and more the need of divine power to give us both "mouth and wisdom," and we are reminded anew of the words of Luther's hymn,

"Did we in our own strength confide,

Our striving would be losing."

Both the fall and the spring itinerating seasons were spent largely in the visitation of each of the thirty-two points in my field, holding services, conducting examinations, and in general looking after the administration of the work. Three general observations may be made regarding the membership in the churches. The first is that the past year has witnessed an unusually large reduction in the

> 프레스바이테리안 서베이, 1924년 10월.
> 한국에서의 전도자의 사역.

조하파 목사.

작년에 우리가 한 일은 이전 몇 년보다 더 힘들었지만, 우리가 기꺼이 반길만한 좋은 성과들이 많았습니다. 우리는 한국어의 복잡함과 불가능한 도전에 끊임없이 부딪히면서도, 교회를 돌보고 사람들을 가르치는 데 있어서의 난감한 문제와 함께, 우리는 "입과 지혜"를 모두 주시는 신성한 힘의 필요성을 점점 더 느끼게 되었고, 루터의 찬송 가사를 다시금 떠올렸습니다.

"내 힘만 의지할 때는, 패할 수 밖에 없도다."[25]

가을과 봄 순회 기간은 모두 제 지역의 32개 구역을 방문하여 예배를 드리고, 문답을 하고, 일반적인 사역의 행정을 돌보는 데 주로 보냈습니다. 교회의 회원에 관해 세 가지 일반적인 관찰을 할 수 있습니다.

첫 번째는 교회 규율의 행사로 인해 작년에 비정상적으로 많은 수가 감소했다는 것입니다. 그 이유 중 하나는 우리의 현 제도로는 교회가 충분한 목회적 관심을 받을 수 없어서입니다. 성도들은

---

25) 찬송가 585장, "내 주는 강한 성이요", 2절.

membership as a result of the exercise. of church discipline. One reason for this is that under our present system the churches cannot receive sufficient pastoral attention. Hence the members are scattered abroad as sheep not having a shepherd. A second reason is that with the insistence that each church increase its benevolent and local gifts, quotas for which are based upon the number of members in good standing, there is the natural desire of the church leaders not to be burdened with dead timber. At the same time those who, may have come into the church for the loaves and the fishes, after learning that discipleship is exacting, voluntarily fall away, and are lost to the church. A second observation is a rather large loss in our membership due to dismissals by letter. A large percentage of these removals have been to the city of Mokpo. Quite a number, of whole families have moved into the city and others are planning to come. Hence the need to conserve our membership in the city, and make them, not a field to be worked, but a force to be used in the evangelization of this rapidly growing city. A third observation is a very gratifying addition to the membership by baptism. Ninety adults received baptism in the field while seven school children from the field were baptized in the local church.

목자 없는 양처럼 흩어져 있습니다.

두 번째 이유는 각 교회가 자선과 지역적 선물을 늘려야 한다는 주장과 함께, 그 할당량은 양호한 신분의 회원 수에 따라 결정되기 때문에, 교회 지도자들은 죽은 목재로 부담을 받고 싶지 않은 자연스러운 욕구가 있기 때문입니다.

동시에 빵과 물고기를 위해 교회에 들어온 사람들은 제자도가 힘들다는 것을 알게 된 후 자발적으로 떨어져 나가 교회에서 사라져 버립니다.

두 번째 관찰 결과는 편지에 의해(타 지역 이동으로) 회원 수가 상당히 감소했다는 것입니다. 이러한 이동은 상당수가 목포시로 갔습니다. 많은 가족이 도시로 떠났고 다른 사람들도 이사 갈 계획을 세우고 있습니다. 따라서 도시에서는 이 성도들을 보존하고, 그들을 노동 현장 만이 아니라 빠르게 성장하는 도시의 복음화에 사용될 군병으로 만들어야 할 필요성이 있습니다.

세 번째 관찰은 세례를 통해 회원을 늘리는 매우 만족스러운 일입니다. 90명의 성인이 현지에서 세례를 받았고, 전도지의 7명의 학생은 지역 교회에서 세례를 받았습니다.

도로가 좋아지고 공공 자동차가 늘어나면서 순회 사역의 물리적 여건이 더 쉬워지고 있습니다. 현재 제 구역에서 가장 외딴 곳중 한 곳의 중심부를 통과하는 자동차 도로가 건설되고 있습니다. 물리적인 진전을 의미하는 새로 만든 도로를 걸으며, 여기저기서 한

The physical side of our itinerating work is becoming easier because of the improvement in the roads and the increasing number of public autos. At present an auto highway is being built through the heart of one of the most remote sections of my field. As I walked over this newly made road which spells physical progress, and as I saw here and there a Korean traveler, I could not but think of that beautiful passage in Isaiah where the prophet in picturing Zion's happy future says that, "there shall be a highway" the way of holiness. It shall be for the redeemed - the wayfaring men, though fools shall not err therein. And I longed for such a spiritual highway of progress, thronging with white-robed Koreans, those who will have washed their robes and made them white in the blood of the Lamb.

Outside of the work of itinerating the big bulk of my time and energies has been given to Bible class and Bible institute work. In both institutes also in the Bible class it fell to my lot to teach beginners. Besides beginners classes all my other work was with second year men. To teach effectively in Korean to these picked men such subjects as the Sermon on the Mount, the book of Deuteronomy, and the main doctrinal section of the shorter catechism was the task assigned to me. The challenge of a hard job, a realization of

국인 여행자를 볼 때, 저는 이사야 선지자가 시온의 행복한 미래를 묘사하면서 "거룩함의 길인 대로가 있을 것"[26]이라고 말한 아름다운 구절을 생각해 봅니다.

그 길은 올바른 길을 걷는 구원받은 자들을 위한 것이나, 어리석은 자들은 잘못된 길로 빠질 것입니다. 나는 흰 옷을 입은 한국인들로 가득 찬, 어린 양의 피로 옷을 씻어 희게 한 자들인,[27] 그런 영적 진보의 대로를 갈망했습니다.

순회 사역 외에는 내 시간과 에너지의 대부분을 사경회와 성경학원 일에 쏟습니다. 두 곳의 입문반 학생들에게 성경을 가르치는 일이 내 임무입니다.

입문반 수업 외에 다른 모든 일은 2학년 남자들과 함께 했습니다. 이 선택된 남자들에게 산상 수훈, 신명기, 소요리 문답의 핵심적 교리와 같은 주제를 효과적으로 한국어로 가르치는 것이 나에게 할당된 과제였습니다.

힘든 일의 도전, 그 엄청난 중요성에 대한 깨달음, 그리고 주제 자체에 대한 영감은 하나님께서 나를 돕기 위해 사용하셨습니다. 그

---

26) 사 35:8
27) 계 7:14

its tremendous importance, and the inspiration of the themes themselves were used of God to help me in the work. The language study which it necessitated was of much help to me. Then, too, I have seldom received such spiritual help as that which resulted from renewed contact with these portions of Scripture. I think particularly of that masterpiece of inspired eloquence - the book of Deuteronomy, with its picture of Jehovah, the Unique God: of Israel, the unique people; and of the Messiah, the Matchless Prophet. In this teaching I was often put to shame because of my many limitations in language and otherwise.

것이 필요로 하는 언어 공부는 나에게 많은 도움이 되었지요. 나는 성경의 이 부분들과 새롭게 접촉함으로써 얻은 것과 같은 영적 도움을 이때처럼 받은 적이 거의 없습니다.

나는 특히 영감받은 웅변의 걸작인 신명기 말씀을 생각합니다.

그 책은 유일무이하신 하나님, 여호와에 대해, 특별한 민족인 이스라엘에 대해, 그리고 비할 데 없는 선지자 메시야에 대해 말하고 있지요. 그런데, 나는 이를 설명하는 데 있어서 언어 소통과 다른 면에서 나의 많은 한계 때문에 많은 부끄러움을 가졌습니다.

> About one hundred miles from Mokpo, Korea,
> Sunday Night, October 13, 1929.

Dear Friend:

Arriving here about noon yesterday we were conducted to a nice little church building where at the rear a Korean room eight by eight feet square had been prepared for my comfort, A chicken and a "string" of eggs have been presented to me as tokens of friendship and hospitality.

In the afternoon we began a series of examinations of believers twelve in all. Among them was a young teacher in the government school, several school children, some old women, and a young man just out of heathenism and idols. Some were passed, others not so well prepared are being continued on probation until our next visit six months hence. This morning for the first time in this little church located here in the heart of heathenism we administered the sacraments of baptism(adult and infant), and the Lord's supper.

Last night and tonight at the preaching services the building was crowded and some were standing on the outside. The audiences were composed largely of non-Christians.

> 목포로부터 100마일 정도 떨어진 곳에서
> 1929년 10월 13일 일요일 밤

사랑하는 친구에게,

어제 정오쯤 도착하여 우리는 멋진 작은 교회 건물로 안내받았습니다. 건물 뒷 편에는 한국식 8x8 피트 크기의 방이 제공되어 편안함을 느낄 수 있었습니다. 우정과 환대의 표시로 닭 한 마리와 달걀 한 줄을 받았습니다.

오후에 우리는 성도들에 대한 몇 가지 문답을 시작했습니다. 모두 12명 중에는 공립학교의 젊은 선생님, 몇 명의 학생들과 일부 나이가 든 여성, 그리고 이교도적 우상에서 갓 벗어난 청년이 포함되었습니다. 일부는 통과되었고, 다른 일부는 다음 방문인 6개월 후까지 연습기간을 거쳐 계속 진행될 예정입니다.

오늘 아침 우리는 이교의 중심에 있는 이 작은 교회에서 처음으로 세례(성인과 유아)와 주님의 성찬을 주관했습니다.

어젯밤과 오늘 밤 설교 때 건물엔 사람들로 붐볐고 일부는 바깥에 서 있었습니다. 참석자 대부분 기독교인이 아닌 사람들로 구성되어 있었습니다. 열정적인 노력으로 복음의 메시지를 명확하고 분명하게 전하고자 했습니다.

그 주목과 관심은 만족스러웠습니다.

An earnest effort was made to make the gospel message clear and plain. The attention and interest were gratifying.
What a great gospel we have! That an open door is set before us! Shall we not send a native evangelist or teacher here at once to take advantage of such an opportunity and adequately follow up this work? For mighty spiritual conquests like this shall not the people of God offer themselves willingly in the day of His power?
Yours in His service,

Joseph Hopper.

우리에게는 얼마나 큰 복음이 있는 것인가요! 우리 앞에는 열린 문이 준비되어 있습니다! 이런 기회를 활용하고 이 일을 충분히 발휘하기 위해 현지 선교사나 교사를 이곳에 파송해야하지 않을까요? 이렇게 큰 영적 승리를 위해 하나님의 백성은 그분의 권능의 날에 자신을 기꺼이 내어드려야 하지 않을까요?
주님의 봉사자로서,

조하파

> Mokpo, Korea,
> May 30, 1930.

My dear Friend:

Let me indicate briefly perhaps the three brightest spots in my particular parish in Korea. Each represents a different stage in the progress of the work.

The first shows the beginnings of a new group of believers. Last fall a petition came to me signed by about twenty-five villagers asking that an evangelist be located at their place and a church started. Their request was granted. This spring upon my visit to this village there were big crowds to greet me at our public meetings, a nice new building in which to worship, most of which had been given by the local people, and a number of leaders in the community ready for the catechumen examination. There was great joy here in the heart of heathenism as we joined with these new Christians in singing in their native tongue, "Happy day, Happy day, When Jesus washed my sins away."

At the second place we have a remarkable illustration of household salvation of the apostolic type. Last spring a year ago a young man from a heathen family was baptized. Upon my return to his church in the fall his father, wife and sister

한국, 목포
1930년 5월 30일

사랑하는 친구에게,

한국에서 속한 나의 교구에서 아마도 가장 빛나는 세 곳을 간단히 소개해 보겠습니다. 각각은 사역의 진행 단계를 대표합니다. 첫 번째로는 새로운 믿는 자들의 시작을 보여줍니다. 지난 가을에 한 마을에서 약 25명의 주민이 서명한 청원서가 도착하였습니다. 자기 마을에 한 전도사를 파송해 줘서 교회를 세워줄 것을 요청하는 내용이었습니다. 그들의 요청은 받아들여졌습니다. 올 봄에 그 마을을 방문했을 때 많은 사람들이 저를 환영하기 위해 모였고, 이 지역 주민들이 기증한 아름다운 새 건물에서 예배를 드렸습니다. 그리고 몇 명의 지역 지도자들이 학습 문답을 준비하고 있었습니다. 이교도의 가운데서 큰 기쁨이 있었고, 우리는 이 새로운 성도들과 함께 모국어로 "기쁜 날, 기쁜 날, 주 나의 죄 다 씻은 날"을 찬양하며 기쁨을 나눴습니다.

두 번째로는 사도적인 가정 구원의 놀라운 사례를 볼 수 있습니다. 작년 봄에 불신자 가정에서 태어난 젊은 청년이 세례를 받았습니다. 가을에 그의 교회를 다시 방문했을 때 그의 아버지, 아내와 여동생이 세례를 받았으며, 그의 어머니는 학습 교인으로 받아

were baptized, his mother received as a catechumen, while two sisters recited the child's catechism. Later in the season the young man attended our Bible class and institute in Mokpo and sent his sister to the institute for women. Here then is a modern illustration of the statement of Paul, "Believe on the Lord Jesus, and thou shalt be saved, thou and thy house."

The third place shows definite church organization in the ordination of two elders at a county seat town. This took place on a beautiful Sabbath afternoon this spring while the Sunday school institute was in session at this church. A large number of Christians from nearby churches joined in the special services of the day. One of these new elders is a most promising student for the ministry.

Our station life at present has its added responsibilities and increased overhead work as sickness and furlos have cut down our forces almost fifty percent. "Pray ye therefore the Lord of the Harvest, that he send forth laborers into his harvest."

Sincerely yours,

Joseph Hopper.

들여졌습니다. 그리고 두 명의 여동생들은 아이들을 위한 소요리 문답을 외웠습니다.

이후, 그 청년은 우리의 사경회와 목포 성경학원에 참석하였으며, 그의 여동생도 여성 성경학원에 출석하였습니다. 이곳에서 우리는 바울의 말씀인 "주 예수를 믿으라, 그리하면 너와 네 집이 구원을 받으리라"[28]라는 구절을 실제 간증으로 확인할 수 있었습니다. 세 번째로는 시골 읍내에 있는 한 교회에서 두 명의 장로에 대한 임직식을 통해 명확한 교회 조직을 보여줍니다.

이는 올 봄 아름다운 주일 오후에 주일학교가 이 교회에서 진행되는 동안 이루어졌습니다. 주변 교회들의 많은 기독교인이 그날의 특별 예배에 참여했습니다. 이 두 명의 새로운 장로 중 한 분은 목회자로 가장 유망한 학생입니다.

저희의 선교 지구에서는 현재 질병과 휴가 탓에 인원이 거의 50%나 줄어들어 추가로 책임과 업무 부담이 늘어난 상황입니다. "그러므로 추수의 주인에게 기도하여 그가 자기 추수 밭에 일꾼들을 보내시기를 청하라."[29]고 주님께 기도해 주시길 바랍니다.

진심으로,

조하파

---

28) 행 16:31
29) 마 9:38

> Mokpo, Korea,
> February 17, 1931.

Dear Friend:

The winter season finds us engaged in our Bible class and Bible institute work. In January over fifty women and girls studied in the month's institute in Mokpo. At Kwangju nearly one hundred men - one third of them from Mokpo territory-assembled for a month's study. About thirty-five of them were in my first year class in theology, and a dozen or more of the third year men in my shorter catechism class. Just after Christmas five hundred men were enrolled in the ten day Bible class in Kunsan. Our Mokpo ten day class for men is due to open next Tuesday, to be followed by a similar class for women. The students in Kwangju asked if we could not enlarge the institute in Kwangju so as to have a three months' term. Of course this would mean more teachers and more running expenses. At the same time it would treble the opportunity for this type of work which is so tremendously important in the establishment of a strong, scriptural leadership for our Korean church.

Yesterday Rev. Bruce Cumming returned from a weekend

한국, 목포
1931년 2월 17일

사랑하는 친구에게,

겨울철에는 사경회와 성경 학원 사역에 참여하고 있습니다. 1월에는 목포에서 한 달 동안 50명 이상의 여성과 소녀들이 성경학원에 참여했습니다. 광주에서는 거의 100명의 남성이 한 달 동안의 성경을 공부하기 위해 모였는데, 그 중 1/3은 목포 지역 출신이었습니다. 그 중 약 35명은 신학 1년 과정에 참여했으며, 3학년 남학생 중 12명 이상은 내가 하는 소요리문답 수업에 참여했습니다. 크리스마스 후에는 500명의 남성이 군산에서 열흘 동안 열린 사경회에 등록했습니다. 목포에서는 남성을 대상으로 다음 주 화요일부터 열흘 동안의 사경회가 개최되며, 이후에는 여성을 위한 사경회가 진행될 예정입니다. 광주의 학생들은 광주 성경학원을 확장하여 3개월 동안의 학기를 개최할 수는 없을지 물었습니다. 물론 이는 더 많은 교사와 운영경비가 필요하게 될 것입니다. 동시에 이는 우리 한국 교회를 위한 강력한 영적 리더쉽을 갖춘 지도자를 세울 수 있는 중요한 기회를 세 배로 증가시킬 것입니다.

어제 부르스 커밍 목사[30]는 주말 동안 시골의 새로운 모임 장소를 방문한 후 26명의 새 신자들을 학습교인으로 받아들이고, 소요리

visit to a new meeting place in the country where he received twenty-six new believers as catechumens, and heard fourteen recitations of the child's catechism.

In addition to her usual home duties, and the teaching of two of our children in the third and fourth grades, Mrs. Hopper is much interested in her work with the local auxiliary. Each Sabbath afternoon a group of thirty-five or forty women meet in our home for a prayer meeting, which is preparatory to the personal work they do during the week. These groups rotate so that in the course of a month about 150 women are included in the program of prayer and personal work. It is so planned that each of the fifteen circles of the auxiliary gives one afternoon a month to personal work.

As we write the Congress of Missions is no doubt in session in Chattanooga. We look forward to the hearing of a favorable report from this and other efforts that have been made in the home church recently with the view of strengthening the cause of foreign missions, and securing for it an adequate support. "Speak unto the children of Israel, that they go forward."

Yours in His service,

Joseph Hopper.

문답을 14번 낭송하였습니다. 제 아내는 평소의 집안일과 더불어 3학년과 4학년의 두 자녀를 홈스쿨하는 것에 더해 여성 조력회 모임도 힘써 섬기고 있습니다. 매 주일 오후에는 35~40명의 여성이 기도 모임을 위해 우리 집에 모입니다. 이는 한 주간의 개인적 사역을 위한 준비로 이어집니다. 이 모임은 돌아가며 한 달에 약 150명의 여성들이 기도와 개인 전도에 참여하게 됩니다.

15개로 구성된 부인 조력회는 매달 한 번 오후에 개인 전도에 힘써 집중하도록 계획되어 있습니다. 우리가 편지 쓰는 동안 채터누가 선교대회가 아마도 진행 중일 것입니다.

우리는 미국교회가 해외 선교 사역을 강화하고 적절한 지원을 확보하기 위한 노력과 다른 애씀에 대해서도 좋은 보고가 들려오기를 기대하고 있습니다. "이스라엘 자손에게 명령하여 앞으로 나아가게 하라."[31]고 말씀하셨습니다.

주님의 사역 안에서,

조하파

---

30)
부르스 커밍: Rev. Bruce Alexander Cumming(김아열, 1899.7.22.~1898.1.6.). 미국 메릴랜드주 볼티모어 출생하여 유니언신학교와 프린스턴신학교를 졸업하고 목사가 되었다. 1927년 간호사 로라 라이트(Laura Virginia Wright Kerr, 김에스더, 1899.5.12.~1994.5.23.)와 결혼하여 그해 10월 함께 내한, 1958년까지 목포와 광주에서 선교사역하였다. 형 다니엘 커밍(Daniel James Cummung, 김아각) 역시 목포 광주에서 같이 사역한 형제 선교사였다.

31)
출 14:15

> Mokpo, Korea,
> January 27, 1932.

My dear Friend:

A brief look at three new experiences, each quite different from the other, will give you a cross section of our life and work in Korea for the last few months.

The first was that of teaching for the fall term in the Presbyterian Theological Seminary of Korea. I took the place of our Mission's regular representative on the faculty, Dr. W. D. Reynolds, who was at home on furlo. This institution is supported by all the Presbyterian bodies doing work in Korea, namely, the Northern and Southern of America, the Australian, and the United Church of Canada. There were 120 students for the fall term, a fine spirit, and good work done. My work in the seminary took all our family to the city of Pyengyang for three months.

Changing from this glimpse of Pyengyang in the north of Korea back to our regular field of work in Mokpo in the extreme south, our next experience has a domestic setting-a siege of sickness in our home for the past six weeks. Two of our children have had scarlet fever, all three

한국, 목포
1932년 1월 27일

사랑하는 친구에게,

지난 몇 달간 한국에서의 우리의 생활과 사역을 보여주는 세 가지 다르고 새로운 경험을 간략히 전하겠습니다.

첫 번째는 한국장로회신학교에서 가을학기 강의를 하는 경험이었습니다. 저는 우리 남장로선교회의 정규 교수인 레이놀즈 박사[32]를 대신해서 이 강의를 맡았습니다.

이 학교는 미국의 북장로교와 남장로교, 호주 장로교, 캐나다 연합 교단 등 한국에서 사역하는 모든 해외 장로교 선교회의 지원을 받고 있습니다. 가을학기에는 120명의 학생이 있으며, 훌륭한 정신과 좋은 성과가 있었습니다. 저의 신학교 사역으로 저희 가족은 3개월 동안 평양에서 지냈습니다.

북한 평양에서의 경험을 바탕으로 다시 한국 최남단 사역지인 목

---

32) 레이놀즈: William Davis Reynolds Jr.(이눌서, 1867.12.11.~1951.10.12.). 버지니아주 노퍽 출신으로 미남장로교 한국 선교 7인의 선발대 일원으로 1892년 11월 4일에 내한, 1937년까지 45년을 사역하였다. 전주와 목포 등에서 목회 사역을 하였으며, 특별히 우리말 성경 번역에 크게 기여하였다. 평양신학교 전임교수로 사역하며, 한국장로교단 출범시 신조와 교리 등의 체계를 세웠다. 해외선교부 연합으로 운영한 평양신학교에서 미남장로교는 조직신학 과목을 맡았으며, 레이놀즈가 안식년 등으로 미국에 돌아갈 때는 그 빈자리를 역시 미남장로교 선교사들인 유진벨, 크레인, 조하파 등이 대신 맡았다.

German measles, and to cap the climax Mrs. Hopper has had tonsillitis. Of necessity she had become quite skillful as doctor and nurse for the family, while my work too for several weeks has been largely in the department of nursing. We are thankful that all are much better now, and that we have the prospect of being back to normal life soon.

Last week another new experience came to me. It was the privilege of having a part in the ordination of a Japanese pastor in the Japanese church in Mokpo. There is a Japanese presbytery in Korea organized among the "sojourners of the dispersion", and several Japanese churches are within the bounds of our Mission The congregation here is small, but they have a nice building, four elders, and the pastor, who seems to be an earnest, consecrated man. The ordination service was an impressive one, being conducted by two visiting pastors. The one who presided invited me to unite with them in the laying on of hands in the ordination prayer. We were so glad too to join with them in spirit if not in word in singing.

"All hail the power of Jesus' name,

Let every kindred, every tribe,

On this terrestrial ball,

To Him all majesty ascribe,

포로 돌아왔는데, 우리 가족은 지난 6주간 병으로 말미암아 고생을 했습니다. 우리 자녀 중 두 아이가 홍역, 세 아이 모두 독일 홍역을 앓았으며, 아내는 편도염을 앓았습니다. 이 일로 아내는 가족을 위한 의사와 간호사로서 상당히 숙련되었으며, 몇 주 동안 저의 업무 역시도 대부분 간호 부분에 많이 집중되었습니다. 지금은 모두가 훨씬 나아지고 곧 정상적인 생활로 돌아갈 수 있을 것 같아 감사합니다.

지난 주에는 또 다른 새로운 경험을 했습니다. 목포에 있는 일본교회[33]에서 열린 목사 임직식에 참여할 수 있는 기쁨이었습니다. 한국 내에는 "흩어져 있는 순례자들" 사이에서 조직된 일본인들을 위한 노회가 있으며, 여기에는 여러 개의 일본 교회가 속해 있습니다. 목포 일본교회는 작지만 멋진 건물과 4명의 장로, 그리고 열성적이고 헌신적인 목사님이 있습니다. 이 임직식은 두 명의 방문 목사들에 의해 진행되었습니다.

주재한 목사 중 한 분이 저에게 임직 안수기도에 같이해 줄 것을 요구하였습니다. 또한, 우리는 그들과 함께 영적으로 하나가 되어 찬양하는 데 기쁨을 느꼈습니다.

---

[33] 목포 일본교회: 1912년 8월 일본기독교 전도국에서는 다케우치 목사를 목포에 파송, 목포에 거주하는 일본인들을 위한 교회를 세웠다. 1922년 9월, 1층 28평의 예배실, 2층 13평의 사택으로 된 양옥 교회당을 지었다. 주일 낮예배에는 25여명, 주일학교도 50여명 출석하였다. 해방후 교회가 자연 폐쇄되었고, 1층의 외벽과 천장만 남아 문화재로 지정 현존하고 있다. 주소: 목포시 해안로 165번길 50

and crown Him Lord of all."

Our ten day Bible classes and month's Bible institutes for the Koreans are well attended this winter, while our opportunities for evangelism on all sides are most challenging.

Yours in His service,

Joseph Hopper.

"예수 이름의 권능을 찬양하세,

각 족속, 각 종족이여,

이 땅 위에,

위엄을 그에게 돌리고,

그를 만물의 주로 삼으소서"

올 겨울 한국인을 위한 열흘 동안의 사경회와 한 달 동안의 성경 학원 교육에 많은 사람이 참석하고 있으며, 우리의 복음 전도 기회는 모든 면에서 매우 도전적입니다.

그의 사역을 위해,

조하파

> Mokpo, Korea,
> February 20, 1933.

Dear Friends:

In the religious and secular press you are getting much of the Laymen's Missionary Report, and of the Lytton Report, each of which is of peculiar interest to the missionary in the Orient.

As to the former, after you have read the statement of our Nashville Executive Committee on the subject, or Robert E. Speer in the January number of the Missionary Review, nothing needs to be added by your representative on the foreign field. As to the latter, your daily paper is no doubt giving you more than you have time to read.

The few paragraphs to follow might be called a "laborers!" report. "For we are laborers together with God." Allow me to give just a personal testimony to the effect that here in Korea the old, old, story of our crucified, risen Saviour continues to be the power of God unto salvation to everyone that believeth.

Sustained interest in Bible study continues in Korea. A ten-days class for men, with about 300 in attendance closed in

한국 목포
1933년 2월 20일

사랑하는 친구들에게,

종교와 일상 언론에서는 여러분이 평신도 선교 보고서와 리튼 보고서에 대해 다양한 정보를 접하고 계실 것입니다. 이 두 보고서는 동양에서 선교사로 활동하는 사람들에게 관심이 있습니다.

평신도 선교 보고서에 관해서는 내슈빌 집행위원회가 이에 대한 견해를 밝힌 글이나 "더 미셔너리 리뷰" 1월호 로버트 스피어 글을 읽으신 후에 현지에서 여러분을 대표하는 저희로서 추가로 말할 것이 없습니다.

리튼 보고서는 여러분이 일간지를 다 읽기에 시간이 부족할 정도로 많은 정보를 제공하고 있습니다.

다음으로 이어지는 몇 단락은 "동역자!" 보고서라고 할 수 있습니다. "우리는 하나님의 동역자이니라." 제게 개인적인 증언을 드릴 수 있는 기회가 주어져서 기쁩니다.

여기 한국에서는 십자가에 못 박히고 부활한 구세주의 오래된 이야기가 여전히 믿는 사람들에게 구원의 하나님이 힘이 되고 있습니다. 한국에서는 성경 공부에 대한 지속적인 관심이 이어지고 있습니다. 지난주에는 약 300명가량이 참석한 10일간의 남자 사경

our station last week. During the month of January it was our privilege to have a part in the Bible institute in Kwangju where about 130 studied, and just before Christmas in a week's class within the bounds of the Australian Presbyterian mission in Korea. Our station in Chunju report 161 in its month's institute for men. Bible study among the women is equally or even more encouraging.

Our schools and hospital continue their evangelistic witness; while the former give character training for service, and the latter has its healing ministry.

Our girl's school here, with several hundred students, expects next month to graduate 19 from the lower school and 12 from the high school - an unusually fine class of Christian girls.

On a recent Sabbath afternoon while doing personal work some of the school girls found an old afflicted women about 70 years old, who for about 30 years had not been away from her little home.

She was taken to our hospital where an enormous tumor and her appendix were removed. Here she heard the gospel and became a Christian. Her recovery was remarkable. Now she is a regular attendant at church, and most grateful for what the Lord has done for her.

회가 목포 선교부에서 있었습니다.

1월에는 한 달 동안 약 130명이 공부한 광주의 성경학원에 참여하게 된 것은 영광이었습니다. 그리고 성탄절 이전에는 호주장로교 선교부에서 일주일 간 사경회가 있었습니다.

전주 선교부에서는 남성을 위한 한 달간의 성경학원에서 161명이 참가하였습니다. 여성들 사이에서의 성경 공부 역시 동등하게 더욱 격려 받고 있습니다.

우리 학교와 병원은 계속해서 전도의 역할을 하고 있습니다. 학교에서는 사회봉사를 위한 인성 교육을 제공하고, 병원은 치유의 사역을 하고 있습니다.

목포에는 수백 명의 학생이 있는 여학교가 있습니다. 이 학교에서는 다음 달에 저학년에서 19명과 고학년에서 12명이 졸업할 예정입니다. 이는 매우 우수한 기독교 소녀들의 졸업반이라 할 수 있습니다.

최근 어느 주일 오후, 일부 여학생들이 개인 사역을 하다가 약 70세 고령의 고통스런 여성을 만났습니다. 이 여성은 약 30년 동안 작은 집을 벗어나지 않았습니다. 그녀를 우리 병원으로 데려와 거대한 종양과 충수를 제거했습니다.

이곳에서 그녀는 복음을 듣고 기독교인이 되었습니다. 그녀의 회복은 놀라웠습니다. 이제 그녀는 교회에 규칙적으로 참석하며, 주님께서 그녀를 위해 행하신 은혜에 감사하고 있습니다.

Mrs. Hopper's time is largely occupied with the teaching of our three children, but she also gives sometime to work among the local women, such as house to house visitation and instruction in the fundamentals of the gospel.
Yours in His service,

Joseph Hopper.

제 아내 하퍼 부인은 주로 우리 세 아이를 가르치는 데 시간을 많이 할애하고 있지만, 또한 지역 여성들 사이에서 그들의 집마다 방문하고 복음의 기본을 가르치는 등 일부 시간을 헌신하고 있습니다.
주님의 사역 안에서 당신의 섬김으로서,

조하파

> Mokpo, Korea,
> June 17, 1933.

Dear Friends:

There are about 42,000 non-Christian homes in my evangelistic field. Does this sound like our task of evangelism is finished? At the same time we are glad to report aggressive evangelistic work. Last fall 21,200 booklets each containing a brief life of Christ in the words of scripture, enough copies for about one half of these homes to receive one each, were distributed by the Christians of the field.

Besides this simultaneous effort in personal evangelism special evangelistic meetings have been held in any number of the churches with good results. Perhaps the most spectacular of these were the Kim Ik Doo meetings in the three churches worked by our Korean pastor. In two of the county seats of the territory, ambitious church building programs were successfully launched following special evangelistic meetings. There has been a gratifying increase over last year in the number of baptisms and catechumens received. (63adult, 37infant baptisms,

> 한국, 목포
> 1933년 6월 17일

사랑하는 친구들에게,

나의 전도 구역에는 약 42,000개의 비기독교 가정이 있습니다. 이것이 우리 전도의 사역이 끝났다고 생각되나요? 동시에 우리는 적극적인 전도사역을 보고 드립니다. 작년 가을, 생명의 말씀을 간략하게 담은 소책자 21,200부가 제작되어 이 지역의 기독교인들이 각 가정의 약 절반에게 한 부씩 배포되었습니다.

개인적인 전도사역 외에도 여러 교회에서 특별전도 모임이 성과를 거두었습니다. 특히, 우리 한국 목사가 지휘하는 세 교회에서 진행된 김익두 부흥회는 가장 눈부시고 인상적이었습니다. 이 지역의 두 곳에서는 특별전도 모임 이후 야심 찬 교회 건축 프로그램이 성공적으로 시작되었습니다.

올해 세례와 학습자 수는 작년과 비교하면 상당히 증가하였습니다. (세례 63명, 유아 세례 37명, 학습 134명). 특히 교회들이 자금 자립에 대한 발전을 이룬 점이 두드러집니다. 한 교회는 선교 조사에게 높은 임금을 지원하기 시작했습니다. (월30엔). 최근 이 곳의 새 교회 헌당식에는 약 3~400명이 참석했습니다.

1년 동안 많은 시간이 걸리는 빽빽한 성경 교육 일정이 있습니다.

134catechumens). Especially marked is the progress of the churches in general towards self-support. One church has just taken over the entire support of the highest paid mission helper in our country field (Thirty Yen per month.) Some three or four hundred people were present at the dedication of the new church at this place recently.

A heavy schedule of Bible teaching has taken a big bulk of my time during the year. Aside from the men's Bible Institute and the ten day Bible class in our own station, there were also the teaching in the month's institute in Kwangju, one week in Chinju, (Australian Mission), and a week each in two distant country places. We continue to rejoice in such opportunities to break the Bread of Life to these people who seem so eager to receive it.

Our local work, particularly that of Mrs. Hopper in connection with Yun-dong Church has been signally blessed. This little church, started three or four years ago, now has a full time helper on native support, and two men are due to be installed as elders next Sunday.

Each of our three children have made good progress physically, mentally, and spiritually, We had the joy of seeing Joe Barron and Mary received into full church membership last summer.

우리 선교지에서 열린 남자 한 달 성경학원과 열흘 동안 진행된 사경회 외에도 광주의 달 성경학원, 진주에서의 주간 성경학원(호주선교) 그리고 두 곳의 먼 지방에서의 1주일 사경회가 있었습니다. 우리는 이처럼 생명의 말씀을 받고자 하는 이들에게 말씀을 전하는 기회로 기뻐하고 있습니다.

우리 목포에서의 사역, 특히 연동 교회[34]에서의 제 아내 하퍼 부인의 활약은 놀라운 축복을 받았습니다. 3~4년 전에 시작된 이 작은 교회는 풀타임 사역하는 한국인 조사 한 명이 있으며, 다음 주일에는 두 사람이 장로에 임직될 예정입니다.

우리 세 아이 각각 육체적, 지적, 영적으로 큰 성장을 하였습니다. 지난 여름 아들 조배론과 딸 메리가 교회의 입교 교인으로 받아들여진 것을 보는 기쁨을 누렸습니다.

또 다른 특별한 감사는 정규 일정이나 사역을 방해하는 질병이 우리 가정에 없었다는 사실입니다. 이번 해에 가장 두드러진 것은 꾸준하고 일상적인 업무 수행입니다.

하나님의 힘을 믿으며, 우리는 "독수리처럼 날개를 펴고", "달리되 피곤하지 않으며", 아마도 가장 어려운 것이면서 동시에 가장

~~~~~~

34)
연동교회: 목포 양동교회에서 김규언 장로와 몇 성도들이 분립하여 1929년 시작하였다. 이때 조하파 선교사와 허우선 선교사는 상당한 헌금을 기부하여 교회 설립을 도왔고, 조하파 목사는 초기 연동교회 당회장으로 사역하였다. 조하파의 자녀인 조배론과 메리는 연동교회에서 입교 문답을 통해 교회 회원이 되었다.
주소: 목포시 백년대로 307번길 6

Another cause of special thanksgiving is that there has been practically no sickness in our home to prevent our regular schedule or work. A most outstanding impression of the year is the fact of regular, routine work, day in and day out. Trusting in God for strength we have tried not only to 'mount up with wings as eagles', and to 'run and not be weary', but what is perhaps the hardest to do, and at the same time probably counts for the most, we have endeavored to 'walk and not be faint.' 'And let us not be weary in well-doing; for in due season we shall reap, if we faint not.'
Yours in His service,

Joseph Hopper.

중요한 일을 달성하기 위해 "걸어가도 피곤치 않기"위해 노력했습니다.[35]

그리고 "선행에 낙심하지 말지니; 곧 때가 되면, 거두리라"[36]는 것을 기억해 주십시오.

주님의 사역 안에서 당신의 섬김으로서,

조하파

---

35)
사 40:31

36)
갈 6:9

The Presbyterian Survey, October, 1933.
Mokpo Goes Forward.

by Joseph Hopper, Mokpo, Korea.

Mokpo station is located on a little hill near the center of a port city of over 52,000 population.

Occupying a commanding site on the main thoroughfare of the city is our "French Memorial Hospital." Miss Hopper, business manager, says, "In spite of the fact that our hospital received very little foreign supervision, we feel that it has been a great blessing both physically and spiritually to many. On May 1, Dr. Chay, one of our own boys, was added to our staff, and he is making friends for the hospital and building up the work. The number of patients and the receipts have regularly increased. The local Christians have been faithful in doing personal work among the patients, and some of these have gone out to be faithful witnesses for the Master."

One Sabbath afternoon, while doing personal work in the city, some of the school girls found an afflicted woman about seventy years ago who had not been away from her little home for about thirty years. She was taken to our hospital

> 프레스바이테리안 서베이, 1933년 10월.
> 전진하는 목포.

한국, 목포에서 조하파 목사.

목포 선교부는 인구 52,000명이 넘는 항구 도시 중심부의 작은 언덕에 위치해 있습니다. 이 도시의 주요 도로에 자리한 "프렌치 기념 병원" [37]이 있습니다. 병원 관리자인 하퍼(조마구례) 양은 "우리 병원이 해외의 도움을 거의 받지 못했음에도 불구하고, 많은 사람에게 육체적으로나 영적으로 큰 축복이 되었습니다. 그리고 5월 1일 우리 제자 중 한 명인 최섭 박사[38]가 병원 의사로 합류했고, 그는 병원을 위해 친구를 사귀고 사업을 확장하고 있습니다. 환자 수와 수입이 일정하게 늘어나고 있습니다.

---

37) 프렌치 기념 병원: French Memorial Hospital. 1914년 목포 진료소 화재 사고로 전소되었다. 포사이드의 미국 교회 호소로, 미주리주 성요셉(St. Joseph) 교회 프렌치(Charles W. French) 장로와 성도들이 8천불의 헌금을 기부, 석조 2층으로 된 최신식 병원 건물을 1916년 지었다. 선교사와 한국인 의사들로 이어진 병원 사역은 1970년대 초 여성숙 의사를 마지막으로 종료하였으며, 이후 병원 건물은 목포성경학교로 이용되다, 1980년대초 교회 신축하면서 병원 건물은 허물어지고 말았다.

38) 최섭 박사: 1904년 완도에서 출생하였다. 세브란스의전을 마치고 프렌치 병원 의사로 일하였으며, 해방후 목포 초대시장과 정명학교장을 역임했다. 1953년 장로교 분열시 이남규 목사 등이 목포 기장교회를 이끌 때 최섭 장로는 목포 예장교회를 이끌었다. 1970년대 서울로 상경하여 연희동에 병원을 개업하였고, 불광동 은광교회 출석하였다. 아내 김조홍 권사와 7남매를 두었으며, 장남 최상춘은 약사이며 은광교회 은퇴장로이다. 최섭 박사 가족 묘는 파주의 은광교회 묘원에 있다.

where an enormous tumor and her appendix were removed. Here she heard the gospel and became a Christian. Her recovery was remarkable. Now she is a regular attendant at church and is most grateful for what the Lord has done for her.

Most prominent on our compound are our two educational institutions with a total enrollment of 1,064 students. Such large numbers afford a wonderful opportunity for preaching and teaching the Bible. The schools are popular in this community, and we have larger income from fees paid by the nationals.

However, the equipment is inadequate and the classrooms are crowded. It is impossible to give proper attention to each individual. The larger proportion of students from non Christian homes constitutes a problem growing out of the big institutions. Mr. D. J. Cumming says, "Relief can come through better financial conditions. A larger budget used wisely would enable us to have either fewer pupils - which would be good if we could control the methods of selection - or more and better-trained teachers, which under all the circumstances is probably the better of the two solutions."

Each school has a faculty of fine Christian teachers, all active in Christian work and some of them church officers.

지역 그리스도인들은 환자들 사이에서 자기 임무를 충실히 했고, 이들 중 일부는 주님을 위해 충실한 증인이 되기 위해 성장하고 있습니다."라고 말합니다.

어느 주일 오후, 이곳에서 개인적인 일을 하던 중, 몇몇 여학생들이 고통스러워하는 70된 노파를 발견했습니다. 그녀는 약 30년 동안 작은 집을 벗어나지 못했습니다. 그녀는 우리 병원으로 옮겨져 엄청난 종양과 맹장을 제거했습니다. 여기 와서 그녀는 복음을 듣고 그리스도인이 되었습니다. 그녀의 회복은 놀라웠습니다. 지금은 교회에 정기적으로 출석하고 있으며 주님께서 그녀를 위해 베푸신 은혜에 매우 감사하고 있습니다.

우리 선교 단지에서 가장 눈에 띄는 것은 총 1,064명의 재학생이 있는 두 개의 교육 기관입니다. 이렇게 많은 학생 수는 성경을 전파하고 가르치기에 좋은 기회를 제공합니다. 목포의 두 학교는 이 지역에서 인기가 있고 국민이 내는 수업료로 더 많은 수입을 올리고 있습니다. 그러나 장비가 부족하고 교실이 비좁습니다. 각 개인에게 적절한 관심을 기울이는 것은 불가능합니다. 비기독교 가정에서 온 학생의 비율이 더 높은 것은 큰 교육기관에서 발생하는 문제이기도 합니다.

다니엘 커밍(김아각) 목사는 "더 나은 재정 상황을 만들어 이 문제들을 해결할 수 있습니다. 현명하게 더 많은 예산을 사용하면 선발 방법을 통제할 수 있다면 좋을 학생 수를 줄일 수 있고, 더

The girls' school suffered a big loss this year when Mr. Kim, who had been head teacher for eight years and had been a power for good in the school, church, and city, resigned to enter the theological seminary in Pyengyang.

In March, twelve girls, all active Christians, graduated from the high school. This was the largest and in many respects the best graduating class we have had Nineteen girls finished the lower school, ten of whom entered the high school.

While our hospital and schools have continued their evangelistic witness, the direct evangelistic work of the field has been going forward. In Mokpo City there are several churches in connection with which members of our station have worked in various forms of leadership. The personal work along the Mokpo water front, superintended by Miss Martin, gives promise of fruitful results.

The missionary evangelists have been much gratified over the gain in membership of the churches. One significant feature of the work is that an increasing number of the middle and better class are seeking the Saviour. Miss Martin and her Bible woman have been most active in this field, and have been a dominant influence for advancing the kingdom.

Most of the churches have been visited by the Bible woman,

많고 더 잘 훈련된 교사를 확보할 수 있는데, 모든 상황에서 두 가지 해결책 중 더 나은 해결책일 것입니다."라고 말했습니다.

각 학교에는 훌륭한 기독교 교사들이 있으며, 모두 기독교 활동에 적극적이며, 일부는 교회 중직자입니다. 여학교는 올해 8년간 주임교사로 재직하며 학교, 교회, 도시에서 선한 영향력을 행사했던 김 선생[39]님이 사임하고 평양의 신학대학에 진학하면서 큰 손실을 입었습니다.

3월에 열두 명의 여학생이 모두 적극적인 기독교인으로 고등학교를 졸업했습니다. 이는 가장 규모가 크고 여러 면에서 가장 좋은 졸업반이었습니다. 열아홉 명의 여학생이 초등학교를 마쳤고, 그 중 열 명이 고등학교에 진학했습니다.[40]

우리 병원과 학교는 전도 활동을 계속하고 있고, 현장에서의 직접적인 전도 활동도 계속 이뤄지고 있습니다. 목포시에는 우리 전도대원들이 다양한 형태의 리더십으로 일하는 몇몇 교회가 있습니다. 마틴 선교사[41]가 이끄는 목포 해안가 전도 활동도 결실을 맺

---

39)
김 선생: 김영윤(金榮潤). 1902년 7월 9일 경북 경산 출생. 1919년 대구 3.1운동 주도. 숭실대학 졸업후 목포 정명학교 8년간 교사. 1933년 평양신학교 입학후 1938년 3월 33회 졸업. 황해도 안악읍교회 담임. 일제 신사참배 거부. 1950년 10월 15일 해주에서 순교.

40)
목포 정명여학교 1933년 3월 17일, 보통과 20회 졸업 19명, 고등과 16회 졸업 12명.

41)
마틴 선교사: Miss. Martin, Julia Annette(마율리, 1869.10.23.~1944.9.1.). 캔자스주 이오와포인트 출생하여 캠벨대학교와 무디성경학원을 졸업하였다. 1908년 내한, 목포에서 1940년까지 선교하였다.

and much interest has been shown in Bible study, and auxiliaries have been organized in most of the churches. Miss Martin has succeeded in employing and keeping at work probably more Korean evangelists in new territory than any other of our missionaries.

Four years ago Mr. Bruce Cumming's territory had twenty-six churches and regular meeting places. Last fall and this spring, he visited forty-five and forty-six places, respectively. With few exceptions the twenty places added are thriving, promising groups. Four new churches have been erected in this field, all in new places. There are at least four others planned in the near future.

In Mr. Hopper's evangelistic field there are 42,000 non Christian homes. Does this sound like our task of evangelism is finished? We have done aggressive evangelistic work.

Last fall 21,200 booklets, each containing the life of Christ in words of Scripture, were distributed by the Christians in this field. The simultaneous effort in personal evangelism and special meetings has brought a gratifying interest in the gospel message and in the church.

One marked feature is the general progress towards self-support. One church has just taken over the entire support of the highestpaid mission helper in our country field.

을 것으로 기대됩니다. 선교 전도자들은 교회 성도가 늘어나는 것에 대해 매우 만족해했습니다. 이 활동의 중요한 특징 중 하나는 중산층과 상류 계층이 구주를 찾고 있다는 것입니다.

마틴 선교사와 그녀의 전도부인은 이 분야에서 가장 활동적이었으며 하나님나라 확장에 주도적인 영향을 끼쳤습니다. 대부분의 교회는 전도부인의 방문을 받았으며 성경 공부에 많은 관심을 보였고 대다수 교회에서 여성 조력회가 조직되었습니다. 마틴 선교사는 다른 선교사보다 새로운 지역에서 더 많은 한국인 전도자를 고용하고 운영하는 데 성공하고 있습니다.

4년 전 브루스 커밍 목사의 전도 구역에는 26개의 교회와 정기 모임 장소가 있었습니다. 작년 가을과 이번 봄에 그는 각각 45개와 46개의 장소를 각각 방문했습니다. 몇 가지 예외를 제외하면 추가된 20여 지역은 성장하고 유망한 그룹입니다.

이 지역에는 모두 새로운 장소에 4개의 새 교회가 세워졌습니다. 가까운 시일내에 적어도 4개의 다른 교회가 또 예정되어 있습니다. 조하파 목사의 전도 지역에는 42,000개의 불신자 가정이 있습니다. 이것이 우리의 전도 과제가 끝난 것처럼 들리시나요?

우리는 적극적으로 전도 활동을 펼쳤습니다.

작년 가을에는 이 지역의 그리스도인들이 성경 말씀으로 그리스도의 삶을 소개한 21,200권의 소책자를 배포했습니다. 개인 전도와 특별 집회에 대한 동시적인 노력은 복음 메시지와 교회에 대

The call for island evangelism in our territory continues. The following example is typical: Six months ago an earnest deacon was sent to an unevangelized island to witness for the Master and survey the field. He reported it ripe for harvest. In May the missionary himself went to investigate.

He found an attitude of expectancy, of hope, of eager desire to hear the truth of the gospel. There is hope of a splendid work being developed among the 800 families of this island. Our Bible classes and institutes have been at high tide, and the country classes have been characterized by better attendance, moral zeal in doing personal work, and the number of new believers.

There have been more calls for classes than could be answered and more requests for Bible women than ever before. The month's Bible institute for women and the ten-day' Bible class for women each had a record-breaking attendance, sixty-eight in the former and 450 in the latter. Good intensive work was done in the men's Bible institute, while the ten-day class for men was a time of inspiration to the more than 300 who were in attendance.

The famous blind pastor, Kil Moksa, from Pyengyang, held inspirational services during the meeting of presbytery, and the leaders from all over the field were greatly helped.

한 만족스러운 관심을 가져왔습니다. 한 가지 두드러진 특징은 자립을 향한 일반적인 진전입니다. 한 교회는 수고하는 선교 조사에게 우리 지역에서 가장 높은 급여를 방금 결정했습니다.

우리 지역에서 섬 전도에 대한 요청은 계속됩니다. 다음은 전형적인 사례입니다. 6개월 전에 충성스런 집사가 주님을 위해 증거하고 그 지역을 조사하기 위해 미전도 섬에 파견되었습니다. 그는 추수할 때가 되었다고 보고했습니다. 5월에 선교사가 직접 조사하러 갔습니다. 그는 복음의 진리를 듣고자 하는 기대, 희망, 간절한 열망의 태도를 발견했습니다. 이 섬의 800가정 사이에서 훌륭한 사역이 전개될 것이라는 희망을 가졌습니다.

우리의 사경회와 성경학원은 절정에 이르렀고, 시골 사경회는 더 나은 참석률, 개인적인 사역에 대한 도덕적 열정, 그리고 새로운 신자의 수가 특징이었습니다. 부응해 줄 수 있는 것보다 더 많은 수업 요청이 있었고, 그 어느 때보다 더 많은 전도부인에 대한 요청이 있었습니다.

이 달의 여성 성경학원과 여성을 위한 10일간의 사경회는 각각 기록적인 참석률을 나타냈는데, 전자는 68명, 후자는 450명이었습니다. 남자 성경학원은 집중적인 교육이 잘 이루어졌습니다.

남자를 위한 10일 사경회는 300명 이상의 참석자들에게 은혜 넘치는 시간이었습니다. 평양에서 온 유명한 맹인 목사 길 목사[42)]는 노회에서 영감적인 예배를 드렸고, 각 분야의 지도자들은 큰 도움

We thank God for all of his goodness, keeping those in the station from serious illness, providing for our material needs in spite of world-wide depression, and above all for the progress in our work, making this the best year we have ever had.

을 받았습니다.

우리는 하나님의 모든 선하심에 감사드리며, 선교부에 속한 사람들을 질병으로부터 보호해 주시며, 전 세계적인 불황에도 우리의 물질적 필요를 충족시켜 주시고, 무엇보다도 우리의 일에서 진전을 이루어 주셔서 올해가 우리의 최고의 한 해가 되게 해주신 데 대해 감사드립니다.

~~~~~~
42)
길 목사: 길선주 목사는 1869년 평안남도 안주 출생하여 1907년 평양신학교 1회 졸업하였다. 회개를 통한 평양대부흥운동의 기폭제가 되었고, 새벽기도회를 시작하였던 초기 한국교회 설교자요 부흥사였다.

> Mokpo, Korea,
> November 16, 1933.

Dear Friend:

Tonight after supper in our home in Mokpo, Korea, our three children have been giving us some Christmas music. Accompanied by piano and violin children's voices have been echoing the songs of the angels.

At the Christmas season not only in the missionary's home but in many a Korean home is heard the grand old tune of "Joy to the World, the Lord is come", and other Christmas melodies. Truly we can say in the words of the prophet, "From the uttermost part of the earth have we heard songs, Glory to the righteous one."

While we are gratefully rejoicing because God has given us His Son, and with Him freely given us all things, we are continually faced with the solemn fact that in my evangelistic field alone are about 42,000 non-Christian homes which do not know the great joy heralded by the angel at the birth of Christ 2000 years ago.

Trusting in the Lord Jesus Christ for strength we press on in the grand enterprise of spreading the good tidings of

한국, 목포
1933년 11월 16일

사랑하는 친구들에게,

오늘밤 목포 우리 가정에서 저녁식사 후 세 아이가 크리스마스 곡을 연주해 주었습니다. 피아노와 바이올린과 함께 아이들의 목소리는 천사들의 노래가 되어 울려 퍼지고 있습니다.

크리스마스 시즌에는 선교사의 가정뿐만 아니라 한국 많은 가정에서 "기쁘다 구주 오셨네"와 여러 성탄의 노래가 울려 퍼집니다. 진실로 선지자의 말씀처럼 "땅 끝에서부터 노래하는 소리가 우리에게 들리기를 의로우신 이에게 영광을 돌려졌습니다." [43]

우리는 하나님이 그의 아들을 우리에게 주신 것을 감사하며, 그분과 함께 모든 것을 자유롭게 받았지만, 우리는 여전히 우리 전도구역[44]에 42,000개의 불신자 가정이 존재하며, 이들은 2,000년 전 그리스도의 탄생 때 천사들에 의해 전해진 기쁨을 알지 못한다는 심각한 사실과 마주하게 됩니다.

---

[43]
사 24:16

[44]
조하파 전도 구역: 조하파 선교사는 목포 선교부에 소속되어 있으면서 목포 동부지역인 영암, 강진, 장흥 지역이 담당구역이었다.

great joy in Korea, telling how "He left the choir and the anthems above, For the earth with its wailing and woe, How He suffered the pain and shame of the cross, How He died for the life of His fœs." Last weekend was spent at a new place in the midst of a group of unevangelized villages where catechumen examinations were held for the first time. According to our schedule next Sunday we hope to see elders elected for the first time in a church located in an important center. The following Sabbath a congregational meeting is to be convened in another church with a view to calling its first native pastor.

At the twenty-second meeting of the General Assembly of the Korean Presbyterian Church held recently the following objectives were included in the Evangelistic Forward Movement program for the coming year

① Special emphasis on the instruction of the children in the fundamental doctrines of the faith thru the catechism.

② Individual Christians to make special efforts to win the members of their immediate families and intimate friends to Christ.

The music of the Gospel must increasingly resound over all the world until "every nation and tribe and tongue and people" join in the grand oratorio of victory.

주님 예수 그리스도께서 우리에게 힘주심을 믿고 한국에서 큰 기쁨의 복음을 전파하는 위대한 사역을 계속 진행하고 있습니다. 그분이 "하늘 영광을 떠나, 통곡과 비애로 가득한 이 세상을 위해 십자가의 고통 겪으시고, 그가 어떻게 그의 대적들의 생명을 위하여 죽으셨는가"를 전하는 것입니다.

지난 주말에는 전도되지 않은 마을 가운데 새 장소에서 문답이 처음 진행되었습니다. 우리 일정으론 다음 주에 중요한 지역 교회에서 첫 번째 장로 선출을 기대하고 있습니다. 그 다음 주일에는 다른 교회에서 첫 번째로 한국인 목사를 청빙하기 위한 공동의회가 소집될 예정입니다.

최근에 개최된 조선예수교장로회 제22차 총회에서는 다음 해를 위한 복음적 전진운동 프로그램에 다음과 같은 목표를 결정하였습니다.

① 교리문답을 통해 신앙의 기본 교리를 어린이들에게 가르치는 데 특별히 중점 두기.

② 그리스도인 개인은 가족과 가까운 친구들을 그리스도께로 이끄는 노력을 기울이기.

복음의 노래는 "모든 민족과 족속과 방언과 백성"이 모여 승리의 성가에 동참할 때까지 전 세계에서 점점 더욱 울려 퍼져야 합니다.

"예언자들에게 옛날부터 보였던 것처럼,

"For lo, the days are hastening on,
By prophets seen of old,
When with the ever-circling years,
Shall come the time foretold,
When the new heaven and earth shall own
The Prince of Peace, their King,
And the whole world send back the song,
which now the angels sing."
Each member of our family joins me in wishing you a most happy Christmas and New Year.
Yours in His service,

Joseph Hopper.

날이 점점 다가오고 있으니,
세월이 흘러
예언된 시간이 오게 될 때,
천국과 땅이 지금처럼
완전한 평화의 왕,
그들의 왕을 인정할 것이며
온 세상이 천사들의 노래로 가득하게 될 것입니다."
우리 가족 모두가 함께 당신의 행복한 크리스마스와 새해를 기원합니다.
주님의 사역 안에서 당신의 섬김으로서,

조하파

> Mokpo, Korea,
> August 24, 1934.

Dear Friends:

Each American mail for July has brought me a shower of birthday cards. They have come from all the states of the South and South-west. The only vacant places in the address book given for this purpose are under the letters Q, U, V and X. It would be impossible for me to thank you in a separate letter so I am taking this means.

There are many beautiful cards with appropriate birthday wishes, many interesting letters, some enclosing lovely handkerchiefs, all of which I appreciate very much indeed.

Some of you asked me to write you about my work.

A missionary wife and mother should be my classification as most of my work is in the home. Mr. Hopper has a country field covering three counties with a population of over 200,000. He has to be away from home a great deal.

 His food and bedding must be prepared for the trips. After a stay usually of ten days he returns for a few days, and I must help him to pick up the threads of what has happened while he has been away.

한국, 목포
1934년 8월 24일

사랑하는 친구들에게,

7월에 도착한 미국 우편물마다 생일 카드를 폭풍우 쏟아지듯 엄청 받았습니다. 이 카드들은 미국의 남부와 남서부 여러 주에서 왔습니다. 제 생일을 위해 주소록에서 Q, U, V, 및 X로 시작하는 곳을 제외하고 모든 곳에서 생일카드를 받았습니다. 보내주신 분들마다 각각 개별적으로 감사의 답장을 보내 드려야 하지만, 그러지 못해 이렇게나마 감사 인사를 대신 전합니다.

멋진 생일 축하 메시지와 함께 보내주신 아름다운 카드와 편지들이 많이 왔습니다. 일부 편지에는 예쁜 손수건을 함께 동봉해 보내주셨지요. 이 모든 선물들에 정말로 매우 감사드립니다.

몇 분께서 제게 제가 하는 일에 대해 써 달라고 요청하셨습니다. 저는 선교사의 아내이자 어머니로서 주로 가정에서 일하고 있습니다.

조하파 목사는 20만 명 이상의 인구를 가진 세 개의 군을 담당하고 있어 자주 집 밖으로 사역을 나가야 합니다. 이를 위해 음식과 침구를 준비해야 합니다. 일반적으로 10일 동안 머무른 후에 돌아와서 그 동안의 사역 진행에 대해 이야기를 나눕니다.

We have three children, all of whom I have had to teach. Our older boy has finished the eighth grade, our girl the sixth, and younger boy the third. It has been my pleasure, too, this past year to prepare the food for two Korean babies whose mothers died.

The Korean knows nothing about artificial feeding and thinks that if the mother dies the baby must too. So many have marvelled at their growth.

One baby's mother had often helped me in auxiliary work in her church but her husband would not attend church and often drank.

Now he is a faithful attendant and is thankful to God for sparing his only son. The other baby is the son of the helper in the new little church where our family attends.

We pray his little boy will be another Moses to lead out his people into the promised land. It has been my privilege to work with the women of this church in the auxiliary.

We need your prayers. May you pray especially that the church have the faith to send out new missionaries. This will not only a blessing to the mission field, but we believe also to the home church.

저희 부부에게는 세 명의 자녀가 있으며, 이들에 대한 홈스쿨링은 모두 제가 맡고 있습니다. 큰아들은 8학년을 마치고, 딸은 6학년을 마쳤으며, 더 어린 아들은 3학년입니다. 작년 동안 저는 한국에서 어머니가 돌아가신 아기들을 위한 음식을 준비하는 것도 기쁨이었습니다. 한국인은 인공 수유에 대해 아무것도 모르고, 어머니가 돌아가면 아기도 함께 따라가야 한다고 생각합니다. 그래서 그들의 성장에 대해 많은 사람들이 놀라워했습니다.

한 아기의 어머니는 자주 교회에서 보조 업무를 도와주었지만, 그녀의 남편은 교회에 출석하지 않고 종종 술을 마셨습니다. 그러나 이제 그 남편도 신실하게 교회에 다니기 시작하였으며, 하나님께서 자신을 위해 유일한 아들 예수 그리스도를 보내주신 것에 감사하고 있습니다.

다른 아이는 저희 가족이 다니는 새로운 작은 교회[45] 조사의 아들입니다. 우리는 그의 작은 아들이 모세처럼 자신의 백성을 약속의 땅으로 인도할 또 다른 모세가 되기를 기도합니다. 이 교회의 여성 조력회와 함께 보조 업무를 수행하는 기회를 가지게 되어 영광으로 생각합니다.

여러분의 기도가 필요합니다.

---
45) 목포 연동교회

Please let me thank you again and wish each of you a successful year in your church work and individual lives. Yours in His service,

Annice Barron Hopper.

조하파 세 자녀, 배론(요섭), 마디아, 조지

특히 새로운 선교사들을 보내는 믿음에 대해 기도해 주시기를 바랍니다. 이는 선교지에만 축복이 될 뿐만 아니라, 우리는 이것이 미국 교회에도 복을 가져다줄 것으로 믿습니다.

다시 한 번 여러분에게 감사드리고, 여러분의 교회 일과 개인적인 삶에서 성공적인 한 해가 되기를 기원합니다.

진심으로,

조하파 부인(애니스 배런)

> Mokpo, Korea,
> September 17, 1934.

Dear Friends:

A brief sketch of a few of the activities of the past week (September10-17) will give you a cross-section of Korea missions in the early fall season.

Last Monday night, our station was delighted to welcome back from furlo Rev. D. J. Cumming and his bride, who was Miss Annie Shannon Preston, of Soonchun, Korea. She is a graduate of Agnes Scott College. Her arrival makes a most choice addition to the membership of our station.

The fall training class for the Bible women of our territory, under the leadership of Miss McMurphy, is in session now. My part in it is to teach a course in the fundamentals of the gospel to prepare these Bible women to present same to the country women.

Mrs. Hopper has been busy making final preparations for the sending of our older boy, Joe Barron, to Pyeng Yang School for children of missionaries. This school is a wonderful blessing to us. It is located in perhaps the largest mission station in the world, has a good faculty and equipment, and

한국, 목포
1934년 9월 17일

사랑하는 친구들에게

지난 주(9월 10일부터 17일까지)의 몇 가지 활동 개요는 한국 선교의 초기 가을 시즌을 획기적으로 보여줄 것입니다.

지난 월요일 밤에는 저희 선교부에서 커밍 목사와 그의 부인 애니 섀논 프레스턴 사모[46]를 다시 맞이하여 기쁨을 나누었습니다. 커밍 부인은 한국 순천 출신이며, 아그네스 스콧 대학에서 졸업한 분입니다. 그녀가 선교사로 목포에 온 것은 우리 선교부 구성원의 매우 뛰어난 보강이 되었습니다.

현재 우리 지역에서는 맥머피 양[47]의 지도로 전도부인을 위한 가

---

46)
커밍 부부: Cumming, Daniel James(김아각, 1892.12.17.~1971.1.18.). 버지니아 출신의 커밍 선교사는 1918년 4월 내한하여 목포와 광주에서 1966년까지 48년간 헌신하였다. 그의 동생 부르스 커밍(김아열) 역시 목포와 광주에서 사역하였다. 다니엘 커밍 목사는 1934년 5월 19일 프레스턴(변요한) 선교사의 셋째 딸인 애니 섀논 프레스턴(Preston, Annie Shannon, 변애례, 1907.10.21~2003.12.8.)과 결혼후 함께 내한, 선교하였다. 커밍의 사위는 노스캐롤라이나주 블랙마운틴에서 선교사 후손들 모임을 섬기고 있는 제임스 린턴(휴 린턴 아들) 장로이다.

47)
맥머피 양: Miss. McMurphy, Ada Marietta(명애다, 1893.12.26.~1970.1.18.). 아이오와주 포트메디슨 출신의 맥머피는 1912년 6월 내한하여 목포에서만 1958년까지 46년간을 독신으로 지내며 사역하였다.

excellent Christian influences.

On Saturday, accompanied by Joe Barron and my country cook, I went to the country, travelling by boat and on foot to a little village in the heart of an unevangelized section of my territory. Here a native evangelist and his family are located. Saturday night I preached to a packed house. Sunday Dr. Newland joined us, having walked from a point about six miles away to worship with us, see the work, and talk with us in the interest of evangelism in this section. During the day we conducted two services, received three catechumens, baptized three adults, administered the Lord's Supper, and heard two recitations of the child's catechism. After the service last night we had a fine night's rest, a good net protecting us from the chorus of mosquitoes surrounding us.

In the course of the week a little tennis for recreation, fresh news from America, and now and then some music with the children have made enjoyable and helpful diversions.

Yours in His service,

Joseph Hopper.

을 훈련반이 진행되고 있습니다. 저의 역할은 이 훈련반에서 기초적인 복음에 대한 강의를 담당하여 이 전도부인들이 시골 여성들에게 잘 전도할 수 있도록 준비하는 것입니다.

제 아내는 우리 장남 조요섭을 선교사 자녀 위한 평양외국인학교로 보내기 위해 마지막 준비를 하고 있습니다. 이 학교는 우리에게 큰 축복입니다. 세계에서 가장 큰 선교지 중 하나에 있으며, 우수한 교직원과 시설, 그리고 훌륭한 기독교적 영향력을 가지고 있습니다.

토요일에는 조요섭과 함께 시골 요리사를 동행하여 배와 도보로 우리 영역에서 미전도 지역인 작은 마을로 갔습니다. 이곳에는 한국인 전도사와 그의 가족이 거주하고 있습니다. 토요일 밤에는 가득 찬 교회에서 열심히 설교했습니다.

일요일에는 뉴랜드 목사[48]가 약 6마일 정도 걸어와 우리와 함께 예배하고 일하며 이 지역에서 전도를 위한 관심을 나눴습니다. 그 날 동안 두 차례 예배를 진행했고, 세 명의 학습자를 받아들이고, 세 명의 어른에게 세례를 베풀었으며, 주의 성찬을 하였습니다. 그리고 어린이들이 요리 문답을 두 차례 암송하였습니다.

---

48)
뉴랜드 목사 : Rev. Newland, LeRoy Tate(남대리, 1885.3.7.~1969.6.16.). 아이오와주 갈바 출신의 뉴랜드는 1911년 8월 아내 사라 앤드류스와 함께 내한하여 1939년까지 목포와 광주 중심으로 전도 사역을 펼쳤다.

1957년 조마구례 35주년 명애다 45주년 계화삼 대만 파송식

어젯밤 예배 후에는 모기로부터 막아주는 좋은 망사를 이용하여 편안한 휴식을 취했습니다.

이번 주 동안은 여가를 위한 테니스와 미국에서 온 새로운 소식을 받아보며, 가끔은 아이들과 함께 음악을 즐겨 여러모로 의미 있는 시간을 보냈습니다.

주님의 사역 안에서 당신의 섬김으로서,

조하파

> Mokpo, Korea,
> November 20, 1934.

Dear Friend:

As the Christmas season approaches that word of the gospel prophet Isaiah, quoted by Matthew in verifying the virgin birth of Jesus, comes fresh to our minds, "And they shall call his name Immanuel, which is being interpreted, God with us."

We rejoice that all victories of missions and evangelism find their source and strength in "the fountain filled with blood, Drawn from Immanuel's veins." As that flaming evangelist, John Wesley, breathed his last he exclaimed, "The best of all is, God is with us." David Livingstone said, "Shall I tell you what sustained me in my exiled life among strangers whose language I did not understand?" It was this that comforted me at all times - "Lo, I am with you always."

In this jubilee year of Protestant missions in Korea the Korea Mission points to Immanuel and praises Him far a half a century of mighty works in the Land of the Morning Calm. Your missionaries gratefully add their personal testimony to the victories of Immanuel during the year now

한국, 목포
1934년 11월 20일

사랑하는 친구들에게

성탄절기가 다가오면서 마태가 동정녀의 예수 탄생을 증거하면서 인용한 이사야 선지자의 말씀이 우리 마음에 생생하게 다가옵니다. "그 이름은 임마누엘[49]이라 하리니 이는 해석하면 '우리와 함께하시는 하나님'이라 합니다."

우리는 모든 선교와 전도의 승리가 "샘물과 같은 보혈은 임마누엘 피로다"에서 비롯되고 힘을 얻는다는 것에 기쁨을 느낍니다. 그 열정적인 전도사, 존 웨슬리가 마지막 숨을 거두며 외쳤습니다. "가장 중요한 것은, 하나님이 우리와 함께 계신다는 것입니다." 또한, 데이비드 리빙스톤은 말했습니다. "나는 이해할 수 없는 언어를 사용하는 이방인들 사이에서 추방 생활을 하는 동안 나를 지탱한 것이 무엇인지 말해 드릴까요? 언제나 이것이 나를 위로했습니다. '보라 내가 너와 항상 함께 있으니.'[50]"

한국의 기독교 선교 50주년을 맞는 이 기쁜 해에 한국 선교는 임

---

[49]
사 7:14

[50]
마 28:20

drawing to a close. Here are a few random instances of recent date

The first paragraph of a letter received last week from our boy who is a freshman in high school in Pyengyang reads something like this:

"I just got back from Sunday school. On the way back I watched Mr. Malsbary and several school boys on the street preaching. He was preaching hard to a man to whom he had been talking for an hour and who finally decided to believe. His helpers were all preaching to groups, too."

About ten days ago an elder in one of our churches, who is quite aggressive in evangelism, was released from a 20 day imprisonment. The following day he came to see me and told me a little of how he spent the time. He fasted for six days. He read most of the Old Testament, memorized the sermon on the mount, First Corinthians chapter fifteen, and all of the Epistle to the Ephesians. This reminds me of another helper of mine who some years ago was imprisoned for a short time. The day he was released he came to my study, and upon his knees he recited perfectly the shorter catechism, for which he received as a reward a copy of the Old Testament. One month ago I had the pleasure of ordaining and installing this man as an elder in one of our

마누엘을 가리켜 아침의 고요한 땅에서 반세기 동안 벌어진 위대한 일들을 찬양합니다. 선교사들은 마무리되어 가는 이번 해 동안 임마누엘의 승리에 대한 개인적인 간증을 감사의 마음으로 이어갑니다. 여기에는 최근 일부 사례가 있습니다.

지난주에 받은 평양외국인고등학교 1학년생인 우리 아들 편지의 첫 단락은 다음과 같습니다.

"제가 방금 주일학교에서 돌아왔어요. 돌아오는 길에 말스베리 선생[51]님과 몇 명의 학생들이 길가에서 설교하고 계셨어요. 그는 한 시간 동안 한 남자에게 말씀을 전하며 열심히 전도했는데, 결국 그가 결국 믿기로 한 것 같았어요. 그의 조력자들도 무리에게 설교하고 있었어요."

약 10일 전에 전도 활동에 매우 적극적인 한 교회 장로가 20일의 구금에서 석방되었습니다. 다음 날 그는 저를 찾아와 그동안의 시간에 대해 조금 얘기해 주었습니다. 그는 6일간 금식을 하였고, 구약 대부분을 읽었으며, 산상수훈, 고린도전서 15장, 에베소서 전체를 암송했습니다.

이것은 몇 년 전에 나의 조사 중 한 명이 잠시 구금되었던 일을 생각나게 합니다. 그가 석방된 날, 그는 제 연구실에 찾아와 무릎을

---

51) 말스베리 선생: Malsbary, Dwight Romayne(마두원, 1899.5.22.~1977.7.28.). 켈리포니아 스톡턴 출신의 말스베리는 음악 전공자로 1929년 9월 내한, 평양외국인학교와 숭실전문학교에서 음악교사로 활동하였다. 특별히 그는 거리 전도에 열정적인 선교사였다.

churches.

To witness last Sunday a struggling little church calling its first pastor, and to hear that night a clear, forceful sermon by one of our seminary students on that all important theme, "The Blood of Jesus", reassure us of the presence and power of the Living Christ in our grand enterprise of possessing Immanuel's land.

"Let the world take up the story, Christ has come the Prince of Glory, Come in humble hearts to dwell, God with us, God with us, God with us, Immanuel."

With every good wish for a most happy Christmas and New Year from the Hopper family in Korea.

Yours in His service,

Joseph Hopper.

끓고 짧은 교리문을 완벽하게 암송해서, 구약성경을 상으로 받았습니다. 한 달 전에 제가 이 분을 교회의 장로로 올리고 안수했습니다.

지난 주일에 작은 교회가 초대 목사를 청빙하기 위해 몸부림치는 것을 목격하고, 그 저녁에 우리 신학교 학생 중 한 명이 "예수의 피"라는 중요한 주제로 명확하고 강력한 설교를 들었습니다. 이는 우리가 임마누엘의 땅을 소유하기 위한 위대한 사역에서 함께하시는 살아계신 그리스도의 존재와 권능을 다시 한 번 확신시켜 주었습니다.

"세상아, 이야기를 전해라. 그리스도께서 영광의 왕으로 오셨다. 겸손한 마음으로 와서 우리와 함께 거하시오. 우리와 함께하시는 하나님, 우리와 함께하시는 하나님, 우리와 함께하시는 하나님, 임마누엘"

한국의 우리 가족 모두는 여러분에게 가장 행복한 크리스마스와 새해되길 기원합니다.

주님의 사역 안에서 당신의 섬김으로서,

조하파

Mokpo Korea,
June 1, 1935.

Dear Friends:

Day before yesterday I returned from my last country trip of this season. Let me tell you briefly of two experiences of this trip.

First, was a visit to a village where probably no missionary had ever spent the night. Such villages are not hard to find in our territory. The way had been prepared for my visit. For some months a fine young Korean evangelist, who was the honor man at our Mokpo Bible Institute this year, and whose wife is a graduate of our mission school in Kwangju, had been going to this village and preaching the gospel. A young man of the village had become interested and decided to believe. He had some ear trouble and was led to come to our Mokpo hospital for treatment. While here he came in touch with the missionary. In the course of time his wife and his mother, and another member of the family professed faith in Christ. Last Monday I was a most welcome guest in this young man's native village, and in his home where I spent the night. It was my privilege to receive him and four others

한국, 목포
1935년 6월 1일

사랑하는 친구들에게

얼마 전, 이번 시즌의 마지막 시골 전도여행에서 돌아온 지 일주일도 되지 않았습니다. 이번 여행 중 두 가지 경험을 간단히 소개해 드리겠습니다.

첫 번째로, 아마도 한 번도 선교사가 밤을 묵은 적이 없을 걸로 생각되는 한 마을을 방문한 일입니다. 이러한 마을은 우리가 담당하는 지역에서 쉽게 찾을 수 있습니다. 저는 방문하기 전에 이미 준비가 되어 있었습니다.

몇 달 동안 우리 목포 성경학원 올해 졸업생인 한국인 전도자와 그의 광주 선교학교[52] 졸업생인 아내는 이 마을에서 복음을 전파하고 있었습니다. 그는 복음에 관심을 두고 믿음을 갖게 되었습니다. 그의 귀에 문제가 있어 목포 병원에서 치료를 받게 되었습니다. 여기서 그는 선교사와 만나게 되었습니다. 시간이 지나면서 그의 아내와 어머니, 그리고 가족의 다른 구성원들도 그리스도를

---

52)
광주 선교학교: 서서평 선교사가 여성들을 전도부인으로 양성할 목적으로 1922년 세웠다. 후원자의 이름 Lois Neel을 빌어 이일성경학교라 하였다. 1961년 전주한예정성경학교에 통합되었고, 현재 전주 한일장신대학교로 지속하고 있다.

as catechumens, and to hear him recite the child's catechism. That night we were given the use of a public building of the village for an evangelistic meeting. It was packed with many standing on the outside. I tried to tell them in a clear, plain message the secret of victory over Satan(Rev.12:11). Such is just a glimpse of beginnings of a church in the heart of heathenism.

A second experience of this trip was quite different as to place, purpose and program. The place was the largest magistracy of this territory, in the heart of the granary of Southern Korea. In this growing place we have a strong church, a new church building, a wide-awake Sunday school and Woman's Auxiliary. Here on Wednesday was held a meeting of the officers of the churches of my evangelistic field, representatives being present from twenty-two places. After the business session, and the prayer service, there was held a farewell meeting for the missionary and his family who are due to leave for furlo soon. With the Korean pastor presiding they had an impressive program, voicing their appreciation of the missionary's work, presenting their parting gifts, and in fervent prayer commending the missionaries to the God of all grace. Although during the course of the years there come times when our relation to the

믿음으로 고백했습니다.

저는 지난 월요일에 이 젊은이의 고향 마을에서 매우 환영받는 손님이었고, 그의 집에서 그날 밤을 보냈습니다. 그와 다른 네 명을 세례자로 받아들이고, 그가 소요리문답을 암송하는 것을 들었습니다.

그 밤에는 마을의 공공건물을 빌려서 복음집회를 열었습니다. 밖에서도 많은 사람이 서서 지켜 보았습니다. 저는 명확하고 분명한 메시지로 사탄에 대한 승리의 비밀을 전달하려고 노력했습니다(요한계시록 12:11). 이것은 미전도 마을에서 교회가 시작된다는 서광의 빛을 보여주는 일이었습니다.

두 번째 경험은 장소, 목적 및 프로그램 면에서 다른 특징을 갖고 있습니다. 이곳은 이 지역의 큰 행정구역으로 한국 남부의 곡창지대입니다. 이 발전하는 지역에서 우리에겐 강력한 교회, 새로운 교회 건물, 활발한 주일학교와 여성 조력회가 있습니다.

이곳에서 수요일에는 우리 지역의 교회 일군들을 대상으로 한 회의가 개최되었습니다. 22곳의 지역을 대표하는 사람들이 참석했습니다. 업무 회의와 기도 시간 이후에는 곧 떠날 예정인 선교사와 그의 가족을 위한 작별 회의가 있었습니다. 한국인 목사가 주재하며, 감동적인 프로그램을 진행했고, 선교사의 공로에 대한 감사의 마음을 전하며, 작별 선물을 전달하고, 간절한 기도로 선교사들을 은혜의 하나님에게 맡겼습니다.

Koreans has its problems, due to some extent to differences in race, language and background, yet we wonder if any foreign missionaries have a happier relation to the people of their adopted land than do the missionaries in Korea.

The seventh year of our second term of service in Korea is now drawing to a close. As has already been intimated our furlo is due to begin this summer. We are indeed grateful to God for the years He has given us as representatives of the Cross on the far-flung battle line. At the same time we are thankful for the prospect of furlo with its privileges and opportunities. Providence permitting, we will leave Mokpo on June 17, going by way of the ports, Palestine and Europe, arriving in New York about September. Please remember us continually in your prayers as we go on this long trip, and pray that thru all the experiences of our furlo we may be better fitted for future service, and that thruout our furlo our witness wherever we are may be for the good of the Cause we represent - "that grand enterprise that interests all heaven." Looking forward to seeing you in America before very long.

Yours in His service,

Joseph Hopper.

선교사와 한국인들 사이에는 종종 인종, 언어, 문화 차이 때문에 어려움이 있을 수 있지만, 아마도 한국에서 선교사들과 이룬 친밀함은 그 어떤 외국인 선교사들보다 더 행복한 관계를 형성한 것일지도 모릅니다.

저희 두 번째 임기의 일곱 번째 해가 점점 마무리되고 있습니다. 이미 언급했듯이, 이번 여름에는 안식년을 시작할 예정입니다. 우리는 먼 곳에서 십자가의 대표로서 우리에게 주신 하나님의 모든 은혜에 감사합니다. 안식년의 기회와 가능성에 대해 또한 감사합니다. 하나님의 인도하심이 허락한다면, 저희는 6월 17일에 목포를 떠나서 항구를 거쳐 팔레스타인 및 유럽을 지나 9월경 뉴욕에 도착할 예정입니다.

이 긴 여행 동안 저희를 위해 지속해서 기도해 주시기 바랍니다. 또한 안식년 동안의 모든 경험을 통해 저희가 미래의 사역을 위해 더욱 강화될 수 있기를 기도해 주시기 바랍니다.

안식년 동안 저희가 있는 곳에서 저희가 대표하는 사역을 위해 온전한 증인이 될 수 있기를 기도해 주시기 바랍니다.

곧 미국에서 만나길 기대하며

주님을 섬기는 이,

조하파

Rock Hill, South Carolina,
December 18, 1935.

Dear Friend:

The present date is of personal interest for a number of reasons.

1. Sixteen years ago today was our wedding day. Thru these years this union has been richly blessed. Today we as a family have numerous reasons for thanksgiving to the Giver of every good and perfect gift.

2. The above date reminds us that we have already had just about six months of our furlough. According to Dr. Egbert W. Smith, the main purposes of a furlough, in the order of their importance, are (1) Rest and recuperation, (2) Preparation for increased efficiency, (3) Deputation work.

Our trip home from Korea by way of the ports of Asia, Palestine, Egypt, the Mediterranean, and the British Isles, occupying about two and one-half months, contributed largely towards the accomplishment of the first two purposes. In addition to this have been our visits and fellowship with our home people, together with the opportunities in this country for physical renewal.

사우스캐롤라이나주, 록힐
1935년 12월 18일

사랑하는 친구들에게,

오늘은 여러 가지 이유로 특별한 날입니다.

1️⃣ 16년 전 오늘은 저희 결혼식이 있었습니다. 이 시간 동안 우리의 결합은 풍부한 축복이었습니다. 오늘, 우리 가족은 선하고 완전한 선물을 주신 분에게 감사하는 이유가 많습니다.

2️⃣ 위 날짜는 이미 우리가 안식년 휴가를 약 6개월 정도 보내고 있다는 것을 상기시킵니다. 스미스 박사[53]가 말한 바로는, 휴가의 주요 목적은 다음과 같은 순서로 (1) 휴식과 회복, (2) 효율성 증가를 위한 준비, (3) 위임 업무입니다.

한국을 출발하여 미국으로 가는 여행은 아시아, 팔레스타인, 이집트, 지중해 및 영국 제도의 항구를 거쳐 약 2개월 반 동안 진행되었습니다. 이 여행은 첫 번째 두 목적을 크게 달성하는 데 큰 도움이 되었습니다. 이 외에도 고향 가족들과의 만남과 교제, 그리고 육체적 회복을 위한 기회를 얻었습니다.

---

53) 스미스 박사: Dr. Smith Egbert W(1862~1944). 미남장로교 해외선교위원회 사무국장.

For the first term of the school year our children have been attending the Winthrop Training School, Rock Hill, Mrs. Hopper's home town, where our family has been happily situated for these months.

Both Mrs. Hopper and I have visited our supporting church, the Highland Presbyterian, Louisville, KY, and have made a number of missionary addresses mostly in Kentucky and South Carolina. The many opportunities given us to tell of the work in Korea are greatly appreciated. Our regret is that we are not able to accept all of them.

By way of preparation for increased efficiency I have already spent ten days at Union Seminary, Richmond, VA. I expect to return to Richmond January 1, 1936, to be joined by my family the latter part of the month. It is our plan to have Mission Court, Richmond, VA, our furlough headquarters for the second term of the school year.

3. A third reason for personal interest in the present date is that it means the Christmas season is upon us. Already there are resounding in our ears the Hallelujah choruses celebrating the coming of the King of Kings.

"Hark, ten thousand harps and voices
Sound the note of praise above;
Jesus reigns, and heaven rejoices;

첫 학기 동안 우리 아이들은 록힐[54]에 있는 윈드롭 학교에 다니고 있습니다. 이곳은 제 아내의 고향이자 이번 몇 달 동안 우리 가족이 행복하게 머물 곳입니다.

저희 부부는 우리를 후원하는 교회인 켄터키주 루이빌에 위치한 하이랜드 장로교회[55]를 방문했으며, 켄터키와 사우스 캐롤라이나를 중심으로 여러 곳에서 선교 보고를 하였습니다. 한국에서의 사역 소식을 전하게 된 많은 기회들에 대해 저희는 큰 감사함을 느끼고 있습니다. 유감스럽게도 모든 요청을 다 받아들일 수 없는 점이 안타깝습니다.

효율성을 높이기 위해 저는 벌써 버지니아주 리치먼드에 있는 유니언 신학교에서 열흘을 보냈습니다. 1936년 1월 1일에 저는 다시 리치먼드로 돌아가서 가족과 함께 머무를 계획입니다. 저희는 두 번째 학기를 위해 리치먼드의 미션 코트[56]를 휴가 동안의 숙소로 정하였습니다.

---

54)
록힐: 사우스캐롤라이나주 록힐(Rock Hill). 조하파의 아내 애니 배런의 고향이며 그녀는 이 도시의 윈드롭사범학교를 졸업하였다. 록힐의 로렐우드 공원에는 조하파 부부의 묘가 있다. 이 도시에 있는 록힐제일장로교회는 전주에서 사역한 잉골드 의사의 모교회다. 잉골드 의사는 첫 안식년을 보내고 1905년 한국으로 복귀하면서 록힐 고향의 딸기 모종을 가져와 전주 선교동산에 심었고, 이 계기로 우리나라에 딸기가 확산되었다.

55)
하이랜드 장로교회: 켄터키주 루일빌에 있는 교회로 조하파 목사가 한국 선교사로 오기 직전 임시목사로 사역한 적이 있다.

56)
미션 코트: Misson Court. 버지니아 리치먼드에 있는 선교사 안식관.

Jesus reigns, the God of love;
See, He sits on yonder throne;
Jesus rules the world alone.
Hallelujah! Hallelujah! Hallelujah! Amen."
Each member of our family joins me in wishing you a most happy Christmas and New Year.
Yours in His service,

Joseph Hopper.

③ 현재 날짜에 대한 개인적인 흥미를 가진 세 번째 이유는 크리스마스 시즌이 다가왔다는 것입니다. 이미 우리 귀에는 만왕의 왕의 오는 것을 축하하는 할렐루야 합창이 울려 퍼집니다.

"들으라, 수천 개의 하프와 목소리가
영광의 찬양으로 울려 퍼지네;
예수님이 통치하시고, 천국은 기뻐하며;
예수님이 사랑의 하나님으로서 세상을 다스리네;
보라, 예수님이 왕좌에 앉으셨네;
예수님은 홀로 세상을 다스리시네.
할렐루야! 할렐루야! 할렐루야! 아멘"

저희 가족 모두가 여러분의 행복한 크리스마스와 새해를 기원합니다.

주님을 섬기는 이,

조하파

> Mission Court, Ginter Park, Richmond, Virginia,
> May 12, 1936.

My dear Friends:

Recently word has come from our foreign mission office in Nashville, informing us that we have reservations on the steamship, "President Jackson," which is due to sail from Seattle on August 15. This means that only about three months are left of our furlo in America.

The furlo headquarters for our family for these three months, according to our present plans, will be as follows:

Mission Court, Ginter Park, from now until June 11.

Rock Hill, South Carolina, from June 12 to June 30.

Montreat, North Carolina, for the month of July.

Louisville, Kentucky, (2522 West Burnett Avenue) August l to August 10.

We expect to leave Louisville on August 10 and arrive in Mokpo, Korea, on September 1.

We are deeply grateful for the opportunities and blessings of our furlo year, and are thoroughly enjoying them. At the same time we rejoice in the privilege of returning to Korea and taking up our life and work again in a land where the

| Joseph Hopper |

> 버지니아 리치먼드 긴터 파크의 미션 코트
> 1936년 5월 12일

사랑하는 친구들에게,

최근 내슈빌에 있는 해외선교 사무국으로부터 소식을 받았습니다. 그 소식에 따르면, 우리는 8월 15일에 시애틀에서 출항 예정인 '프레지던트 잭슨'이라는 여객선에 예약되어 있습니다.

이는 미국에서의 휴가가 약 3개월 정도밖에 남지 않았다는 것을 의미합니다.

3개월 동안 제 가족의 계획은 다음과 같습니다.

미션 코트, 긴터 파크: 현재부터 6월 11일까지

사우스캐롤라이나 록힐: 6월 12일부터 6월 30일까지

노스캐롤라이나 몬트리트: 7월 전체

켄터키 루이빌 (웨스트 버넷 애비뉴 2522): 8월 1일부터 8월 10일까지.

우리는 8월 10일 루이빌을 떠나, 9월 1일 한국 목포에 도착할 예정입니다.

"우리는 안식의 기회와 축복에 깊이 감사드리며, 이를 즐기고 있습니다. 동시에 우리는 한국으로 돌아가서 복음이 극도로 필요한, 열망이 있는, 강력히 반대되지만 진실로 믿는 한국에서 다시 삶과

gospel is sorely needed, eagerly wanted, strongly opposed, and truly believed.

It would be fine if we could take some new missionaries to Korea with us.

Yours in His service,

Joseph Hopper.

사역을 시작할 기회를 기쁘게 여깁니다."

새로운 선교사들을 함께 한국으로 데려갈 수 있다면 좋을 것입니다.

주님을 섬기는 이,

조하파

Mokpo, Korea,
April 9, 1937.

My dear Friend:

The problems of our educational work in Korea have been so serious in character in recent months as to demand time, thought and prayer on the part of every member of our Mission. The visit of our Executive Secretary in this emergency was a most gracious providence. We were deeply impressed with the wonderful way he had been prepared for his work, and the thoroughly Christian, statesmanlike manner in which he met and accomplished his task. In the midst of radical changes, serious problems, overturnings and readjustments, it is great to know that Romans 8:28 still holds good.

A general survey of my country evangelistic field reveals a number of reasons for thanksgiving. Among them are the following:

1. A marked increase in attendance from my field at the union Bible class in the fall. This is an annual meeting for Bible study for one week, and is attended by Christians from three missionary circuits.

한국, 목포
1937년 4월 9일

사랑하는 친구에게,

최근 몇 달 동안 한국에서 우리 교육 사역의 문제가 심각하여, 우리 모두에게 시간과 생각, 기도가 필요할 정도였습니다. 이런 위기 상황에서 선교위원회 총무[57]가 방문해주셔서 정말로 놀라운 도움이 되었습니다. 총무는 이 일을 위해 얼마나 훌륭하게 준비되었는지, 그리고 얼마나 철저하게 기독교적이고 통찰력 있는 방식으로 임무를 수행했는지 깊이 인상 받았습니다.

급진적인 변화, 심각한 문제, 전환과 조정 속에서도 우리는 여전히 로마서 8장 28절이 유효하다는 것을 깨닫게 되어 기쁩니다.

제가 담당하는 전도 지역의 일반적인 조사 결과를 살펴보면 다음과 같은 감사 이유가 있습니다.

1️⃣ 가을에 열린 연합 사경회에 우리 지역에서 참여한 사람들의 출석이 매우 증가했습니다.

---

57) 총무: 미남장로교 해외선교부 총무 풀톤(Fulton, C. Darby). 일제의 신사참배 강요가 학교 교육에까지 미치자 1937년 미국에서 한국을 찾아 상황을 파악한 풀톤은 '신사참배는 우상숭배다'라며 성명서를 발표하고, 호남 5개 선교부에 있는 10개의 모든 미션 학교를 자진 폐교 조치하였다.

2. The movement sponsored by the officers of the churches in my territory to establish a similar class in the heart of the field. Several hundred yen have been contributed by the churches of the field, missionaries, and other interested friends for the building of a dormitory for those studying in this class. It is our hope that this movement will develop into a permanent institution for Bible study and inspirational meetings with an influence for good radiating throughout the entire field.

3. The gifts to the benevolent causes on the part of the churches of the field.

4. The character and work of the helpers. As a whole they have done good and faithful work in the field, and some of them have made marked progress in their preparation for future service. In addition to their regular program of work there have been seasons of special evangelistic meetings, the promotion of church building enterprises, and efforts to establish new meeting places. Two of our force have studied in the theological seminary for the winter term and two are now taking the spring term.

Besides my work of supervising this evangelistic field and itinerating among the churches, about two months of the past season have been spent in teaching and preaching in the

이는 세 개의 선교 구역[58]에서 기독교인들이 일주일 동안 성경 공부를 위해 참석하는 연례 모임입니다.

② 저희 지역 교회의 임원들이 후원하는 이 운동은 저희 지역 내에서 비슷한 사경회를 개최하기 위해 중심지에 설립을 목표로 합니다. 저희 지역의 교회, 선교사들, 그리고 기타 관심 있는 분들은 이 수업에 참석하는 사람들을 위한 기숙사 설립을 위해 수백 엔을 기부하였습니다. 저희는 이 운동이 영구적인 성경 공부와 영감을 주는 모임을 위한 기관으로 성장하며, 이를 통해 전 지역에 긍정적인 영향을 미치는 것을 희망합니다.

③ 지역 교회들이 자선 사업에 적극 기부하고 있습니다.

④ 조사들의 성품과 업무 전체적으로 보면, 그들은 지역에서 성실하고 훌륭한 일을 해왔으며, 그 중 일부는 미래 사역을 위한 준비과정에서 상당한 진전을 이루었습니다. 그들은 정규적인 업무 외에도 특별한 전도 모임, 교회 건축 사업, 새로운 모임 장소 설립을 위한 노력을 기울였습니다.

저희 팀 중 두 명은 겨울학기 동안 신학교에서 공부하였으며, 두 명은 현재 봄 학기를 이수중입니다. 저는 교회들을 관리하고 전도 지역을 담당하는 것 외에도, 지난 시즌 약 두 달 동안은 연례 사경회에서 가르치고 설교하는 일에 시간을 보냈습니다.

---

58) 조하파 목사는 당시 영암, 강진, 장흥 세 지역 담당 선교하였다.

annual Bible classes.

In this most important work we try ever to be sensitive to the opportunities and responsibilities that are ours. On the evening of Easter sabbath, during a ten day Bible class in Kunsan, I preached on the subject, "The Gospel of Life and Immortality." The next morning I was told that one man who was present at church the night before became seriously sick a little later, and had died in our hospital. As I think how quickly that man passed on into eternity after hearing me preach, some personal reflections are: Did I rightly divide the word of truth? Did I make the message clear and plain? Did I preach as a dying man to dying men? What a privilege was mine to tell that man of the risen, living Saviour, "Who abolished death, and brought life and immortality to light through the Gospel."

Through the year Mrs. Hopper has continued teaching our eleven year old boy, George. He has made good progress, as have our two older children in the Pyeng Yang School for missionaries' children, where they are honor students.

Yours in His service,

Joseph Hopper.

이렇게 가장 중요한 일을 할 때 우리는 항상 주어진 기회와 책임에 대해 민감하게 대처하려고 노력합니다. 그리스도의 부활을 기리는 부활절의 저녁에는, 군산에서 열린 열흘 동안의 연례 사경회에서 "영생과 복음의 생명"이라는 주제로 설교했습니다.

그 다음 날 아침, 교회에 참석한 한 남성이 이후 심각한 병으로 우리 병원에서 사망했다는 소식을 들었습니다. 이 사건을 통해 내가 진리의 말씀을 올바르게 전달했는지, 메시지를 명확하게 이해할 수 있도록 전달했는지에 대해 개인적으로 생각해보았습니다. 나는 죽어가는 인생들에게 죽음의 길에 서 있는 인간으로서 설교를 전했을까요?

그러나 그 남성에게 부활하신 살아계신 구세주에 대해 전할 기회가 있어서 얼마나 큰 영광이었는지 모릅니다. 구세주는 "죽음을 멸하시고 복음으로써 생명과 영생을 비추셨느니라"고 말씀하셨습니다. 올해 제 아내는 11살 아들 조지를 지도하고 있습니다. 조지는 큰 진전을 이루었습니다. 우리 두 아이 모두 평양의 선교사 자녀 학교에서 우수한 학생으로 성장하고 있습니다.[59]

주님의 사역 안에서 당신의 섬김으로써,

조하파

---

59) 조하파의 첫째 아들 배런과 둘째 딸 마디아는 평양외국인학교에 다녔고, 막내 조지는 목포에서 홈스쿨 중이었다.

Mokpo, Korea
November 8, 1937

My dear Friend:

Here I am about fifty miles from Mokpo, sitting in a little Korean room about seven feet square. My camp cot has just been prepared, and I expect to turn in soon. Hope the pig in the nearby pen will stop squealing soon, and that the roosters of the village will not begin their crowing too early tomorrow morning. Tonight in the city of Mokpo probably the only Americans are Mrs. Hopper and our eleven year old boy, George. Here we have just had a meeting with a small group of believers. Received a young man as a catechumen, and his wife and mother into full church membership. At a nearby place yesterday I baptized a young man and his wife and received their son as a catechumen. The Korean Church is apostolic in its emphasis on household salvation. So far this fall I have baptized thirteen infants. We are having a normal season in country evangelism.

Teaching in a week's Bible class in cach of three places in recent months has given me special opportunities of service which were greatly enjoyed. The first was at Sorai Beach

> 한국, 목포
> 1937년 11월 8일

사랑하는 친구에게:

나는 목포에서 약 50마일 떨어진 약 7피트 크기의 작은 한국식 방 안에 앉아 있습니다. 야외용 침대가 이제 막 준비되었고, 곧 잠자리에 들려고 합니다. 근처 우리 안의 돼지가 빨리 울음을 멈추고, 내일 아침엔 마을의 수탉들이 너무 일찍 울지 않기를 바라고 있습니다. 오늘 밤 목포 시내에는 아마도 제 아내와 우리 열한 살 아들 조지가 유일한 미국인일 것입니다.

오늘 우리는 소수의 신자들과 모임을 가졌습니다. 한 젊은이를 학습자로, 그의 아내와 어머니를 정식 교회 회원으로 받아들였습니다. 어제는 근처에서 젊은 부부에게 세례를 주고, 그 아들은 학습교인으로 받았습니다. 한국 교회는 가정의 구원을 강조하는 사도적 전통을 따릅니다. 이번 가을까지 저는 13명의 유아에게 세례를 주었습니다. 시골 전도 사역은 평소와 같이 진행되고 있습니다.

최근 몇 달간 세 곳에서 일주일씩 사경회를 인도하며 나는 특별한 사역의 기회를 기쁘게 누렸습니다. 첫째는 8월 소래 해변의 여름 휴양지에서 진행한 사경회입니다. 여기에는 한국과 동양 여러 지역에서 온 많은 선교사들이 모였습니다. 저는 이 모임을 이끌며

summer resort where in August there were gathered large numbers of missionaries mostly from Korea, and some from other parts of the Orient. It was my privilege to lead this group in the study of "A Royal Mile in Second Corinthians." Fellowship with this group was delightful. One evening at supper, with missionaries from China as host, was one guest from Manchukuo, one from Japan, and I represented Korea. One morning found me at breakfast with a group of former students of the Biblical Seminary in New York. This week of Bible study closed with a big attendance at the Sunday communion service, where were represented a number of Missions from different parts of the Orient.

The second class was in the heart of my own evangelistic field in September when 212 Korean were enrolled for a week's Bible study. Rev. B. A. Cumming and my sister were the other missionary teachers. This was the big field event of the fall season and was hailed as a great success. The gospel singing by the choir and big congregation under the leadership of Mr. Cumming was one of the most inspiring features. The good effects of this class are being felt far and wide in this territory.

The third week was at our annual union Bible class at Posung, where adjoining sections of Soonchun, Kwangju

고린도후서의 왕의 길에 대해 강의하였습니다. 이들과의 교제는 정말 즐거웠습니다.

어느 날 저녁 식사에서는 중국 선교사들이 주최한 모임에 만주, 일본에서 온 선교사들과 제가 한국을 대표해 참석했습니다.

또 어느 날 아침에는 뉴욕 성서신학교 출신의 옛 학생들과 아침을 함께했습니다. 이 주간 성경 공부는 동양의 여러 지역에서 온 선교사들이 함께한 주일 성찬 예배로 마무리되었습니다.

둘째는 9월에 제 담당 구역에서 열린 사경회입니다. 212명의 한국인이 등록해 일주일간 성경 공부를 했습니다. 브루스 커밍 목사와 제 누나 마가렛 하퍼 선교사도 함께 강사로 수고하였습니다. 이 사경회는 가을 행사로서 큰 성공을 거두었다고 평가받았습니다. 커밍 목사 인도로 성가대와 성도들이 부른 복음 성가는 매우 감동적이었습니다. 이 강의의 긍정적 영향이 이 지역 곳곳에 퍼지고 있습니다.

셋째는 보성에서 열린 연합 사경회입니다. 순천, 광주, 목포 인근 지역에서 함께 모여 성경 공부와 전도 사역을 진행했습니다. 여기에는 녹스 목사[60], 크레인 양[61], 제 누나와 제가 강사로 참여했습

---

60)
녹스 목사: Rev. Knox, Robert(노라복, 1880.3.3.~1959.3.1.). 텍사스 기딩 출신으로 1907년 프린스턴 신학교 졸업후 아내 메이 보든과 함께 1907년 11월 내한, 목포와 광주 중심으로 선교하였다. 녹스 목사는 나주, 함평, 무안, 화순, 보성 광양 등지 순회 전도사역을, 메이 보든 선교사는 수피아학교와 이일학교 교육 사역을 하였다.

and Mokpo join their forces for Bible study and evangelism. Dr. Knox, Miss Crane, my sister and I were the missionary force here. This year the famous Korean evangelist, Kim Ik Du, was the special attraction. Large crowds heard him make plain the way of salvation. Under the inspiration of these meetings a big sum of money was pledged for a new church building at Posung.

All this village seems to be quiet now with the exception of a cricket and the rats, and if my room does not get too hot with the rocks of the floor being so well heated from beneath, I believe I will have a good night of sleep.

So much for a cross section of the life and work of a missionary at the cross-roads of the Orient, For other news from the Orient, quite different in character from the above, I refer you to your daily paper.

Best wishes for a happy Christmas and New Year.

Yours in His service,

Joseph Hopper

니다. 올해는 유명한 한국 복음전도자 김익두 목사가 특별 강사로 초청되어 큰 관심을 모았습니다. 많은 이들이 그의 구원에 대한 명쾌한 설교를 들으러 모였습니다. 이 집회의 감화로 인해 보성에 새 교회 건물을 세우기 위한 큰 기부금도 모아졌습니다.

지금 마을은 귀뚜라미와 쥐 소리 외에는 조용합니다. 방바닥의 돌이 밑에서 너무 뜨겁게 가열되지 않는다면 오늘 밤은 편안히 잘 수 있을 것 같습니다.

이것이 동양에서 주의 길을 따르는 선교사가 걷는 삶의 모습입니다. 이와는 사뭇 다른 동양 소식은 매일 신문에서 보실 수 있을 것입니다.

즐거운 크리스마스와 새해가 되시길 기원합니다.

그분의 사역 안에서,

조하파

---

61)
크레인 양: Miss. Crane, Janet(구자례, 1885.7.23.~1979.11.11.). 미시시피주 야즈 출생하여 그랜즈래피즈 사범학교 출신의 교육자로 1919년 11월 내한, 전주와 순천에서 사역하였다. 여학교 교장 및 음악 지도, 성경학교 교사와 전도 사역을 병행하였으며 1954년까지 35년간을 독신으로 지내며 호남의 교회를 섬겼다. 4남매의 장녀였던 그녀를 따라 두 남동생(구례인, 구보라)도 호남 선교하였으며, 그들의 자녀들(구바울 등)까지 2대에 걸쳐 9명이 헌신한 전라도의 선교사 가족이다.

Mokpo, Korea
November 9, 1938

My dear Friends:

"Guidance may be by stops as well as by steps," said George Muller. The stops of a good man as well as his steps are ordered of the Lord." A big concern of your missionary in Korea now is to qualify as a "good man", so that he may be sure that the recent stops in his program of work, which have been so jarring, as well as the steps he has to take in the midst of present baffling conditions, are ordered of the Lord.

This week we bade farewell to Dr. J. S. Nisbet and family who are returning to America, and less than a month ago we said "Goodbye" to Rev. B. A. Cumming and his family who have also returned to the homeland. Dr. Nisbet, in his sermon in our station last Sunday, referred to his experience as a boy when he had military training in school. Obedience was the watchword of his commander. When ordered to march forward the boys had to go forward, even if it meant scaling over a rough pile of rocks. Or if it meant marching directly into a stone wall, the orders had to be obeyed, as

대한민국 목포
1938년 11월 9일[62]

사랑하는 친구들에게,

"인도하심은 발걸음뿐만 아니라 멈춤을 통해서도 이루어진다."고 조지 뮬러는 말했습니다. "착한 사람의 멈춤과 발걸음 모두가 주님의 명령에 따릅니다." 한국에서 사역하는 선교사의 가장 큰 관심사는 "착한 사람"이 되는 것입니다. 그래야만 최근 사역 프로그램이 예기치 않게 중단된 일들과 현재의 복잡한 상황 속에서 앞으로 나아가야 할 발걸음이 모두 주님의 계획 안에 있다는 확신을 가질 수 있습니다.

이번 주 우리는 안식년차 미국으로 돌아가는 니스벳 박사[63]와 그의 가족을 환송하였습니다. 그리고 한 달도 안 되어 부르스 커밍 목사 가족도 미국으로 갔습니다. 지난주 우리 선교지에서 니스벳

---

62) 이 글은 "프레스바이테리안" 1939년 3월호에도 실렸다.

63) 니스벳 박사: Rev. Nisbet, John Samuel(유서백, 1869.8.6.~1949.12.20.). 사우스캐롤라이나주 랭카스터카운티 출신으로 사우스웨스턴장로대학에서 신학을 공부하고 1907년 아내와 함께 내한하여 전주와 목포에서 사역하였다. 무안과 함평 순회 사역하였으며 아내 애너벨 메이저(유애나)는 목포정명학교 교장을 역임하였다. 유애나는 1920년 사망하였고, 니스벳 목사는 1921년 엘리자베스 워커와 재혼하였다.

they marched right up to the wall and stood there marking time. In Korea now we have our orders to go over the rough rock piles, not around them, and to march into the stone walls. What we are seeking to do is simply to obey in both the stops and the steps.

Such obedience is impossible in our own strength. We need your prayers as perhaps never before. The best thing you can do for us now is to pray for us. Kindly read 2 Thessalonians 3:1-2 as our request to you at this. time.

Letters and cards from you are deeply appreciated.

May the Christmas season be a most happy time for you, and the Now Year rich in blessings.

Yours in His service,

Joseph Hopper & Annis Barron Hopper.

P. S.

Here is just a little more of a personal nature. Our older boy, Joe is a freshman at Davidson College. Our daughter, Mary, is senior in high school, Pyongyang, Korea.

George, age twelve, is still taught at home by his mother. I am scheduled to teach a term in our Theological: Seminary

박사님이 설교하실 때, 어린 시절 학교에서 군사 훈련을 받았던 경험을 말씀하셨습니다. 그 훈련에서 지휘관의 가장 중요한 구호는 복종이었습니다. 진군 명령이 떨어지면, 거친 바위더미를 기어오르더라도 소년들은 앞으로 나아가야 했습니다. 혹은 돌담을 향해 진군하라는 명령이 떨어지면, 멈추지 않고 담까지 전진해 그대로 멈춰 서서 대기해야 했습니다.

지금 한국에서 우리는 거친 바위더미를 우회하지 않고 넘으라는 명령을 받았습니다. 그리고 돌담을 향해 행진하라는 명령도 받았습니다. 우리가 하려는 것은 그저 멈출 때나 나아갈 때나 주님의 뜻에 순종하는 것입니다.

이 순종은 우리의 힘만으로는 불가능합니다. 그래서 여러분의 기도가 어느 때보다 필요합니다. 지금 저희를 위해 가장 큰 힘이 되어줄 일은 기도해 주시는 것입니다.

데살로니가후서 3장 1-2절을 읽으시면서, 이 시기에 저희가 드리는 기도 요청으로 받아주십시오. 여러분의 편지와 엽서는 저희에게 큰 힘이 됩니다. 이번 성탄절이 여러분께 가장 행복한 시간이 되길 바라며, 새해에는 축복이 가득하길 기도합니다.

그분의 사역 안에서,

조하파와 애니스 배런

in Pyongyang after Christmas. Whether the way will be clear for the Seminary to carry on remains to be seen.

Just now we have been listening to the broadcast of the Shanghai Evening Post which told us the result of American elections on Tuesday November 8th (yesterday).

추신:

여기 조금 더 개인적인 이야기를 덧붙입니다. 우리 큰아들 조는 현재 데이비슨 대학의 신입생입니다. 딸 메리는 평양의 고등학교 졸업반에 있습니다. 열두 살 된 조지는 여전히 집에서 어머니가 가르치고 있습니다. 저는 성탄절 이후 평양 신학교에서 한 학기 강의를 할 예정입니다. 하지만 신학교가 계획대로 운영될 수 있을지는 두고 봐야 합니다.

방금 우리는 11월 8일(어제) 있었던 미국 선거 결과를 전해주는 상하이 이브닝 포스트 방송을 들었습니다.

> Mokpo, Korea
> March 23, 1939

My dear Friend:

This is being written on the train en route to Mokpo. A high government official, whom I have just had the pleasure of meeting, and his party were in the same coach with me, got off this train just a little while ago to go to Kwangju. By mistake my overcoat was carried off with them, but it was discovered too late to get it to me before the train left their Station. At the next big station there was a message for me saying that the overcoat would be sent on to me at Mokpo. I am sure it will be received in good shape, and probably the affair will be concluded by most courteous regrets and apologies.

This morning while sitting on the platform in the McCutchen Memorial Bible School chapel, Chunju, as guest speaker at the graduating exercises of the Bible School for Women, I was reminded that it was nineteen years ago today since Mrs. Hopper and I first landed in Korea. Then Korea's need of the gospel was great, and the opportunities for preaching it unlimited, Today the need appears to be

| Joseph Hopper |

대한민국 목포
1939년 3월 23일

사랑하는 친구에게,

목포로 가는 열차에서 이 편지를 쓰고 있습니다. 방금 만난 한 고위 공무원과 그 일행이 저와 같은 칸에 타고 있다가 광주로 가기 위해 조금 전 이 열차에서 내렸습니다. 그들 일행이 실수로 제 외투를 가지고 나갔는데, 그 사실을 알아챘을 때는 이미 열차가 역을 떠난 후였습니다. 다음 큰 역에 도착했을 때 저에게 외투를 목포로 보내주겠다는 메시지를 받았습니다. 외투를 잘 받을 수 있을 것이며, 아마 매우 정중한 사과와 함께 이 일이 마무리될 거라 생각합니다.

오늘 아침 저는 전주에 있는 매커첸[64]기념 성경학교 채플에서 졸업식 초청 연사로서 연단에 앉아 있는 동안, 오늘이 제 아내와 한국에 온 지 꼭 19주년이 되는 날임을 떠올렸습니다.

---

64)
매커첸: Rev. McCutchen, Luther Oliver(마로덕, 1875.2.21.~1960.11.20.). 사우스캐롤라이나주 비숍빌 출생하여 리치몬드 유니언 신학교와 콜롬비아 신학교를 졸업하고 목사가 되었다. 1901년 내한 목포와 전주에서 사역하였다. 전북 동부지역을 30여년 순회 선교하였고, 특히 전주에 성경학교를 세워 교역자 양성하는 일에 헌신하였다. 1902년 결혼한 아내 하운셀(마요셉빈)은 남감리교 출신으로 서울 배화여고 교사를 지내다 결혼이후 남장로교 소속으로 전주에서 한예정성경학교장 등을 지내며 1940년까지 선교하였다.

even greater, and we are challenged by many "hampering restrictions."

It was a delight to see a fine group of girls and young women, three from the higher school and eleven from the lower, complete their Bible courses today, and receive their diplomas from Mrs. McCutchen. It had been my privilege some time ago to baptize two of the graduates who are from Mokpo territory.

Yesterday I was in Seoul for the semi-annual meeting of the Christian Literature Society Board. There we greatly missed our Mission's representative in the Christian Literature Society, Dr. W. M. Clark, who is detained in America on account of ill health.

My chief work for some weeks has been teaching the Bible in our neighboring station of Kwangju. What grade would you have made on the following test if you had taken it with one of my classes?

1. What is the subject of each of the following books: Nahum, Habakkuk, Zephaniah and Haggai?
2. Select a golden text for each of the above.
3. Compare the books of Nahum and Jonah.
4. Give two lessons from Nahum.

그 당시 한국은 복음을 절실히 필요로 했고, 전파할 기회도 무궁무진했습니다. 그러나 오늘날 필요는 더 커져 보이고, 여러 가지 제약과 방해가 도전 과제로 다가오고 있습니다.

오늘 성경 과정을 마치고 메커첸 여사(조세핀 하운셀)로부터 졸업장을 받은 고등반 3명과 초등반 11명의 소녀와 젊은 여성들을 보는 것은 큰 기쁨이었습니다. 이들 중 두 명은 목포 출신으로 제가 예전에 세례를 준 학생들입니다.

어제는 서울에서 열린 조선예수교서회의 반기 회의에 참석했습니다. 이번 회의에서 저희는 서회에 소속된 우리 선교부의 대표인 클락 박사님의 부재를 크게 느꼈습니다. 클락 박사님은 건강 문제로 미국에 계십니다.[65] 몇 주간 저는 광주에 있는 인근 선교지에서 성경을 가르치는 일에 주력했습니다. 만약 여러분이 제 수업에 참여해 다음 시험을 봤다면 어떤 성적을 얻으시려나요?

1. 다음 책들(나훔, 하박국, 스바냐, 학개)의 주제는 무엇인가요?
2. 위 책들 각각에서 중요한 한 구절을 선택하세요.
3. 나훔과 요나서를 비교하세요.

---

65) 클락 박사: Rev. Clark, William Monroe(강운림, 1881.9.5.~1965.8.25.). 앨라배마주 그린즈버러 출생하여 1909년 8월 내한하였다. 전주선교부에서 전북 동부지역 순회전도와 전주 신흥학교장을 역임하였다. 특별히 1923년부터 조선예수교서회 총무로 한국기독교 출판 사역에 헌신하였는데, 1937년 2월 망막 질환으로 치료차 미국에 건너갔고 이후 오른쪽 눈이 실명되어 선교사역을 더 이상 하지 못했다.

5. What are the two divisions of Habakkuk?
6. What do the concluding verses of Habakkuk teach about faith?
7. Give three big words of Zephaniah.
8. What does Zephaniah teach about the day of Jehovah?
9. What was the effect of Haggai's first address?
10. What promises are found in Haggai's second address?

Next week I am scheduled to begin some teaching in First Samuel and First Peter. "For the word of God is living, and active....

Recently the visit of Dr. H. Kerr Taylor in our home and station and Mission was a big event for us. What a mine of information he brought us from America, Africa, India, China and Japan! For yourselves just add Korea as a climax to this list, and be sure to hear the latest from him at your first opportunity. He will answer all those questions in your mind.

Yours in His service,

Joseph Hopper.

P.S. Next Morning (March 24) Overcoat received.

4. 나훔서의 두 가지 교훈을 적으세요.

5. 하박국서의 두 가지 구분은 무엇인가요?

6. 하박국서의 마지막 구절은 믿음에 대해 무엇을 가르치나요?

7. 스바냐서의 세 가지 주요 단어를 적으세요.

8. 스바냐서는 여호와의 날에 대해 무엇을 가르치나요?

9. 학개서의 첫 번째 설교의 효과는 무엇이었나요?

10. 학개서의 두 번째 설교에서 약속된 내용은 무엇인가요?

다음 주부터는 사무엘상과 베드로전서를 가르칠 예정입니다. "하나님의 말씀은 살아 있고 운동력이 있습니다..."

최근 저희 집과 선교지를 방문한 테일러 박사의 방문은 아주 중요한 일이었습니다. 그는 미국, 아프리카, 인도, 중국, 일본에서 가져온 방대한 정보를 우리에게 전해주었습니다. 여러분도 이 목록에 한국을 추가하시고, 그와 처음 만날 기회가 있을 때 꼭 가장 최신 소식을 들으시길 권합니다. 궁금한 모든 질문에 그가 답해줄 것입니다.

그분의 사역 안에서,

조하파

추신: 다음 날 아침(3월 24일) 외투를 잘 받았습니다.

> Mokpo, Korea
> June 11, 1940

Dear Friend:

In the midst of hampering restrictions and well-known limitations, the past year (June 1939~June 1940) has been one of our busiest, most important, and most richly blessed since our coming to Korea in the spring of 1920. A few of the outstanding features of the year may be mentioned as follows:

During the course of the fall Mrs. Hopper and I took two country trips spending some days in personal evangelism. On the first trip we stopped at an inn, and worked in nearby villages in house to house visitation. At the second place there was no room in the inn for us, but a man living in a house by-the-side-of-the-road, whose daughter was a Christian, was kind enough to move out of his little room and let us occupy it. This hospitable old gentleman had a mind to believe, and although he was persecuted, has decided to become a Christian, attends church, and his influence is counting in his own family. It was a great privilege to take the message of salvation to this home. Only

> 대한민국 목포
> 1940년 6월 11일

사랑하는 친구에게,

제약과 잘 알려진 한계 속에서도 지난 한 해(1939년 6월 ~ 1940년 6월)는 우리가 1920년 봄 한국에 온 이후 가장 바쁘고 중요하며 축복이 가득한 시기중 하나였습니다. 이 기간의 몇 가지 주요 사건을 다음과 같이 요약해 볼 수 있습니다.

가을에 아내와 저는 두 번 시골 전도 여행을 다니며 며칠간 개인 전도에 전념했습니다. 첫 여행에서는 한 여관에 머물며 인근 마을의 집집마다 축호 전도를 했습니다.

두 번째 여행지에서는 여관에 방이 없었지만, 크리스천 딸을 둔 노신사가 길가 옆 집에 살고 있었고, 그가 기꺼이 자신의 방을 내주었습니다. 따뜻한 환대를 베푼 노신사는 믿음을 받아들일 준비가 되어 있었고, 비록 핍박을 받았지만 그리스도인이 되기로 결심하고 교회에 출석하며 가족에게 좋은 영향을 미치고 있습니다. 이 가정에 구원의 소식을 전할 수 있었던 것은 큰 축복이었습니다. 어제도 이 노신사가 저를 보러 목포까지 찾아왔습니다.

12월에는 광주에서 10일간 243명의 여성이 성경 공부와 영적 집회에 모였습니다. 제 아내는 사경회에서 강의를 하였고, 저는 아

yesterday the old gentleman called to see me in Mokpo.

In Kwangju in December for ten days 243 women gathered for Bible study and inspirational meetings. Mrs. Hopper assisted in the Bible class work, and my part was to lead the morning devotional periods and the night meetings. Never have we seen better interest in such a gathering from start to finish, nor have we ever had a clearer assurance of the working of the Holy Spirit.

Both Mrs. Hopper and I had a part in the Bible teaching in the Mokpo Institutes when for two months this spring, men and women, boys and girls, about 100 the first month, and 60 or 70 the second month, fed upon the Word of God. This was a most gracious season of blessing in our station.

Early in March it was our privilege to hold a six day meeting in Chunju in our Bible school for girls, which was closed a short time afterwards. We trust that each member of that promising student body will not forget the heart of the gospel emphasized in these meetings, namely, "Christ dying for us and Christ living in us."

Last December I was asked to prepare a commentary on Isaiah during the year 1940 for use by the Koreans, to be published in the series now in the process of preparation and publication. Since April 11, this has been my major work.

침 기도회와 저녁 집회를 인도했습니다. 처음부터 끝까지 이렇게 많은 관심과 성령의 역사하심을 경험한 적은 없었습니다.

목포 성경 학원에서도 아내와 저는 성경을 가르쳤습니다. 올봄 두 달 동안 남녀 어른들과 소년 소녀들 약 100명이 첫 달에, 60~70명이 두 번째 달에 하나님의 말씀을 듣고 자랐습니다. 이 기간은 목포 선교지에서 풍성한 은혜의 시간이었습니다.

3월 초에는 전주에 있는 여성 성경학원에서 6일간의 집회를 가질 수 있는 특권을 누렸습니다. 이 학교는 얼마 지나지 않아 문을 닫게 되었지만, 저는 학생들이 이번 집회에서 강조된 복음의 핵심인 "그리스도께서 우리를 위해 죽으시고 우리 안에 사신다."는 진리를 잊지 않기를 기도합니다.

지난 12월에는 1940년에 출판할 이사야서 주석을 준비해달라는 요청을 받았습니다. 이 주석은 현재 준비중인 출판물 시리즈의 일부로 출간될 예정입니다.

4월 11일 이후 저는 이 중요한 작업에 전념하고 있으며, 감사하게도 작업이 순조롭게 진행되고 있습니다. 이 멋진 작업을 위해 기도해 주시길 부탁드립니다. 빌립 집사가 이사야서를 통해 예수님을 전해 많은 이들이 믿음을 갖게 한 것처럼, 저희도 그렇게 전도할 수 있기를 기도합니다.

사역뿐만 아니라 저희 개인과 가족 모두에게도 많은 축복이 있었습니다. 첫째 조요섭은 데이비슨 대학교에서 2학년을 마쳤고, 둘

Am thankful to report good progress on this challenging task. Please remember in particular in your prayers this important work. Shall not we, like Philip the evangelist, beginning from this scripture of the prophet, so preach Jesus, that many will believe on Him?

Not only in the work, but as individuals and as a family, our personal blessings have been many. Joe Barron has had his second year at Davidson, Mary (Mardia) her first year at Agnes Scott, and George his first year high school, Pyeng Yang, each making a good record. "Jehovah hath done great things for us, whereof we are glad." (Psalm 126:3)

Yours in His service,

Joseph Hopper.

째 메리(마디아)는 아그네스스콧 대학교에서 첫해를 보냈으며, 셋째 조지는 평양 외국인고등학교 1학년을 마치며 모두 훌륭한 성과를 거두었습니다. "여호와께서 우리를 위해 큰 일을 행하셨으니 우리는 기뻐하노라."(시편 126:3).

그분의 사역 안에서,

조하파

> The Presbyterian Survey, May, 1943.
> "It Will Be Daybreak Soon"
> Our Last Twenty-five Years in Korea.

By Joseph Hopper.

On the border of chulla, the province in south-west Korea, the promised land of our Southern Presbyterian Church, is a beautiful mountain called Chidi-san. From our summer camp on this mountain, at an altitude of 4200 feet, we have on a clear day a wonderful view of southern Korea. Perhaps there may be sighted in the far distance a steamboat off the coast of Kunsan. In another direction, at a distance of about 75 miles, the top of another mountain, called Mudung-san, tells us that near-by is Kwangju station.

In the long valley's extending from the foot of Chidi-san through Soonchun and Chunju territory may be seen the shining streams, the green rice fields, and the smoke rising from. many a Korean village. In the near foreground, just in front of our camp, is Sunset Peak, an ideal place to study the book of Deuteronomy.

While it is not our privilege today to have such a view of our promised land in Korea, we may take a retrospective view across the past quarter of a century, and in its history,

> 프레스바이테리안 서베이, 1943년 5월.
> "곧 새벽이 밝을 것이다" 한국에서의 마지막 25년.

조하파 목사.

한국의 남서쪽 지방, 전라도 경계에 우리 남장로교 선교회의 약속의 땅인 지리산[66]이라는 아름다운 산이 있습니다. 해발 4,200피트의 이 산에 있는 여름 캠프에서 맑은 날에는 한국 남부의 멋진 풍경을 감상할 수 있습니다. 아마도 멀리서 군산 앞바다에 있는 증기선이 보일지도 모릅니다.

다른 방향으로, 약 75마일 떨어진 곳에 무등산이라는 또 다른 산의 정상이 있는데, 이곳에 광주 선교부가 있다고 알려줍니다. 지리산 기슭에서 순천과 전주 지역으로 뻗어있는 기다란 계곡에는 반짝이는 개울, 푸릇한 논밭, 많은 한국의 시골 마을에서 피어오르는 연기를 볼 수 있습니다.

캠프 바로 앞쪽에는 선셋 피크가 있는데, 신명기를 공부하기에 이상적인 장소입니다. 오늘날 우리는 한국에서 약속의 땅을 이렇게

---

66) 지리산: 지리산의 노고단과 왕시루봉에는 미남장로 선교사들의 휴양 시설과 유적지가 있다. 풍토병과 여름 무더위 등을 피해 이곳에 별장을 짓고 휴가를 보냈다. 노고단에는 1921년부터 짓기 시작해 한때 56채까지 있었으나, 1940년대 일제의 강탈과 6.25 전쟁 등으로 대부분 손실되었다. 휴 린턴(인휴) 선교사가 1962년 인근 왕시루봉에 별도의 수양관과 집을 지었고 현재는 10여채 남아 있다.

as unfolded before us, see something of the wonder-working power of God.

The Independence Uprising of 1919

First, let's look back near the beginning of the last quarter of a century, and above the horizon appears THE INDEPENDENCE UPRISING OF 1919. To the Koreans this was passive resistance, a climactic expression of their heart longing and aspiration for national freedom.

To the Japanese it was a lawless opposition to the peaceful penetration of the Land of the Morning Calm by the Empire of the Rising Sun. Taken in its setting near the beginning of the first five-year period under review, it had a significant effect upon missions. These five years saw the Presbyterian Church in Korea established, stricken, persecuted, emerging, and advancing.

1918 found the Presbyterian Church well-established, vigorous, promising. The next year both the Japanese government and the missionaries were taken by surprise when there was a sudden and widespread movement on the part of the Koreans to regain their freedom.

Korean Christians were prominent in the movement, many being signers of their Declaration of Independence.

볼 수 있는 특권이 없다 하더라도, 지난 25년을 회고하자면, 우리 앞에 펼쳐진 역사 속에서 하나님의 경이로운 능력을 볼 수 있습니다.

1919년 독립 운동

먼저, 지난 25년의 시작 무렵을 되돌아보면, 지평선 위로 1919년 독립 만세 운동이 나타납니다. 한국인들에게 이것은 평화적 저항이었으며, 민족적 자유에 대한 그들 마음의 갈망과 열망이 절정으로 치달은 운동이었습니다. 일본인들에게 이것은 일본 제국이 아침의 고요한 나라를 평화롭게 침략하는 것에 대한 무법적인 반대였습니다.

첫 5년 기간을 돌아보면 이는 시작 무렵에 일어난 일이었으며, 그것은 선교에 상당한 영향을 미쳤습니다. 이 5년 동안 한국 장로교단이 설립되었고, 타격을 받고, 박해를 받고, 성장하고, 발전하였습니다.

1918년에는 장로교회가 확고하게 설립되고, 활기차고, 유망했습니다. 그 다음 해에 일본 정부와 선교사들은 한국인들이 자유를 되찾기 위해 갑작스럽고 광범위한 운동을 벌였을 때 놀랐습니다. 한국 기독교인들은 이 운동에서 두드러졌으며, 많은 사람이 독립 선언서에 서명했습니다.

일본인들은 선교사들이 이 운동의 배후에 있다고 믿었습니다. 기

The Japanese believed the missionaries to be behind the movement.

The Christian church immediately became the object of severe, and in many cases, merciless persecution. There was open abuse of Christians, imprisonment, beatings, and the burning of some churches. The Missionary Review of February 1920 describes the effect as follows: "Immediately the prison walls began to echo with singing, and the cell became a house of prayer." Perhaps the Apostle Paul would have expressed it in this way, "These things have fallen out rather for the progress of the gospel."

The same month of the independence uprising saw an auto accident in Korea which left our mission bereaved and stricken. Rev. Paul Crane and Mrs. Eugene Bell were killed, and Dr. Knox seriously injured.

The years immediately following these trying. experiences the Korean Church and our mission were emerging and advancing. Mid-winter Bible classes were the largest in the history of our mission, some classes numbering from 300 to 500. The spirit of revival like that of 1907 reappeared. Great emphasis was placed upon Sunday-school work. Every department of the work reported many and important advances.

독교 교회는 즉시 가혹하고 많은 경우 무자비한 박해의 대상이 되었습니다. 기독교인에 대한 공개적인 학대, 투옥, 구타, 일부 교회 방화가 있었습니다.

1920년 2월호 미셔너리 리뷰는 그 효과를 다음과 같이 설명합니다. "감옥은 즉시 노래로 메아리치기 시작했고, 감방은 기도의 집이 되었습니다." 아마도 사도 바울은 이렇게 표현했을 것입니다. "이런 일들은 오히려 복음의 진전을 위해 일어났습니다."

독립 운동이 일어난 그 달에 한국에서 교통사고가 발생하여 우리 선교회는 큰 아픔을 당했습니다. 폴 크레인 목사[67]와 유진 벨 부인[68]이 죽고, 녹스 박사는 심각한 부상을 입었습니다.[69]

이러한 시련을 겪은 직후 몇 년 동안 한국 교회와 우리 선교는 더 성장하고 발전했습니다. 겨울 사경회는 우리 선교 역사상 가장 규

~~~~~~

67)
폴 크레인 목사: Rev. Crane, Paul Sackett(구보라, 1889.2.7.~1919.3.26.). 미시시피주 야주시티 출생하여 유니언 신학교를 졸업하였다. 1915년 5월 캐서린(Katherine, Whitehead Rowland, 1896.3.22.~1997.11.8.)과 결혼하여 1916년 9월 함께 내한, 목포에서 행정 업무 선교를 하였다.

68)
유진 벨 부인: Mrs, Bell, Margaret Whitaker Bull(배주량, 1873.11.26.~1919.3.26.). 버지니아주 노퍽 출신으로 군산 불 선교사의 누나이다. 상처했던 유진 벨과 1904년 5월 결혼하여 목포와 광주에서 선교하였다.

69)
교통사고: 1919년 3월 26일 유진 벨 일행의 승용차가 경기도 병점 인근에서 지나는 열차와 추돌하는 사고로, 동승했던 마가렛 부인과 크레인 목사가 사망하였고 녹스 목사는 실명하였다. 유진 벨 일행은 한국을 방문한 미남장로교 해외선교위원회 총무 스미스 박사를 만나고 돌아가던 중이었다.

A large number of new recruits arrived from America. There was clearly sounded a note of victory.

On December 22, 1922, at Kwangju, was organized the first Woman's Auxiliary in Korea, under the direction of Miss Elise Shepping. In the course of time four presbyterials were organized in our territory.

In 1936 when the General Assembly(embracing the Presbyterian Church U.S.A., Canadian and Australian Presbyterian churches, and Presbyterian U.S.) met in Kwangju the twenty-two presbyterials of Korea also met. Of this meeting Mrs. Talmage said, "We had a splendid meeting, quiet, well-behaved, and all received a spiritual blessing." In attendance and speaking was Miss Kim, whom the women of Korea had sent as a missionary to Shantung, China.

The Phenomenal Rise and Development of the Educational Movement

A second mountain-peak appearing above the horizon of this twenty-five-year period was the phenomenal rise and development of the educational movement. This may be roughly associated with the second five years of the past quarter of a century, although it was a dominant feature

모가 컸으며, 어떤 사경회 참석자는 300에서 500명에 달했습니다. 1907년과 같은 부흥의 열기가 다시 나타났습니다. 주일학교 활동에 큰 강조점이 두어졌습니다. 모든 부서에서 많은 중요한 진전이 보고되었습니다. 미국에서 많은 신참 선교사들이 도착했습니다. 승리의 메시지가 분명하게 울려 퍼지고 있습니다.

1922년 12월 22일, 광주에서 엘리제 쉐핑 선교사[70]지휘 아래 한국 최초의 여성 조력회가 조직되었습니다. 시간이 지나면서 우리 구역에는 4개의 노회가 조직되었습니다. 1936년에 (조선예수교장로회 25회) 총회(미국 북장로교회, 캐나다와 호주 장로교회, 미국 남장로교회를 포함)가 광주에서 있었고, 한국 장로교 22개 노회도 함께했습니다.

이 모임에 대해 탤미지 여사[71]는 "우리는 훌륭한 모임을 가졌고, 조용하고 예의 바르게 진행되었으며, 모두 영적인 축복을 받았습니다."라고 말했습니다. 이 자리에서 연설한 사람은 한국 여성도들이 중국 산동에 파송한 김순호 선교사[72]였습니다.

~~~~~~

70)
엘리제 쉐핑 선교사: Miss. Shepping, Elizabeth Johanna(서서평, 1880.9.26.~1934.6.26.). 독일 비스바텐에서 출생하여 1889년 미국 뉴욕으로 이주하였다. 성 마가 병원 간호학교와 성서신학교를 졸업하고 1912년 내한하였다. 광주, 군산, 서울에서 간호사역을 하는 한편 여성 조력회를 창설하고 이일학교를 통해 교육 사역에도 힘썼다.

71)
탤미지 여사: Mrs. Talmage, Eliza Day Emerson(타에리사, 1886.8.15.~1962.2.17.). 루이지애나주 뉴올리언즈 출신이며, 툴레인 소포뉴콤 대학을 졸업하였다. 1910년 탤미지 목사(타마자)와 결혼하여 내한 선교하였다.

through the entire period.

In the early twenties there was a "phenomenal increase in the number of those seeking entrance to our schools" and an "enthusiasm for education unparalleled in history." In the course of time, in Mokpo alone, in our two station schools there were about 1,000 students. At the same time there was a great turning of the youth to government schools schools steeped in materialism, rationalism, and agnosticism, directly opposed to the gospel of Jesus Christ. Then, too, the government requirements for our mission schools became more and more exacting.

Our mission struggled with this situation, seeking to capitalize it for the glory of God. In addition to the regular educational work being carried on so effectively in each of our five stations, the mission decided to seek to secure government designation for two central high schools - the boys' in Chunju and the girls' in Kwangju. At the head of our educational system stood the Union Christian College and Theological Seminary in PyengYang, rapidly producing trained leaders. Dr. Reynolds became full-time professor of theology, which position he occupied until he and Mrs. Reynolds retired in 1937. Dr. Reynolds was thus influential in shaping the theology of an entire church.

교육 선교의 경이로운 성장과 발전

이 25년 기간의 지평선 위로 나타난 두 번째 산봉우리는 교육 선교의 놀라운 성장과 발전이었습니다. 이는 지난 25년의 두 번째 5년과 대략 연관이 있을 수 있지만, 전체 기간 내내 이어진 특징이었습니다.

20년대 초반에 "우리 학교에 입학하려는 사람들의 수가 엄청나게 증가"했고, "역사상 유례가 없는 교육에 대한 열의"가 있었습니다. 시간이 흐르면서 목포에만 있는 우리의 두 남녀 학교[73]에는 약 1,000명의 학생이 있었습니다.

동시에 물질주의, 합리주의, 불가지론에 젖어 예수 그리스도의 복음을 직접적으로 거부하는 학생들은 관립학교로 가버렸습니다. 그리고 우리 기독학교에 대한 정부의 간섭이 점점 더 심해지고 있습니다. 우리 선교부는 이 상황에 맞서 싸우며 하나님의 영광을 위해 이에 대처하고자 했습니다.

5개 선교부에서 매우 효과적으로 수행되는 정규 교육 활동 외에도 선교부는 두 개의 고등학교(전주 남자 학교[74]와 광주 여자 학

---

72)
김순호 선교사: 1902년 황해도 재령 출생하여 정신여고와 일본 교리츠여자신학교를 졸업하였다. 1931년 전국여전도회(회장: 도마리아) 파송한 한국최초 여선교사로 산동과 만주에서 선교활동하였다. 1951년 신의주교회 사역시 순교하였다.

73)
목포 영흥학교와 정명학교

74)
전주 신흥학교

In 1927 came the magnificent Birthday Gift of the Woman's Auxiliary of our Church for the Girls' School in Kwangju. From these funds was built Winsborough Hall. It was my privilege once to lead a five-day meeting in this school, corresponding to what you would call religious emphasis week. Upon my arrival I walked right into a prayer meeting of the faculty. I learned that they had been praying for days and days in preparation. Besides two or three missionaries there was a group of Korean teachers in earnest intercession for lost souls, and for the man who was to bring the messages, I was particularly impressed as I saw Mrs. Pilly Choi earnestly pleading and praying with a non-Christian student, spending hours and hours between the public services in prayer and personal witnessing.

The Spirit was present with power and thirty girls decided to believe in Jesus. In later years, when the shrine issue was in the forefront, Mrs. Choi went to prison twice because of her faith. One of the last and greatest services she was permitted to do was to translate into Korean Foster's Story of the Bible. The first two editions speedily sold to a Bible-loving people who longed to have their children know and love the Bible.

교[75])에 대한 정부 인가를 확보하기로 결정했습니다.

우리 교육 시스템의 선두에는 평양의 연합기독대학[76]과 신학교가[77] 있었으며, 신속하게 훈련된 지도자들을 배출했습니다.

레이놀즈 박사는 신학 전임교수가 되었고, 1937년에 아내와 함께 은퇴할 때까지 그 자리를 지켰습니다. 레이놀즈 박사는 한국 장로교단의 신학을 형성하는 데 영향을 미쳤습니다.

1927년에는 우리 교회의 여성 조력회가 광주 여자학교를 위해 훌륭한 생일 선물을 주었습니다. 이 기금으로 윈스브로 홀[78]이 지어졌습니다. 제가 이 학교에서 종교강조주간이라고 부르는 5일간의 집회를 인도하는 것은 저의 특권이었습니다. 저는 도착하자마자 교직원 기도 모임에 함께 참석했습니다.

---

75)
광주 수피아학교

76)
평양 숭실대학: 1897년 미북장로교 베어드 선교사에 의해 설립되었으며, 1904년 1회 고등과 졸업생을 배출했고, 이들로 1905년 대학과정을 시작하였으며, 1906년 장로교와 감리교 연합으로 운영하기 시작하였다. 1954년 서울로 이전하였다. .

77)
평양 신학교: 1901년 마펫 선교사에 의해 설립되었다. 1907년 첫 7명의 졸업생을 배출했고, 초기 한국기독교 지도자를 양성하였다. 1938년 신사참배 거부하며 폐교하였고, 해방 후 각 교단의 여러 신학교로 분화 발전하였다.

78)
윈스브로 홀: 미국 여전도회 윈스브로(Mrs. Winsborough) 여사가 기부하고 스와인하트(Mr. Swinehart, Martin Luther, 서로득) 선교사가 1927년 건축한 수피아여학교 옛 본관 건물로 2008년 국가 등록문화재 지정되어 현존한다.

From Victory to Victory

Continuing our retrospective view, there appears in the middle of the picture an epoch which might be compared to a long range of mountains. It was an era of substantial progress and expansion which might be called FROM VICTORY TO VICTORY.

Our mission hospitals were increasingly fulfilling their ministry of mercy and evangelism. In one year 19,000 people came to our dispensaries, and there were 2,522 in-patients in our hospitals. The followup work in connection with the patients became more effective.

Your missionaries could tell many an instance similar to the following: A young man in my evangelistic field became interested in Christianity through the personal witness of one of our native helpers, who suggested that he go into Mokpo to our hospital and have his ears treated.

There he came in contact with the missionary and expressed a desire to have an evangelist sent to his village. One day it was my privilege to respond to this request. On the edge of the village I was greeted by the young man and some of his connections, and welcomed to his home. In a little 8x8 foot room in his humble home I heard his confession of faith and that of several members of his family, and heard him recite

그들은 이 준비를 위해 수 일간 기도해 왔다는 것을 알게 되었습니다. 두 세 명의 선교사 외에도 잃어버린 영혼을 위해 진지하게 기도하는 한국인 교사들이 있었고, 메시지 전할 사람을 구하기 위해 필리 최 여사[79]가 불신자 학생들과도 함께 열심히 간구하고 기도하는 것을 보고 특히 감명 받았습니다. 그들은 예배 사이에도 기도와 개인적인 간증으로 수 시간을 보냈습니다.

성령께서 권능으로 임하셨고 30명의 소녀들이 예수를 믿기로 결단했습니다. 후년에 신사 문제가 불거졌을 때, 최 여사는 믿음을 지키며 두 번이나 감옥에 갔습니다. 그녀가 할 수 있었던 마지막이자 가장 위대한 봉사 중 하나는 포스터의 '성경사화대집'을 한국어로 번역하는 것이었습니다. 처음 두 판은 자녀들이 성경을 알고 사랑하기를 간절히 바라는 성경을 사랑하는 사람들에게 빠르게 팔렸습니다.

승리에서 승리로

회고적 관점을 계속하면, 그림의 중앙에 긴 산맥과 비교될 수 있는 시대가 나타납니다. 그것은 승리에서 승리로 불릴 수 있는 상

---

79) 필리 최 여사: 김필례. 1891년 황해도 장연 출생. 서울 정신학교와 뉴욕 컬럼비아 대학을 졸업하였다. 고향 마을에서 전도하던 조지아나 휘팅 선교사가 결혼하여 광주에서 지낸 인연으로 어머니와 가족들이 광주에 내려와 함께 지냈고, 김필례 또한 학업이후 광주 수피아학교와 서울 정신학교 교사를 지내며 한국 YWCA와 여전도회 운동에 헌신했다. 1918년 최영욱 박사와 결혼하여 선교사들에게는 '최여사'로 불렸다.

the Child's Catechism. That night I had the opportunity to preach to a large crowd on the secret of victory over Satan. (Rev. 12:11.)

These years saw great expansion and fruitfulness in the field of evangelism, record-breaking attendance at Bible classes, large numbers added to the church upon confession of faith, and marked progress in self-government, self-support and self-propagation. The 1929 report says that in ten years the giving of the Korean church to missions in creased 1200%, to all causes 250%, and the church membership 24%. While in the field of medicine the training of native doctors and nurses went steadily forward, in the field of theology large numbers of Korean preachers were being trained in the seminary at PyengYang, Associated with Dr. Reynolds on the faculty of the seminary was the Korean professor, Dr. Nam Kung Hyuck, who, in addition to his training in Korea, received degrees from Princeton and Richmond. He was at one time moderator of the General Assembly of the Presbyterian Church of Korea.

In the midst of church expansion and aggressive missionary work in all the departments, there came quite suddenly another kind of expansion in the Far East, political in character, namely, the seizure of Manchuria by the Japanese

당한 진보와 확장의 시대였습니다.

우리의 선교 병원은 자비와 전도 사역을 점점 더 나타내고 있었습니다. 1년에 19,000명이 우리 진료소에 왔고, 병원에는 2,522명의 입원 환자가 있었습니다. 환자들과 관련된 후속 작업이 더 효과적으로 이뤄졌습니다.

선교사들은 다음과 유사한 사례를 말할 수 있을 것입니다. 제 선교 구역의 한 젊은이가 우리 한국인 조사 중 한 명의 개인적 간증을 통해 기독교에 관심을 갖게 되었습니다. 그 조사는 젊은이에게 목포에 있는 프렌치 병원으로 가서 귀를 치료받으라고 제안했습니다. 젊은이는 그 병원에서 선교사를 만나 자기 마을에도 전도사를 파견해 달라고 간청했습니다.

어느 날 제가 이 요청에 응답하는 영광을 얻었습니다. 마을 입구에서부터 저는 그 젊은이와 마을 사람들에게 인사를 받았고 그의 집으로 초대되었습니다. 그의 소박한 집 안의 8x8피트 작은 방에서 저는 그와 그의 가족 몇 사람의 신앙고백을 들었고 그가 소요리문답을 암송하는 것을 들었습니다. 그날 밤 저는 많은 사람들에게 사탄을 이기는 비결에 대해 설교하였습니다.(요한계시록 12:11.)

이 몇 년 동안 전도 분야에서 큰 확장과 열매를 맺었고, 사경회 참석자가 이전보다 많았고, 신앙 고백을 한 후 교회에 많은 사람이 더해졌으며, 자치, 자립, 자전 분야에서 눈에 띄는 진전이 있었습

Empire. The Mukden Incident of September 18, 1931, was consistent with the annexation of Korea in 1910, and in line with the Imperial Way of Japan, later to be revealed in her program for a new order in Greater East Asia, all of which was to have its bearing on the missionary enterprise.

A Great Open Door and Many Adversaries

In this fourth five-year period under review we see particularly a great open door and many adversaries.

In order to enter this open door at this time, renewed emphasis was placed upon personal evangelism. The Christian Literature Society published for distribution to the non-Christian homes 1,400,000 copies of the Life of Christ in words of Scripture.

In the field of one of the evangelists of our mission 21,000 copies were distributed.

This period was marked by substantial growth of the church upon additions by profession of faith. One of those years was described as "A Year of Superlatives." It was marked by the largest enrollment in our mission schools, the largest number of graduates, the largest number of patients in the hospitals, the largest institute for women, more native pastors in the field than ever before, more examinations for

니다.

1929년 보고서에 따르면 10년 동안 한국 교회가 선교에 기부한 금액이 1,200% 증가했다고 합니다. 모든 원인에 대해 250%, 교회 회원은 24%입니다.

의학 분야에서 한국인 의사와 간호사 양성이 꾸준히 진행되는 동안 신학 분야에서도 많은 수의 한국인 목회자가 평양 신학교에서 훈련을 받았습니다. 신학교 교수진에서 레이놀즈 박사와 협력한 사람 중에는 한국인 교수인 남궁혁 박사[80]가 있는데, 그는 한국에서의 학위를 거쳐 프린스턴과 리치먼드에서도 학위를 받았습니다. 그는 한때 한국장로교 총회장이기도 했습니다.

모든 분야에서 교회가 성장하고 선교 사업이 활발히 펼쳐지는 가운데, 극동에서 정치적 성격의 또 다른 사건이 발생하였습니다. 즉, 일본 제국이 만주를 점령한 것입니다. 1931년 9월 18일의 만주사변은 1910년 한국을 병합한 사건과 같은 것으로, 점차 대동아 정복의 새로운 야욕에 대한 일본 제국의 침략입니다.

이러한 일들은 선교 사업에 지장을 초래하였습니다.

---

80) 남궁혁 박사: 1881년 서울 출생하여 배재학당을 졸업했다. 세관원으로 목포에서 근무할 때 프레스턴 선교사의 요청으로 목포 학교 영어교사를 하며 기독교에 입문했다. 평양신학교를 거쳐 미국 유학하여 우리나라 최초 신학박사 학위를 받았고, 최초 한국인 평양신학교 교수가 되었다. 1932년 조선장로회총회장이 되었고, 1950년 전쟁도중 납북되어 행방불명되었다.

baptism among the lepers, 200 in number, more problems, more perplexities, more difficulties.

With such a great and effectual door opened to us it is not surprising that, as in apostolic days, there appeared many adversaries. The ominous clouds of enforced Shinto worship began to gather with increasing darkness over Korea. In the good providence of God, our Executive Secretary, Dr. Darby Fulton, was sent to the kingdom for such a time as this.

The Annual Report of the Executive Committee of Foreign Missions for 1937 says of Dr. Fulton's visit "the occasion being the apparent imminent necessity of closing our Korean schools on account of the imposition by the Japanese government of school requirements involving participation in idolatry."

One of our missionaries, commenting on Dr. Fulton's visit, said, "He did a magnificent piece of work, giving courage, comfort, and guidance to the mission." Dr. Fulton, probably the world's greatest authority on Shintoism, has defined it as follows: "In essence Shintoism is a deification of the Japanese state. It is a politico-religious cult in which religion and patriotism are so completely identified as to represent a complete fusion. It rests fundamentally upon the dogma of the deity of the Emperor, based on the tradition that the first

큰 열린 문과 많은 적대자들

검토 중인 이 네 번째 5년 기간에 우리는 특히 큰 열린 문과 많은 적대자들을 봅니다.

이 열린 문으로 들어갈 수 있도록 개인 전도에 새로운 열정이 더해졌습니다. 기독교서회에서는 불신자 가정에 배포하기 위해 성경 말씀으로 된 그리스도의 생애 책자를 1,400,000부 출판했습니다. 우리 선교부 전도자 중 한 사람의 구역에서 21,000부가 배포되었습니다.

이 기간은 신앙 고백으로 교회가 늘어나면서 상당한 성장이 있었습니다. 그 중 한 해는 "최상의 해"라 할 수 있습니다. 그것은 우리 선교 학교에 가장 많은 등록자, 가장 많은 졸업생, 가장 많은 병원 환자, 가장 큰 여성 기관, 그 어느 때보다 많은 한국인 목사, 200명의 나환자를 위한 세례 문답, 더 많은 문제, 더 많은 난관, 더 많은 어려움이 있었습니다.

우리에게 이렇게 위대하고 효과적인 문이 열렸기 때문에 사도 시대처럼 많은 적대자가 나타난 것도 놀라운 일이 아닙니다. 신사참배 강요에 따른 불길한 구름이 점점 더 어두워지면서 한국에 모이기 시작했습니다. 하나님의 선한 섭리로, 미남장로해외선교부의 총무 풀턴 박사가 한국을 찾아 왔습니다.

1937년 해외선교부실행위원회 연례보고서는 풀턴 박사의 방문에 대해 "일본 정부가 우상 숭배 참여를 학교에 강요해서 우리는 한

Emperor of Japan, Jimmu Tenno, was the offspring of the Sun Goddess."

Captivity and Evacuation

The last five-year period under review is that of captivity and evacuation, the gradual withdrawal of religious freedom from the Korean Christians and the evacuation of the members of our mission.

The China Incident which precipitated the Sino-Japanese war, occurred on July 7, 1937. On September 6 the same year the Japanese government ordered the students of our mission schools to go out to the Shinto shrines to pray to the enshrined spirits for the safety and success of the soldiers in China. This was an epoch-making day. It marked the closing of our schools, which were thus ordered to participate in idolatry. They were never reopened. From that day forward our empty buildings stood as silent witnesses to the conviction that the Southern Presbyterian Church could not compromise with idolatry.

It was not long till the shrine issue was carried to the churches. There came the practical abandonment on the part of the Japanese government of the principle of religious freedom. Church courts were heavily policed and ordered to

국 학교를 폐쇄해야 할 절박한 필요성이 명백했기 때문"이라고 말합니다. 우리 선교사 중 한 명은 풀턴 박사의 방문에 대해 논평하면서 "그는 선교에 용기와 위로와 지침을 제공하는 훌륭한 일을 했습니다."라고 말했습니다.

신도교에 대한 세계 최고의 권위자인 풀턴 박사는 "신도교는 본질적으로 일본 국가의 우상 신격화입니다. 종교와 애국심이 완전히 동일시되어 융합을 나타내는 정치-종교적 컬트입니다. 일본의 초대 황제인 짐무 천황이 태양 여신의 후손이라는 전통에 근거한 천황 신격화 작업에 기반을 두고 있습니다."라고 하였습니다.

포로와 추방

지난 5년 동안을 말하자면, 포로와 추방입니다. 한국 기독교인들의 종교적 자유가 후퇴하였고, 우리 선교사들은 철수해야 했습니다. 중일 전쟁을 촉발한 중국 침략은 1937년 7월 7일에 발생했습니다. 같은 해 9월 6일 일본 정부는 우리 선교학교 학생들에게 신도 신사에 가서 중국에 있는 일본 군인들의 안전과 성공을 위해 모셔진 영혼에게 참배하라고 명령했습니다.

이것은 획기적인 날이었습니다. 그것은 우상 숭배에 참여하라는 명령을 받은 우리 학교의 폐쇄를 의미했습니다. 학교는 다시 열리지 않았습니다. 그날부터 우리의 빈 건물은 남장로교회가 우상 숭배와 타협할 수 없다는 믿음을 조용히 증거했습니다.

do the bidding of a non-Christian government, Presbyteries and the General Assembly, instead of being Presbyterian, meaning a government by elders, became in large measure a government by non-Christian officials of the Japanese Empire. Under heavy pressure by the government, a pressure that defies description here, the church courts capitulated on the shrine issue, and many of the leaders who refused to bow were imprisoned and tortured.

While events were moving rapidly toward a crisis, many of our Korean Christians continued to attend our Bible classes and institutes, although they knew that in doing so they might have to suffer. Some actually did go to prison as the price of their desire to study the Bible. About the last ten-day Bible class permitted was for women and girls at Kwangju; 243 were in attendance. Not only was it not easy for many to come on account of the distance and of poverty, but it was all the more difficult because of continued police surveillance and interference. There were a number of Bible Class periods each day. Then, as we tried at the chapel services each morning and at the night preaching to present "Christ dying for us and Christ living in us," there was a response that can only be explained by the presence and power of the Holy Spirit.

신사참배 문제가 교회로 옮겨지기까지 오래 걸리지 않았습니다. 일본 정부는 종교의 자유 원칙을 실질적으로 포기했습니다. 교회 기관은 엄중한 감시를 받았고 비기독교 정부의 명령에 따라야했습니다. 노회와 총회는 장로교가 아닌, 즉 장로에 의한 교단이 아니라 일본 제국의 비기독교 관리에 의한 교단으로 바뀌고 말았습니다. 정부의 엄청난 압력, 여기서는 설명할 수 없는 압력으로 교회 조직은 신사참배에 항복했고 우상 숭배를 거부한 많은 지도자들이 투옥되고 고문을 받았습니다.[81]

사건이 급속히 위기로 치닫고 있는 동안, 많은 한국인 기독교인들은 그렇게 하면서 고통을 겪을 수도 있다는 것을 알고 있었음에도, 계속해서 사경회와 성경학원 수업에 참석했습니다. 어떤 사람들은 성경을 공부하고자 하는 열망의 대가로 실제로 감옥에 갔습니다. 마지막으로 허용된 10일 사경회는 광주에서 열린 여성과 소녀들을 위한 것이었습니다. 243명이 참석했습니다.

~~~~~~
81) 1942년 10월 16일 평양서문외교회당에서 31회 조선예수교장로회 총회가 열렸다. 선교사들은 그 전해에 이미 강제 추방당해서 한 명도 참석치 못했고, 한국인 목사 장로 135명의 총대가 모였다. 대회중 신사참배, 일제 필승 기원 선언문, 시국 강연 등이 버젓이 행해졌고, 모든 진행을 일본어로 하였으며, 마지막날인 20일 폐회 선언하면서 조선예수교장로회 총회를 폐쇄하기까지 하였다. 일제의 강압과 회유에 의한 일이었다. 이듬해 1943년 5월에는 '일본기독교조선장로교단'으로 개편 신설되었으며, 감리교 역시 10월에 '일본기독교조선감리교단'으로 바뀌었다. 이들 교단은 다른 중소 교단과 함께 다시 1945년 7월 19일 '일본기독교조선교단'으로 통폐합되었다. 얼마후 해방이 되었고 1946년 열린 남부 총회는 4년 전 31회 조선장로교총회를 잇는 32회 총회로 계승되었다.

In the midst of continued and increased persecution, analagous to that suffered by the Jews in Babylon under Nebuchadnezzar, there remained the faithful remnant, a glorious fact of this history-shining examples of loyalty to Jesus Christ, that number who have endured terrible persecution and have remained true to their faith. How large this the church the remnant has not appeared large. remnant is we do not know. Frequently in crises of Elijah thought he was the only one left when there were 7,000. We read of only one Daniel who faced furnace. Yet, under the power of God, this remnant the lions and three Hebrew children in the fiery is the hope, the strength, the salvation, the glory of the church. This remnant shall take root downward, and bear fruit upward. "At this present time also there is a remnant according to the election of grace."

Not only have there been the older Christians to endure this perescution, but also new believers who have dared to take a stand for Christ. I think of that old Korean gentleman who gave up his only room to Mrs. Hopper and me out in the country, when there was no room for us in the Japanese inn. He was called to account for this before the police, roughly treated, and fined for the offense of entertaining these American missionaries. In a short time he appeared at our

먼 거리와 빈곤 때문에 많은 사람들이 오는 것이 쉽지 않았을 뿐만 아니라 경찰의 감시와 간섭이 계속되어 더욱 어려웠습니다. 매일 여러 차례 성경 강좌가 진행되었습니다. 그러던 중 매일 아침과 저녁으로 드리는 예배에서 "그리스도께서 우리를 위해 죽으셨고 그리스도께서 우리 안에 사신다"[82]는 것을 설교하려고 노력했을 때, 성령의 임재와 능력으로만 설명할 수 있는 은혜가 있었습니다.

느부갓네살 왕이 통치하던 바빌론 제국에서 유대인들이 겪었던 것과 유사한 박해가 계속되고 심화된 가운데서도 충실히 남은 자들이 있었습니다. 이는 역사적으로 영광스러운 사실입니다. 예수 그리스도에 대한 충성심의 빛나는 사례, 끔찍한 박해를 견뎌내고 믿음에 충실한 그 수입니다. 이 교회가 얼마나 큰 지, 남은 자들이 얼마나 많은 지 우리는 모릅니다.

엘리야는 종종 위기에 처했고 7,000명이 있었을 때 자신이 유일하게 남은 사람이라고 생각했습니다. 우리는 용광로에 맞선 다니엘이 한 명뿐이라는 것을 알고 있습니다. 그러나 하나님의 권능 아래, 이 남은 자들, 사자와 불 속의 세 히브리 청년들은 교회의 소망, 힘, 구원, 영광입니다. 이 남은 자들은 아래로 뿌리를 내리고 위로 열매를 맺을 것입니다. "지금도 은혜로 택하심을 따라 남은

---
82) 고후 5:15

home in Mokpo with a Korean elder who a little later was imprisoned and tortured. The old man told us that he had decided to believe in Jesus. When he said goodbye to us he added that if we would come back to see him he would give us the best that he had.

In September 1940, Japan joined the Axis powers. The situation in the Far East became increasingly tense, Our State Department in Washington strongly advised the evacuation of American citizens. We were considered by the Japanese authorities as spies of the American government, and treated accordingly. Our work was increasingly limited, and our presence more and more involved the Korean Christians with the police. In November 1940 our mission, with the exception of seven of its members, was evacuated on the steamship Mariposa, which had been sent out by our government to take American citizens out of the Far East. The few missionaries who remained arrived in this country in August 1942, on the Gripsholm. Thus the chapter closes, with not a single member of our mission left in Korea. We are reminded anew that Paul was forbidden of the Holy Spirit to speak the Word in Asia. He assayed to go into Bithynia, and the Spirit of Jesus suffered him not. Closed doors in Asia were the background of the Macedonian call.

자들이 있습니다." [83] 이 박해를 견뎌낸 연장자 그리스도인들뿐만 아니라 그리스도를 위해 감히 일어선 새로운 신자들도 있었습니다. 저는 시골에서 저와 제 아내에게 유일한 방을 내어준 그 노인 한국 신사를 생각합니다. 일본 여관에 우리를 위한 방이 없었을 때 말입니다. 그는 경찰에 소환되어 고문을 당했고, 미국 선교사들을 접대했다는 혐의로 벌금을 물었습니다. 얼마 지나지 않아 그는 목포에 있는 우리 집에 한국인 장로와 함께 나타났고, 그 장로도 얼마 후에 투옥되어 고문을 받았습니다.[84]

그 노인은 예수를 믿기로 결심했다고 말했습니다. 그는 우리에게 작별 인사를 하면서 우리가 그를 다시 만나러 온다면 그가 가진 최고의 것을 우리에게 주겠다고 덧붙였습니다.

1940년 9월 일본은 추축국에 가담했습니다. 극동의 상황은 점점 더 긴박해졌고, 워싱턴에 있는 우리 국무부는 미국 시민들을 대피시킬 것을 강력히 권고했습니다. 일본 당국은 우리를 미국 정부의 스파이로 간주했고, 그에 따라 대우했습니다. 우리의 일은 점점 더 제한되었고, 우리의 존재는 한국 기독교인들에 대한 일본 경찰

---

83)
롬 11:5

84)
김창옥 장로: 목포 연동교회 장로. 1940년 일제가 목포 여러 교회를 통폐합할 때 연동교회도 강제 폐쇄되었다. 이를 저항하며 신사참배 거부하던 담임 이남규 목사와 동료 김규언, 최강순 장로, 이병년 집사 등이 투옥 고문을 당하였으며, 김창옥 장로는 후유증으로 해방을 못보고 순교하였다.

Let me close this brief survey of our last twenty-five years in Korea by voicing a conviction and a prophecy, in which every Korean Christian and missionary to Korea, I believe, would join me. The conviction expressed by the Apostle Paul, that typical missionary hero of all ages, whose life and letters have been the inspiration of thousands of Korean Christians today as they have loved and faithfully studied them. The conviction is simply this: "We know that all things work together for good to them that love God, to them who are the called according to his purpose." Romans 8:28.

The prophecy is suggested by the gospel prophet, Isaiah. You will recall that a long time before the chosen people of God were even taken into captivity, Isaiah, through the symbolic names given his two sons, pointed to the overthrow of the enemy of Israel, and to the return of the true remnant. So may we by faith symbolically name the sons of our Korea mission, the one Shear-Jashub, meaning, "The remnant shall return," and the other "Maher-Shalal-hash-baz," meaning, "Spoil speedeth, prey hasteth." Or to use the more popular expression of Archibald Rutledge to voice our prophecy, we would simply say, "It will be daybreak soon."

의 감시를 심화시켰습니다.

1940년 11월, 우리 선교부는 7명의 구성원을 제외하고, 미국 정부가 극동에서 미국 시민을 데려가기 위해 파견한 증기선 마리포사호에 탑승하여 대피했습니다. 남아 있던 소수의 선교사는 1942년 8월 그립스홀름호를 타고 미국에 도착했습니다.

이렇게 하여 사역은 중단되고, 우리 선교부의 구성원은 한국에 단 한 명도 남지 않았습니다.

우리는 바울이 아시아에서 말씀을 전하는 것을 성령께서 금하셨다는 사실을 다시 한 번 상기하게 됩니다. 그는 비시디아로 가려고 했지만, 예수의 영이 허락하지 않으셨습니다. 아시아의 닫힌 문들이 마케도니아 부름의 배경이었습니다.

한국에서 보낸 지난 25년을 간략하게 살펴보며, 모든 한국 기독교인과 한국 선교사가 저와 함께 할 것이라고 믿는 확신과 예언을 말씀드리겠습니다.

모든 시대의 전형적인 선교 영웅인 사도 바울이 표현한 확신은 오늘날 수천 명의 한국 기독교인에게 영감을 주어 그들이 사랑하고 충실하게 묵상하게 되었습니다. 그 확신은 간단합니다.

"우리는 하나님을 사랑하는 자들에게는 모든 것이 유익하게 작용함을 압니다. 그의 목적에 따라 부르심을 받은 자들에게는." 로마서 8:28.

이 예언은 복음 선지자 이사야가 암시한 것입니다. 여러분은 하나

"For the darkness shall turn to the dawning,
And the dawning to noonday bright,
And Christ's great kingdom shall come on earth,
The kingdom of love and light."

님의 택함받은 백성이 포로로 잡혀가기 오래 전에 이사야가 그의 두 아들에게 주어진 상징적인 이름을 통해 이스라엘의 원수가 전복되고 참된 남은 자들이 돌아올 것을 지적한 것을 기억할 것입니다. 마찬가지로 우리도 믿음으로 한국 선교의 아들들을 상징적으로 이름 지을 수 있습니다.

한 아들은 "남은 자들이 돌아올 것이다"[85]는 뜻의 스왈야숩이고 다른 아들은 "약탈은 재빨리 일어나고 약탈은 재빨리 일어난다"는 뜻의 "마헬살랄하스바스"입니다. 또는 아치볼드 러틀리지 시인의 더 대중적인 표현을 사용하여 우리의 예언을 표현하자면, 우리는 단순히 "곧 새벽이 올 것이다."라고 말할 수 있을 것입니다.

"어둠이 새벽으로 바뀌고

새벽이 밝은 정오로 바뀌고

그리스도의 위대한 왕국이 이 땅에 올 것이다.

사랑과 빛의 왕국이다."

---

85) 사 10:21

> Kwangju, Korea
> September 5, 1946

Dear Friends:

Three weeks ago today, after a good trip from San Francisco by freighter, on which Dr. J. C. Crane and I were the only passengers, we arrived at the port of Seoul, Korea. After a few days in the capital city, where we were billeted and boarded by the U.S. Military Government, an arrangement which is in effect in Korea now with respect to the missionaries, we proceeded south to Kwangju, in the section which for more than a half a century has been known as Southern Presbyterian territory. From there, Dr. Crane went to Soonchun and I remained at Kwangju, where, with my colleague, Dr. D. J. Cumming, I expect to be located for the present.

Since arriving here, I have visited with Dr. Cumming our old station at Mokpo, met with our Survey Committee in Soonchun, and attended two commit tee meetings in Seoul. On our first Sunday in Seoul, at the South Gate Presbyterian Church, where several hundred Koreans were gathered for worship, we were publicly welcomed by the Korean pastor

> 대한민국 광주
> 1946년 9월 5일[86]

사랑하는 친구에게,

3주 전에 샌프란시스코에서 출발한 화물선을 타고 한국에 왔습니다. 이 화물선에는 저와 크레인 박사[87] 두 사람 만이 승객이었지요. 한국의 수도 서울에 며칠 머무는 동안 우리는 미군정이 지원하는 숙소와 식사 등을 제공받았습니다.

이는 현재 한국에 있는 선교사들을 위한 환대입니다. 이후 우리는 남쪽으로 내려가 50여년 넘게 남장로교의 선교지로 알려진 광주에 도착했습니다. 크레인 박사는 순천으로 갔고, 저는 다니엘 커밍 박사와 함께 광주에 머물며 이곳을 거점으로 사역할 계획입니다. 이곳에 도착하여 저는 커밍 박사와 함께 목포의 옛 선교지를 점검하고, 순천의 조사위원회에 참석했으며, 서울에서 열린 두 차례의 위원회에도 다녀왔습니다.

---

86)
이 글은 "프레스바이테리안" 1946년 12월호에도 일부 실렸다.

87)
크레인 박사: Rev. Crane, John Curtis(구례인, 1888.2.25.~1964.7.17.). 미시시피주 야주시티 출생으로 4남매 가운데 누나와 바로 아래 동생과 함께 3남매가 한국선교에 헌신하였다. 유니언 신학교를 졸업하고 1913년 내한하여 순천과 전남 동남부 지역 전도 사역을 주로 하였으며, 평양신학교 강의도 하였다. 아내 플로렌스는 식물학 전공을 살려 한국의 야생화 도감을 1931년 출간하였다.

and his congregation. The next Sunday I heard a Southern Baptist chaplain preach to about 50 of the American troops in the chapel on our compound in Kwangju, where the following Sunday, Dr. Cumming preached for the chaplain. The same day I preached at Fort Sykes, about five miles from Kwangju, to about 60 of our American soldiers. Last Sunday, I preached twice in Korean in Kwangju, the first time at 6 a.m. in a new little church, to a congregation of about 60, and at 11 a.m., at the church near our compound where the attendance was about 300. Following this service I enjoyed the hospitality of the pastor at dinner. This man (Kim Chang Gook Moksa), told me he prayed at daybreak every day for the door to be opened for the return of the missionaries to Korea.

Here are a few first impressions which I may enlarge upon later:

1. After seeing Southern Korea occupied by the American army rather than by the Japanese, I find myself continually making comparisons and contrasts between the occupying forces of the two nations. What an opportunity now for the American forces to show by example and by precept what constitutes that righteousness which alone will exalt a nation!

서울에 머문 첫 주일, 남대문 장로교회에서 수백 명의 한국인 신자들과 함께 예배를 드리며 한국 목사님과 성도들로부터 따뜻한 환영을 받았습니다. 그다음 주일에는 광주에 있는 미군 기지 예배당에서 열린 예배에 가서 약 50명의 미군 병사들과 함께 남침례교 목사의 설교를 들었습니다. 그다음 주일에는 커밍 박사가 그 목사를 대신해 설교했고, 저는 광주에서 약 5마일 떨어진 사이크스 기지에서 60여 명의 미군 병사들에게 설교했습니다.

지난 주일에는 광주에서 한국어로 두 차례 설교했습니다. 첫 번째는 오전 6시에 작은 새 교회에서 약 60명의 회중에게 말씀을 전했고, 두 번째는 오전 11시에 우리 콤파운드 근처 교회[88]에서 약 300명의 신자들과 함께 예배를 드렸습니다.

예배 후, 양림 교회 김창국 목사[89]님이 저녁 식사 초대를 받아 환대를 즐겼습니다. 김창국 목사님은 매일 새벽마다 선교사들이 다시 한국에 돌아올 수 있도록 기도했다고 말하였습니다.

다음은 제가 받은 몇 가지 첫인상들입니다. 나중에 더 자세히 말

---

88)
광주 남장로교 선교 콤파운드는 양림동에 있으며, 근처 교회는 양림교회를 말한다. 1924년 광주 첫 교회인 금정교회에서 분립한 교회다.

89)
김창국 목사: 1884년 전주에서 태어났다. 군산에 이어 호남에서는 두 번째이며 전주에서는 첫 번째로 5명이 1897년 7월 17일 세례받았는데 그 중 한 명으로 13살 가장 어린 나이였다. 1915년 평양신학교를 졸업하고 목사가 되어 전라도 출신으로는 최초였다. 제주 목회에 이어 1922년 광주 금정교회 담임하였고, 1924년 새로 설립한 양림교회로 옮겨 담임을 맡아 1947년까지 사역하였다. 김창국 목사 장남은 김현정 목사이고, 차남은 김현승 시인이다.

2. After seeing the dilapidated condition of much of our Mission property, I must have had a feeling like that of the Jews who returned to Jerusalem in the time of Ezra and Nehemiah. I have read with new appreciation Haggai 2:1-9, and have tried to pause long at verse nine, which contains the promise that "the latter glory of this house shall be greater than the former and in this place will I give peace, saith Jehovah of hosts."

3. A third impression corresponds with that of Caleb, member of an ancient survey committee. Yes, there are giants in this land, plenty of them. You read about some of them in your daily papers. At the same time, trusting for strength in Him who "will not fail nor be discouraged." I dare to join Caleb in saying concerning this promised land, "Let us go up at once and possess it; for we are well able to overcome it."

Yours in His service,

Joseph Hopper.

씀드릴 수 있을 것입니다.

첫째, 미군이 남한을 점령하고 있는 모습을 보며, 자연스럽게 이들과 일본 점령군을 비교하게 되었습니다. 지금이야말로 미국 군대는 정의가 어떻게 한 나라를 한 높일 수 있는 지 본보기로 가르칠 수 있는 절호의 기회입니다.

둘째, 선교부 자산이 많이 훼손된 모습을 보며, 예루살렘으로 귀환한 에스라와 느헤미야 시대의 유대인들이 느꼈던 감정을 저도 가졌습니다. 학개 2장 1~9절을 새롭게 감사한 마음으로 읽었고, 특히 9절의 약속, "이 성전의 나중 영광이 이전 영광보다 크리라"라는 말씀을 깊이 묵상하게 되었습니다. 여호와께서 이곳에 평화를 주시리라는 말씀도 오래도록 마음에 새겼습니다.

세 번째 인상은 옛 조사위원회(정탐꾼)의 일원이었던 갈렙의 감정과 비슷합니다. 이 땅에는 분명히 많은 거인들이 있습니다. 여러분도 일간지에서 이 거인들에 대한 소식을 접하셨을 것입니다. 하지만 저는 "낙담하지 않고 실망하지 않으시는" 주님께 힘입어 이 약속의 땅을 두고 갈렙과 함께 이렇게 말하고자 합니다. "올라가 이 땅을 취하자. 우리는 능히 이기리라." [90]

그분의 사역 안에서,

조하파

---

[90] 민 13:30

> Kwangju, Korea
> September 20, 1946

Dear Fellow-Missionaries to Korea:

This is a call to you to help us in Korea through prayer. "If thou canst! All things are possible to him that believeth."

After being back in Chulla Do for a month, I am tremendously impressed with the need for our united prayer with the following definite objects in mind:

1. Divided Korea, with the persecution of Christians north of 38th, and communistic propagande and influence hard at work in the south also.

2. The personnel of the American occupation forces, that they may be channels of blessing, and not barriers to Christian missions in Korea.

3. Our missionary personnel already in Korea, and for its speedy increase in numbers according to His will.

4. In regard to our mission property, that we may soon "possess our possessions." Much of our property is involved; much of it in need of repair; some of it overrun and occupied by outsiders.

5. For the school work now in progress under Presbytery direction on three of our compounds.

한국, 광주
1946년 9월 20일

사랑하는 한국 선교사 여러분께,

기도를 통해 한국을 도와주시기를 부탁드립니다. "할 수 있거든 이 무슨 말이냐? 믿는 자에게는 능치 못할 일이 없느니라." [91]
전라도에 돌아와 한 달을 보내면서, 저는 다음과 같은 구체적인 목표를 염두에 두고 우리의 단합된 기도의 필요성을 절실히 느끼고 있습니다.

① 분단된 한국: 38선 이북에서의 기독교인에 대한 박해와 남한에서도 활발히 퍼지는 공산주의 선전과 영향력. ② 미군 점령군: 그들이 한국 선교의 장애물이 아니라 축복의 통로가 될 수 있기를 위해서. ③ 한국에 있는 선교사들과 선교 인력의 확충: 하나님의 뜻에 따라 신속하게 필요한 인력이 증원될 수 있도록. ④ 선교 자산의 회복: 우리가 우리의 소유를 온전히 다시 되찾을 수 있도록. 많은 자산이 점유당하거나 파손된 상태에 있으며, 외부인이 점거한 곳도 있습니다. ⑤ 현재 진행 중인 학교 사업: 우리 선교회 세 곳에서 노회 주도로 교육이 이루어지고 있습니다.

---

91) 막 9:23.

6. The situation in Korea with regard to theological education. A Presbyterian Seminary with a large student body is now in operation in Seoul. I do not think our Mission would cooperate with this institution. The problem of the right kind of training for our future preachers is critical and urgent. Let us pray also that right plans and policies be adopted with respect to other cooperative work in Korea.

7. For the rehabilitation of our medical work. Besides the leper work, the best prospect now is at Chunju. If the Chunju hospital could be successfully opened, I believe that would mean a lot towards getting other medical work started.

"Ten days praying and waiting on earth, and the Spirit's descent in fire; this was the birth of the Church at Jerusalem. Ministering and fasting, and then again fasting and praying and the Spirit sending forth Barnabas and Saul; this was at Antioch the consecration of the Church to be a Mission Church. In waiting and prayer on earth, and then in the power of the Spirit from the Lord in Heaven, is the strength, the joy, the blessing of the Church of Christ in its Missions."
(Andrew Murray)

Yours in His service,

Joseph Hopper.

6 신학 교육의 문제: 서울에는 상당히 많은 학생 수를 가진 장로교 신학교가 운영되고 있습니다. 하지만, 우리 미남장로교 선교회가 이 학교와 협력할 가능성은 낮아 보입니다. 미래의 설교자들을 위한 올바른 교육의 필요성이 시급하며, 한국에서 협력 사업에 대한 적절한 계획과 정책이 수립되도록 기도해야 합니다. 7 의료 사업 재건: 나환자 관련 사역 외에도, 가장 유망한 곳은 전주 병원[92]입니다. 이 병원이 성공적으로 다시 문을 연다면, 다른 의료 사업의 재개에도 큰 도움이 될 것입니다.

"열흘 동안의 기도와 기다림, 그리고 불같은 성령의 강림이 있은 후 예루살렘 교회가 시작되었습니다. 안디옥 교회에서는 금식하며 주님을 섬기고, 다시 기도와 금식을 한 후에 성령이 바나바와 사울을 파송하셨습니다. 이처럼 이 땅에서 드리는 기도와 기다림, 그리고 하늘에 계신 주님의 성령의 능력 안에서 예수 그리스도의 교회는 비로서 선교 현장에서 기쁨과 축복을 누립니다."(앤드류 머리).

그분의 사역 안에서,

조하파

---

92) 전주 예수병원

> Soonchun, Korea
> November 30, 1946

Dear Friends:

All American Thanksgiving Day was observed here this week. the Southern Presbyterian missionaries in Korea had Thanksgiving Dinner in the home of Dr. and Mrs. R. M. Wilson. Everyone of you who has ever had a meal in the Wilson home knows what a great time we had. A Thanksgiving service, which it was my privilege. to conduct, was held here. We thanked God for our country, our Korea missionaries, and friends and supporters at home, our children, our new recruits in prospect, our health, the reception given us by our Korean constituency, and for the many evidences of the Spirit's work in the Korean churches. Our Survey Committee began its sessions Thanksgiving evening, and continued them thru the next day. A survey of our task and prospect may be well described in the words of I Cor. 16:5-9. Here we are told that Paul, the missionary, was unsettled, at the same time under divine direction, and that the reasons for his tarrying at Ephesus were the open door of opportunity and the opposition. I know of no better

순천, 한국
1946년 11월 30일

사랑하는 친구들에게,

미국의 추수감사절은 이번 주에 한국에서도 열렸습니다. 한국 남장로교 선교사들은 윌슨 박사[93] 부부의 집에 모여 추수감사 만찬을 가졌습니다. 윌슨 가정에서 식사한 적이 있는 여러분은 우리가 얼마나 즐거운 시간을 보냈는지 잘 아실 것입니다. 제가 주관한 추수감사 예배도 이곳에서 열렸습니다. 우리는 우리 미국, 한국의 선교사들, 고향의 친구와 후원자들, 우리 아이들, 앞으로 합류할 신입 선교사들, 우리의 건강, 한국 교회에서의 성령의 역사의 많은 증거들에 감사했습니다.

우리 조사위원회는 추수감사 저녁에 시작하여 다음 날까지 계속했습니다. 우리의 사역과 전망에 대한 조사는 고린도전서 16장 5~9절의 말씀으로 잘 설명할 수 있습니다. 여기서 우리는 선교사

---

93)
윌슨 박사: Dr. Wilson, Robert Manton(우월손/우일선, 1880.1.11.~1963.3.27.). 아칸소주 콜럼버스 출생하여 세인트루이스 워싱턴의과대학과 뉴욕 성서신학교에서 수학하고 의사 선교사로 1908년 내한, 광주 병원과 여수 애양원에서 진료하며 특별히 나환자 치료 사역에 헌신하였다. 아내 베시 녹스(Lorena Knox, 1881.7.19.~1962.3.13.)는 노스캐롤라이나 나주 데이비슨 출신으로 1907년 내한하여 목포에서 간호사로 사역중, 1909년 광주에서 윌슨 박사와 결혼하였다. 7남매 자녀중 제임스와 존 녹스는 부모에 이어 2대째 한국 의료 선교에 충성하였다.

description of our life and work in Korea now - unsettled, under divine authority, open door, opposition. This in a nutshell is a four-point presentation of present day re-pioneering in Korea.

Now for the immediate occasion of this letter Christmas Greetings!

"FOR UNTO US A CHILD IS BORN, UNTO US A SON IS GIVEN - OF THE INCREASE OF HIS GOVERNMENT AND PEACE THERE SHALL BE NO END UPON THE THRONE OF DAVID."

At present writing I have not given up all hope of the possibility of Mrs. Hopper's getting to Korea by Christmas, although as yet no definite word has come of her sailing from the U.S. With Joe and Dorothy busy in their home mission field in Virginia, and looking forward to coming out to Korea next year, George at the Seminary in Richmond, and Mardia and her husband and little Mary and Tommy in Richmond where my son-in-law is also a student in Union Seminary, I am ready to exclaim, "How great are God's mercies and faithfulness from generation to generation!"

On December 27, I am due to begin teaching in the month's Bible Institute for Men in Soonchun; on February 10, to preach and teach three times a day for the ten day Bible

바울이 불안정했지만 동시에 신의 인도 아래 있었음을, 그리고 그가 에베소에 머물렀던 이유가 기회의 열린 문과 반대 세력이었다는 것을 알게 됩니다. 지금 한국에서의 우리의 삶과 사역을 이보다 더 잘 설명할 수 있는 말은 없다고 생각합니다 - 불안정, 신의 권위 아래, 열린 문, 반대. 이는 현재 한국에서 재개척 사역을 간결하게 정리한 네 가지 포인트입니다.

이제 이 편지를 쓰게 된 즉각적인 이유는 바로 크리스마스 인사입니다! "우리에게 한 아기가 태어났고, 우리에게 한 아들이 주어졌습니다. 그의 통치와 평화가 끝이 없으며, 다윗의 왕좌 위에 세워질 것입니다." [94]

현재 이 편지를 쓰는 시점에서, 크리스마스 전에 제 아내가 한국에 복귀할 가능성을 완전히 포기한 것은 아닙니다. 아직 미국에서의 출항에 대한 구체적인 소식은 오지 않고 있습니다. 큰 아들 조와 도로시 부부는 버지니아에서 가정 사역에 바쁘고, 내년에 한국에 올 것을 기대하고 있습니다. 막내 아들 조지는 리치몬드의 유니언 신학교 학생이고, 딸 마르다와 그녀의 남편 톰슨 브라운, 그리고 그들의 자녀 메리와 토미는 리치몬드에 살고 있습니다. 내 사위도 그곳 유니온 신학교 재학중입니다. 저는 "하나님의 자비와 신실하심이 대대로 얼마나 크신가!"라고 외치고 싶습니다.

---

94) 사 9:6-7

class for Women in Kwangju. Preached twice last Sunday in Kwangju, and twice the previous Sunday in Mokpo. Expect to preach in the Central Church, Kwangju, tomorrow, and go to Seoul Monday at the call of the government for a conference of the missionaries with General Lerch.

With every good wish for the Christmas Season and New Year,

Yours in His service,

Joseph Hopper.

12월 27일, 저는 순천의 한 달 과정의 남자 성경학원에서 가르치는 일을 시작할 예정입니다. 2월 10일에는 광주에서 열흘 과정의 여자 사경회에서 하루에 세 번 설교하고 가르칠 예정입니다. 지난 주 일요일에는 광주에서 두 번 설교했으며, 그 전 주 일요일에는 목포에서 두 번 설교했습니다. 내일은 광주 중앙 교회에서 설교할 예정이며, 월요일에는 미군정의 요청으로 선교사들과 함께 러치 장관[95]과의 회의에 참석하기 위해 서울로 갈 예정입니다.

크리스마스 시즌과 새해에 대한 모든 좋은 소망을 전합니다.

그의 사역 안에서,

조하파

---

95) 러치 장관: 해방후 2대 미군정장관

> Kwangju, Korea
> December 25, 1946

Dear Korea Missionaries:

This Christmas I have been the only one of our missionaries in Kwangju. Cumming went to Seoul last Friday, and I have not heard from him since. Have talked by phone within the last few days to the Wilsons, Crane and Linton. Was much elated over the report that ten of our missionaries were sailing for Korea on December 22, then I came down like a skyrocket at the next news that their sailing had been cancelled. Hope they all will be coming soon.

Tonight, I have conducted for the Chaplain his Wednesday night service for the soldiers. This morning he led a Christmas service here in the Bell home. The furnace at the chapel is not in good shape yet.

Last night I was at Yangnim church for their Christmas exercises. Imagine my surprise when a chorus struck up singing one of their Christmas songs to the tune of "Dixie." A male duet was to the tune of "Whispering Hope." Both of these numbers were well rendered.

Last night, Mr. Cho, a former helper of Dr. Talmage, had the

광주, 한국
1946년 12월 25일

사랑하는 한국 선교사 여러분께,

저는 이번 크리스마스에 광주에 유일하게 남아있는 선교사입니다. 커밍 목사는 지난 금요일 서울로 갔고, 그 이후로 그의 소식을 듣지 못했습니다. 최근 며칠동안 윌슨 박사, 크레인 목사, 린턴 목사[96]와 전화하였습니다.

12월 22일에 우리 선교사 10명이 한국으로 출항한다는 소식에 크게 기뻐했는데, 출항이 취소되었다는 소식을 듣고는 실망이 큽니다. 그들이 곧 올 수 있기를 바랍니다.

오늘 밤, 저는 종군 목사를 도와 군인들의 수요 저녁 예배를 함께 했습니다. 오늘 아침 그 목사는 벨 집에서 크리스마스 예배를 인도했습니다. 예배당의 난방시설이 아직 좋지 않습니다.

어젯밤, 저는 양림교회에서 크리스마스 프로그램에 참석했습니다. 그들이 크리스마스 노래를 "딕시"의 멜로디에 맞춰 부르는 걸

---

96) 린턴 목사: Rev. Linton, William Alderman(인돈, 1891.2.8.~1960.8.13.). 조지아주 토마스빌 출생하여 조지아공과대학을 졸업하고, 21살 때인 1912년 9월 내한, 교육 사역을 하였고, 1956년엔 한남대학교를 설립하였다. 아내는 유진벨의 딸 샬럿 위더스푼이며, 4자녀 중 휴 린턴(인휴)과 드와이트 린턴(인도아)도 선교하였다.

men of his church - eighteen of them - to sleep at his home, and then they arose about 4 a.m., and went over the city singing carols. How about suggesting such a project for the Men-of-the-Church in the U.S.? (I gave him a box of cocoa and about a pound of sugar which he used for refreshments.) Yesterday, Kim Chang Gook Moksa came to see me about my part in the Bible Class for Women on February 10-19. I am scheduled for the devotional service each morning, an afternoon Bible Class, and the night preaching. Please remember me in prayer particularly as I prepare for and render this service.

Last Sunday I had the opportunity of preaching to about thirty-five negro soldiers. Just before the sermon, I called for a volunteer quartette to sing a negro spiritual. You know how I enjoyed hearing them sing "Steal Away to Jesus."

Last week, Cumming and I were present for the Christmas exercises of the Woman's Bible School here. Both of us have been doing a little teaching for them. They are a very small group, but have a good nucleus. They are a fine illustration of what can be done with practically no equipment. The Men's Bible Institute in Soonchun has been called off because of lack of funds.

Kwangju Station is not like it used to be in many ways.

듣고 매우 놀랐습니다. 남성 듀엣은 "Whispering Hope"의 멜로디에 맞춰 노래했습니다. 이 두 곡 모두 잘 불렀습니다.

지난 밤, 탤미지 목사[97]의 이전 조사였던 조용택[98] 선생은 그의 교회 남성들, 총 18명과 그의 집에서 자고 아침 4시에 일어나 시내를 돌아다니며 성탄 새벽송을 하였습니다.

미국의 교회 남성들에게도 이런 프로젝트를 제안해 보는 건 어떨까요?(저는 그에게 코코아 한 상자와 설탕 약 1파운드를 주어 다과로 사용케 했습니다.)

어제, 김창국 목사가 2월 10일부터 19일까지의 여성 사경회에 대한 저의 역할에 대해 이야기하러 찾아왔습니다.

저는 매일 아침 경건 회의, 오후 성경 공부, 그리고 저녁 설교를 맡기로 하였습니다. 이 봉사를 준비하고 수행하는 데 특히 기도해 주시기 바랍니다.

지난 일요일, 저는 약 35명의 흑인 군인들에게 설교할 기회를 가졌습니다. 설교 직전에, 저는 자원하여 네 명이 함께 부를 흑인 영

---

97) 탤미지 목사: Rev. Talmage, John Van Neste(타마자, 1884.12.30.~1964.9.12.). 뉴저지주 뉴어크에서 출생하여 프린스턴신학교를 졸업하고 1910년 8월 아내 엘리자 에머슨과 함께 내한하였다. 담양 순창 순회 전도 및 순담성경학원을 설립하였다. 7자녀중 존 에드워드(타요한), 재닛 크레인, 마리엘라(부마리아) 등이 대를 이어 선교하였다.

98) 조용택: 1902년 담양 옥과 태생의 조용택은 탤미지 목사의 조사로 교회 시무중 신사참배 반대하며 옥고를 치루기도 했다. 1950년 6.25 전쟁중에는 유화례 선교사의 피신을 도와주던 중 순교하였다.

It is more like an army camp. Some of the buildings and grounds have been changed considerably. The armed forces are occupying nearly all of the buildings. They plan to have the old building of the Girls School in shape for missionary occupancy "in due course." Soonchun is in better shape at present for housing missionaries than any of our stations. Several of us expect to sojourn there after the next delegation arrives. The Unger house has been repaired for the Hoppers.

This is the first Christmas of my life spent away from every member of my family. It makes me realize anew how I have been blessed all my life by Him who "Setteth the solitary in families."

Yours in His service,

Joseph Hopper.

가 단체를 요청했습니다. 그들이 부르는 "Steal Away to Jesus"를 듣는 게 얼마나 즐거웠는지 아시려나요.

지난 주, 커밍 목사와 저는 여자 성경학원의 성탄 활동에 참석했습니다. 우리 둘 다 그들을 조금 가르쳤습니다. 그들은 아주 작은 그룹이지만 좋은 기반이 있습니다. 그들은 사실상 장비가 전무한 상황에서도 무엇을 할 수 있는지를 잘 보여줍니다. 순천의 남자 성경학원은 자금 부족으로 취소되었습니다.

광주 선교부는 예전과 여러 면에서 다릅니다. 지금은 군대 캠프 같은 모습입니다. 일부 건물과 부지가 많이 달라졌습니다. 무장한 군대가 거의 모든 건물을 차지하고 있습니다. 그들은 "적절한 시기"에 선교사들이 사용할 수 있도록 여학교의 오래된 건물을 준비할 계획입니다.

현재 순천은 우리의 모든 선교부 중에서 선교사들이 거주하기에 가장 좋은 상태입니다. 우리 몇 명은 다음 대원이 도착한 후 그곳에 머무를 예정입니다. 엉거 목사[99]집은 하퍼 부부를 위해 수리되었습니다. 이번 크리스마스는 제 인생에서 가족의 모든 구성원과 함께하지 않은 첫 번째 크리스마스입니다.

~~~~~~
99) 엉거 목사: Rev. Unger, James Kelly(원가리, 1893.4.9.~1986.1.8.). 미시시피주 출생하여 프린스턴신학교 졸업후 아내 스미스와 함께 1921년 내한하였다. 엉거 목사는 순천 매산학교장과 애양원 원목활동을 주로 하였고, 음악을 전공한 스미스 사모는 매산여학교 음악교육과 성가대 지도하였다.

조하파 사택

"고독한 자를 가족 속에 두시는" [100]그분으로 인해 평생 저를 얼마나 축복하셨는지를 새롭게 깨닫게 됩니다.
주님의 사역 안에서,

조하파

---

100) 시 68:6

Mokpo, Korea
July 15, 1947

Dear Friends:

One year ago today, I left my family in Montreat, North Carolina, and started for Korea as a member of the Korea Survey Committee of our Church. The last week in January 1947, my wife was one of a party of three, wives of members of the Survey Committee, to arrive in Korea. In February, Drs. Darby Fulton and Wm. Elliott visited Korea. Early in March, my sister and Miss Ada McMurphy were two of a party of seven of our missionaries to get to Korea. On March 19, the four of us mentioned above reoccupied our former station in Mokpo. In April, the Korea Mission of the Presbyterian Church, U.S. was reorganized - seventeen of our missionaries being on the field at the time. On May 13, Mokpo Presbytery was organized with twenty Korean ministers, and a total church membership of about 2,500, located in a territory of more than 1,000,000 population. The above are some of the highlights of the year just passed. "Here I'll raise my Ebenezer,
Hither by Thy help I'll come."

목포, 한국
1947년 7월 15일

사랑하는 친구들에게,

오늘은 제가 노스캐롤라이나주 몬트리트에 있는 가족을 떠나 우리 선교회의 한국 조사위원회 일원으로 한국 사역을 재개한 지 1년이 되는 날입니다.

1947년 1월 마지막 주, 제 아내는 조사위원회 위원들의 세 아내 중 한 사람으로 한국에 도착했습니다. 2월에는 미남장로교 해외선교위원회 풀턴 박사와 엘리엇 목사가 한국을 방문했습니다.

3월 초, 제 여동생 마가렛 하퍼와 맥머피 선교사는 우리 선교사 일곱 명의 일원으로 한국에 다시 왔습니다. 3월 19일, 위에 언급한 네 명은 다시 목포의 옛 선교지로 복귀했습니다.

4월에는 미남장로교 한국선교회가 17명의 선교사로 재편성되습니다. 5월 13일에는 목포 노회[101]가 20명의 한국인 목사와 함께 조직되었으며, 인구 100만이 넘는 지역으로 약 2,500여 성도가 있습니다. 이들의 지난 1년간을 이렇게 말할 수 있습니다.

---

101) 목포노회: 전남노회로부터 분립하여 1947년 5월 13일 양동교회에서 새롭게 조직하였다. 목사 18명, 장로 33명, 선교사 대표 1명 등 52명의 총대가 참여했으며 초대 노회장은 이남규 목사가 맡았다.

Today is a hot, sultry day in the midst of the rainy season, the time of the year when formerly we would be at our summer camp "Chidi San." However, for a number of reasons Chidi is not in our plans for this summer. Our little mountain cottage, "Dixie Cabin," is probably in ruins. The matter of transportation, food supplies, and finances are other practical reasons for our not going to the mountains this summer.

Here are some of the affairs of today. Before breakfast went to the railroad station to get a captain who was going to Kwangju to mail some letters for us. Since the 55th M.G. Company has gone from Mokpo, our mail service is somewhat unsettled. After breakfast, I went to see about the wall in front of our compound, a section of which had taken a slide during the night because of a very heavy downpour of rain. I found the people living below the wall considerably disturbed. Of course the wall must be repaired, but this calls for Korean yen which it is very difficult for us to get now. Later in the morning I studied for a while "The Mystery of the Kingdom of God," a good article on the subject being in the last issue of "Interpretation," also in the International Standard Bible Encyclopedia, and in Lightfoot on Colossians. The latter part of the morning was taken up

"이곳에 나는 내 에벤에셀을 세우고,
주님의 도움으로 여기에 이르렀습니다." [102]

오늘은 장마철 한가운데서 무덥고 습한 날입니다. 예전에는 여름 캠프인 "지리산"에 가곤 했었죠. 하지만 여러 이유로 올 여름에는 지리산에 가지 못할 것 같습니다. 우리의 작은 산장 "딕시 캐빈"은 아마도 폐허가 되었을 것입니다. 교통, 식량 공급, 재정 문제 등 여러 현실적인 이유로 이번 여름에는 산에 가지 못하고 있습니다. 오늘의 일정은 아침 식사 전에, 광주로 떠나는 캡틴을 만나기 위해 기차역에 갔습니다. 그가 우리를 위해 편지를 부칠 예정이었습니다. 55th M.G. 회사가 목포를 떠난 이후로 우리의 우편 서비스는 다소 불안정해졌습니다.

아침 식사 후, 우리 단지 앞 벽이 밤새 폭우로 인해 일부 무너진 것을 점검하기 위해 가봤습니다. 벽 아래에 살고 있는 주민들은 상당히 불안해했습니다. 물론 벽은 보수해야 하지만, 이를 위해서는 한국의 엔이 필요한데, 현재 그것을 얻기 매우 어렵습니다.

아침 후반에는 "하나님 나라의 신비"에 대한 기사를 공부했습니다. 이 주제에 대한 좋은 기사가 최근의 "인터프리테이션"호와 국제 표준 성경 백과사전, 그리고 라이트풋의 골로새서에 있습니다.

---

[102] 삼상 7:12

in getting some flowers and shrubs from Col. Tuggle's home to be put out around our residence. Before I could get to my dinner, a young Korean called to see me, wanting help. After dinner, I had a little time for rest, with interruptions. One interruption was in the form of a call by two young Korean boys from the Central Presbyterian Church of Mokpo. They were representing their young people, and requested me to preach next Sunday night when they are to have charge of the service. I was glad to accept such an opportunity.

Re-pioneering in Korea is no child's play. It is the challenge of a hard job. Our hope is in the God of wonder-working power. "Without God, do not go over the threshold. With God, go over the Sea."

Yours in His service,

Joseph Hopper.

아침의 나머지 시간은 터글의 집에서 우리 사택 주변에 심을 꽃과 관목을 가져오는 데 썼습니다.

저녁 식사를 하기 전에, 한 젊은 한국인이 도움을 요청하러 저를 찾아왔습니다. 저녁 식사 후에는 잠깐의 휴식을 취할 시간이 있었지만, 몇 차례 방해를 받았습니다. 그 하나는 목포 중앙교회 소속의 두 젊은이가 저를 찾아와 그들의 청년부를 대표해 다음 주 일요일 저녁 예배에 설교해 달라고 요청한 것이었습니다. 저는 그 기회를 기꺼이 수락했습니다.

한국에서의 재 개척은 결코 아이들 놀이가 아닙니다. 힘든 작업에 대한 도전입니다. 우리의 소망은 기적을 행하시는 하나님 안에 있습니다. "하나님 없이 문턱을 넘지 마십시오. 하나님과 함께라면 바다를 건너십시오." [103]

주님의 사역 안에서,

조하파

---

103) 렘 5:22

> Written' on a small boat some distance
> from Mokpo, Korea
> November 24, 1947

Dear Friends:

This week-end I have spent on two of the "waiting isles" (Isaiah 42:4b) in the direction of the land of Sinim (China? Isaiah 49:12). The first one visited has a population of about 10,000, and about one in a hundred is a Christian. The second island has a little larger percentage of Christians. At its largest church yesterday morning, a good number assembled for worship which included both sacraments.

I wish you could have heard at the night meeting ten young people sing as a special number, "Jesus, lover of my soul." "From the uttermost part of the earth have we heard songs: Glory to the righteous." (Isaiah 24:16a).

At this Thanksgiving Season, we are reminded of Deuteronomy 2:7, and apply it to ourselves. Surely our work has been blessed of Him, our walk known to Him, and our want supplied by Him. The reception given us everywhere by our Christian constituency is most gratifying, and their sustained interest in our message. This fall in the center of my former evangelistic field a week's Bible Class had an

> 한국 목포에서 좀 떨어진 작은 배 위에서
> 1947년 11월 24일

사랑하는 친구들에게,

이번 주말 동안 저는 "기다리는 섬" 두 곳(사 42:4b)에서 시간을 보냈습니다. 이 섬들은 '시님'(중국?)의 땅을 향해 있습니다(사 49:12). 첫 번째로 방문한 섬은 약 10,000명의 인구를 가지고 있으며, 약 100명 중 한 명이 기독교인입니다. 두 번째 섬은 기독교인의 비율이 조금 더 높습니다. 어제 아침 가장 큰 교회에서 많은 성도들이 모여 세례와 성만찬과 함께 예배를 드렸습니다.

저녁 모임에서는 10명의 젊은이가 "예수, 내 영혼의 사랑하는 분"라는 특별 찬송을 부르는 것을 들으셨으면 좋았을 것입니다.

"땅 끝에서부터 노래하는 소리가 우리에게 들리기를 의로우신 이에게 영광을 돌리세 하도다."(사 24:16a).

이번 추수감사절 시즌에 신명기 2장 7절을 상기하며 우리 스스로에게 적용합니다. 분명 우리가 한 일은 그분의 축복이었고, 우리의 행보는 그분께 알려져 있으며, 우리의 필요는 그분에 의해 공급되었습니다. 기독교 공동체가 우리에게 보여준 환대는 매우 고무적이며, 메시지에 대한 그들의 지속적인 관심 또한 그렇습니다.

이번 가을 제가 이전에 전도했던 지역에서 열린 7일간의 사경회

enrollment of 267. It was a great joy to break unto them the Bread of Life, and to have fellowship with old friends, a number of whom in former years I had baptized, or received into the catechumenate, or heard recite the catechism.

In Mokpo, the Bible School has an enrollment of 80, and the school for girls over 100. Each of our three lady missionaries in Mokpo teaches in these institutions, and I teach three subjects in the Bible School. Mokpo presbytery has charge of these schools, which are conducted in our Mission buildings. By degrees our Mission property is being rehabilitated, but this task is just well begun.

"Unsettled" is the word that continues to describe the situation in Korea materially, politically, and spiritually. Jesus Christ is the only hope. The return to the field recently of more of our missionaries is a wonderful help, and we are especially thankful for the prospect of getting six new recruits in the near future - the appointees now studying the Korean language at Yale University.

"Give of thy sons to bear the message glorious;
Give of thy wealth to speed them on their way;
Pour out thy soul for them in prayer victorious;
And all thy spendest Jesus will repay."

As the Christmas Season approaches, we wish for each of

에는 267명이 등록했습니다. 생명의 떡을 나누고, 오랜 친구들과 교제하는 것은 큰 기쁨이었습니다. 그 중에는 제가 이전에 세례를 주었거나, 학습자가 되었거나, 학습 문답을 들었던 친구들이 있었습니다.

목포 성경학교에는 80명이 등록하였고, 정명 여학교는 100명이 넘습니다. 목포의 세 여성 선교사가 각각 이들 기관에서 가르치고 있으며, 저는 성경학교에서 세 과목을 가르치고 있습니다. 목포 노회가 이 학교들을 맡고 있으며, 이들은 우리 선교 건물에서 운영되고 있습니다. 점차 우리의 선교 재산이 복구되고 있지만, 이 작업은 이제 막 시작된 상태입니다.

"불안정하다"는 말은 물질적, 정치적, 영적으로 혼란스런 한국의 상황을 계속 대변합니다. 오직 예수 만이 유일한 희망입니다. 최근 더 많은 선교사들이 현장으로 돌아온 것은 큰 도움입니다. 예일(대학교) 극동어학원에서 한국어 공부중인 6명의 신입 선교사가 가까운 시일 내에 허입될 수 있다는 전망에 특히 감사합니다.

"네 자녀도 이 복음 전파하라
늘 기도와 온 재물 드려서
이 복음을 힘써 전파하면
영광의 상을 네가 받으리." [104]

---

104)
새찬송 501장 4절

you a most happy Christmas, and in our greetings would repeat words from three scriptural prophecies: 1. From Isaiah - "Of the increase of his government and of peace there shall be no end." 2. From the angel Gabriel - "And of his kingdom there shall be no end." 3. From great voices in heaven - "The kingdom of the world is become the kingdom of our Lord, and of his Christ; and he shall reign for ever and ever."
Yours in His service,

Joseph Hopper.

크리스마스 시즌이 다가오면서, 여러분 모두에게 행복한 크리스마스를 기원하며, 세 가지 성경 예언의 말씀을 반복합니다:
1. 이사야에서 - "그 정사와 평강의 더함이 무궁하며."
2. 천사 가브리엘에서 - "그 나라가 무궁하리라."
3. 하늘의 큰 목소리에서 - "세상 나라가 우리 주와 그의 그리스도의 나라가 되어 그가 세세토록 왕 노릇 하시리로다." [105]
주님의 사역 안에서,

조하파

---

[105] 1. 사 9:7, 2. 눅 1:33, 3. 계 11:15

> Mokpo, Korea
> July 24, 1948

Dear Friends:

Today, July 24, is an epoch-making date for little Korea, marking the inauguration in Seoul of the first president of Korea, Dr. Syngman Rhee. Although the iron curtain remains, bisecting Korea, and the shadow of communism still lingers, in South Korea flags are flying, and many Koreans have high hopes for an independent nation.

Last Sunday, I preached in the Mokpo penitentiary to some 500 prisoners. The Korean word for prisoner is the same as that for sinner. It is great to have good news for the worst of sinners.

"He breaks the power of reigning sin

He sets the prisoner free;

His blood can make the foulest clean,

His blood availed for me."

Day before yesterday at "Kimpo", the airport of Seoul, I saw our colleagues Rev. and Mrs. W. A. Linton, take off in the "Shanghai" of the Northwest Air Lines for the States, where he is expecting to undergo a major operation. We hope and

목포, 한국
1948년 7월 24일

사랑하는 친구들에게,

오늘 7월 24일은 한국의 획기적인 날입니다. 서울에서 한국의 초대 대통령인 이승만 박사가 취임하는 날이기 때문입니다. 비록 한국을 양분하는 철의 장막이 여전히 있고 공산주의의 그림자가 남아 있지만, 남한에서는 태극기가 펄럭이며 다수의 국민들이 독립국가에 대한 큰 기대를 가지고 있습니다.

지난 일요일, 저는 목포 교도소에서 약 500명의 수감자에게 설교했습니다. 한국어로 '수감자'라는 말은 '죄인'과 동일한 의미입니다. 최악의 죄인들에게도 복음의 소식은 큰 기쁨입니다.

"그는 다스리는 죄의 권세를 깨뜨리고
수감자를 자유롭게 하신다;
그의 피가 가장 더러운 것을 깨끗하게 할 수 있다,
그의 피는 나를 위해 유효하다."

그저께 서울 김포 공항에서 우리 동료인 린턴 목사 부부가 노스웨스턴 비행기를 타고 상해로 가시는 것을 보았습니다. 그는 미국에서 큰 수술을 받을 예정입니다. 우리는 그의 빠른 회복과 그들이 한국으로 조속히 돌아오기를 기도합니다.

pray for his speedy recovery, and their early return to Korea where they fill such an important place in the work of our Mission.

A primary need on the Mission field is consecrated personnel, laborers in the harvest, thrust forth by the Lord of the harvest. We are eagerly awaiting news from our prospective recruits, trusting that a number of them soon will be coming over to help us.

Mrs. Hopper has just come into the study and remarked about our fine garden. We now have for our use twelve or more different vegetables. Here they are: Beans, butterbeans, cabbage, carrots, tomatoes, onions, chive, squash, beets, lettuce, potatoes, corn. Vegetables yet to come are cauliflower, broccoli, pumpkin, egg-plant, okra, celery, pepper, endive. Turnip and spinach seed are yet to be planted. Had lots of strawberries in the spring. We have had apricots and cherries, and figs are yet to come. In our front yard, we are getting back a good stand of bluegrass, an ever-present reminder of my old Kentucky home.

We are so glad to hear of the sustained and increased interest in the Presbyterian Program of Progress; of the good increase in additions to the Church, and of the recognition given our Executive Secretary of Foreign Missions by the

그들은 우리 선교 사역에서 매우 중요한 역할을 맡고 있습니다.

선교지에서 가장 큰 필요 중 하나는 헌신된 일꾼입니다. 주님께서 보낼 수확의 일꾼들, 즉 추수의 주님에 의해 파견되는 사역자들이 필요합니다. 우리는 기대되는 신입 선교사들의 소식을 간절히 기다리고 있으며, 그들 중 여러 명이 곧 한국에 와서 우리와 함께할 것이라 믿습니다.

제 아내가 방으로 들어와서 우리의 멋진 정원에 대해 이야기합니다. 현재 우리는 열두 가지 이상의 다양한 채소를 재배하고 있습니다.

여기에 포함된 채소는 다음과 같습니다:

콩, 버터콩, 양배추, 당근, 토마토, 양파, 부추, 호박, 비트, 상추, 감자, 옥수수. 앞으로 나올 채소로는 꽃양배추, 브로콜리, 호박, 가지, 오크라, 셀러리, 고추, 엔다이브입니다. 무와 시금치 씨앗도 아직 심어야 합니다. 봄에는 많은 딸기를 수확했습니다.

최근에는 살구와 체리를 수확했고, 무화과는 아직 수확하지 못했습니다. 우리 앞마당에는 켄터키 고향을 늘 상기시켜주는 블루그래스가 잘 자라고 있습니다.

나는 장로교 진전 프로그램에 대한 지속적이고 증가하는 관심에 대한 소식을 듣게 되어 매우 기쁩니다. 교회에 대한 추가 사항도 좋은 증가세를 보이고 있으며, 마지막 총회에서 외국 선교부의 집행 비서에게 주어진 인정에 대해서도 기쁘게 생각합니다.

last General Assembly. We hope to get soon interesting reports of the summer conferences held at Montreat and elsewhere.

Yours in His service,

Joseph Hopper.

우리는 몬트리트 및 기타 지역에서 열린 여름 회의에 대한 흥미로운 보고를 곧 받을 수 있기를 바랍니다.

주님의 사역 안에서,

조하파

Mokpo, South Chulla Frovince Korea, Asia
November 24, 1948

Dear Friends:

Here are a few "Korea Briefs" - THE COMMUNIST SITUATION - Following the Sunchon-Yosu incident the Korea government is seeking to control the situation, with some measure of success. A communist was shot and killed near our Mission compound in Mokpo last week, and some communists found among Mokpo students have been arrested. Curfew sounds at 7:30 p.m., and train travel at night is reduced to a minimum. This is a great time for us to remember that "The eternal God is our dwelling place, and underneath are the everlasting arms."

E NAM KYU, NEW GOVERNOR OF SOUTH CHULLA, now in office at the provincial capital, Kwangju. A graduate of our Mokpo Boys' School, and the Presbyterian Theological Seminary of Pyeng Yang, he was until recently pastor of the Yangdong Presbyterian Church, Mokpo. He has served for years with Mokpo missionaries in the evangelistic field.

NEW YANGDONG PASTOR INSTALLED RECENTLY,

아시아, 한국, 전라남도, 목포
1948년 11월 24일

사랑하는 친구들에게,

여기 몇 가지 "한국 소식"을 전합니다. - 공산주의 상황 -

순천-여수 사건 이후 한국 정부는 상황을 통제하기 위해 노력하고 있으며, 어느정도 성공을 거두고 있습니다. 지난주에는 목포 선교부 단지 근처에서 한 공산주의자가 총에 맞아 사망했고, 목포 학생들 중 일부 공산주의자들도 체포되었습니다.

저녁 통금 시간은 오후 7시 30분이며, 저녁 기차 운행은 최소화되었습니다. 이 일들로 "영원하신 하나님이 네 처소가 되시니 그의 영원하신 팔이 네 아래에 있도다."[106]라는 말씀을 새기게 합니다.

전라남도 신임 도지사 이남규[107]는 현재 도청이 있는 광주에서 일하고 있습니다. 그는 우리 목포 남학교와 평양의 장로회 신학교를 졸업한 후, 최근까지 목포의 양동교회 목사로 재직했습니다.

그는 수년간 목포 선교사들과 함께 전도 사역을 해왔습니다.

---

106)
신 33:27

107)
이남규: 1901년 무안군 청계면 복길리 출생. 평양신학교를 졸업하고 1937년 목사 안수후 목포연동교회 담임, 해방후 양동교회 담임하였고 1948년 제헌 의원과 전라남도 초대 도지사도 역임하였다.

the one ordained missionary in Mokpo preaching the sermon, This mother church in Mokpo is already taking on new life and growth.

MOKPO BIBLE SCHOOL WITH 115 STUDENTS ENROLLED AND GIRLS' SCHOOL WITH ABOUT 170 STUDENTS BOTH DOING GOOD WORK. The moderator of Mokpo Presbytery is head of the former, and Dr. Choi Sup, leading Christian citizen of Mokpo, is giving his services without compensation as head of the Girls' School. My schedule in connection with the Bible School includes the teaching of Isaiah, Minor Prophets, Revelation, Theology Proper, and Soteriology.

NEW RECRUITS FOR SOUTHERN PRESBYTERIAN MISSION ARRIVE. Rev. and Mrs. Joe B. Hopper and little daughter, Alice Ruth, Chunju; Rev. and Mrs. Eugene Daniel, Sunchon; Misses Janet and Mariella Talmage, Mokpo. Little Alice Hopper has the distinction of being the first child in our Mission since the re-opening of our Korea work in 1946. May her tribe increase!

The presidential election in USA brought us a complete surprise. We are eagerly awaiting for papers and magazines to tell us in detail as to how it came about.

The birth recently of a royal son in England, bringing

최근 새로 부임한 양동교회 목사는 목포에서 설교를 하며 안수받은 선교사입니다. 목포의 어머니교회로서 이미 새 생명과 성장을 하고 있습니다.

목포 성경학교는 115명이 등록하였고, 여학교는 약 170명이 재학 중이며, 두 학교 모두 좋은 성과를 내고 있습니다. 목포 노회장이 성경학교의 책임자이며, 목포 기독교 지도자인 최섭 박사는 여학교의 책임자로서 무보수 봉사하고 있습니다.

저는 성경학교에서 이사야, 소선지서, 요한계시록, 신학, 구원론을 가르치고 있습니다.

남장로교 신입 선교사들이 도착했습니다. 제 아들 조요섭 목사 부부[108]와 어린 딸 앨리스 루스[109]는 전주에, 유진 다니엘 목사[110] 부부는 순천에, 쟈넷[111]과 마리엘라 탈메이지[112] 양은 목포로 부임하였습니다. 앨리스 (루스) 하퍼 어린이는 1946년 한국 선교 재개 이

~~~~~~

108)
조요섭 목사: Rev. Hopper, Joseph Barron(조요섭, 1921.5.17.~1992.4.27.). 광주에서 조하파 목사의 첫 아들로 태어났으며, 부모에 이어 2세대 선교사로 아내와 함께 전주에서 사역하였다.

109)
엘리스 루스: Alice Ruth(1947~). 조요섭 목사의 맏딸이며 1970-1971년 광주에서 선교사 자녀 교육 선교사역 며 조하파 할아버지에 이은 3대째 선교 가업을 이뤘다. 2025년 현재 애틀란타 거주.

110)
다니엘 목사: Rev. Daniel, Eugene Lewis Jr.(단이열, 1910.12.4.~1995.4.25.). 조지아주 애틀란타 출신으로 콜롬비아 신학교 졸업하고 1947년 결혼한 간호사 아내 낸시(Nancy Ward Heyter, 1922.5.15.~1988.8.23.)와 함께 1948년 내한. 1964년까지 순천에서 사역하였다.

universal rejoicing all over that kingdom, reminds us anew of the approaching birthday of the Prince of Peace. May this season bring true rejoicing all over Christendom, and the giving of glory to God in the highest, hastening the time when the whole world will "bring back the song which now the angels sing."
Mrs. Hopper joins me in greetings and best wishes to each of you for a most happy Christmas season and New Year. Yours in His service,

Joseph Hopper.

6.25 당시 캔터키 신문에 난 조마구례 기사

후 우리 선교사 중 첫 번째 아동이라는 영예를 가지고 있습니다. 그녀의 가족이 번창하기를 바랍니다!

미국 대통령 선거는 우리에게 무척 놀라움을 줍니다. 우리는 어떻게 진행되고 있는 지에 대한 세부 내용을 전해 줄 신문과 잡지를 간절히 기다리고 있습니다. 최근 영국에서 왕자 탄생 소식이 전해져 그 왕국 전역에서 보편적인 기쁨을 안겨주며, 이것은 평화의 왕이 태어난 성탄이 다가오고 있음을 새삼 느끼게 합니다.

이 시즌이 그리스도인들 모두에게 진정한 기쁨을 가져다주고, 하나님께 영광을 돌리는 시간이 되어, 온 세계가 "지금 천사들이 부르는 노래로 다시 불려지는" 때가 오기를 기대합니다. 제 아내와 함께 여러분 모두에게 행복한 크리스마스 시즌과 새해되길 기원합니다.

주님의 사역 안에서,

조하파

---

111)
쟈넷 탤미지: Miss Talmage, Janet Crane(타자애/계자애, 1917~2000). 타마자 선교사의 넷째딸로 2세대 선교하던 중 1956년 동료 켈러(계일락) 의사와 결혼하여 전주예수병원에서 사역하였다.

112)
마리엘라 탤미지: Miss. Talmage, Mariella Provost(타마리아/부마리아, 1923.2.13.~2014.4.15). 타마자 선교사의 7번째 막내딸로, 1948년 내한하여 전주예수병원 간호사역하였으며, 1952년 미북장로회 목사인 프로보스트(부례몬)와 결혼. 대구와 경주에서 사역하였다.

86 Yangdong Mokpo, South Chulla Province,
korea, Asia
October 4, 1949

Dear Friends:

Several weeks ago you may have heard on your radio, or read in your daily, that 400 communists had broken out of prison in Mokpo and were causing considerable consternation here. May I add to this account that some of these men were evidently a part of my "penitentiary congregation." I had thought that was one congregation Just about three weeks that could not get away from me, but I was quite mistaken. before the outbreak, I preached to a congregation of about 250 of these men, giving each a copy of the Gospel of Luke. Most of the 400 men were caught and shot down by the authorities. Did our Gospel for the worst of sinners take root in the hearts of some of them before it was too late?

Friday of this week, I am due to go to the country to teach for a week in an annual Bible Class in the heart of my old evangelistic field. For each of two years, this class has had an attendance of about 250. Communistic disturbances may affect it some this year. This fall our Mokpo Bible

> 아시아, 한국, 전라남도, 목포, 양동 86번지 [113]
> 1949년 10월 4일

사랑하는 친구들에게,

몇 주 전, 여러분은 라디오나 신문에서 400여명의 공산주의자들이 목포 형무소에서 탈옥했다는 큰 사건 소식을 들었을 것입니다. 이 사건에 덧붙여 말씀드리자면, 그 중에는 제 '교도소 회중'의 일부도 있습니다. 저는 그 회중은 저를 피할 수 없으리라 생각했지만, 그 생각은 잘못된 것이었습니다.

탈출 전, 저는 이들 약 250명에게 설교하며 각자에게 누가복음 소책자를 나누어 주었습니다. 400명 중 대부분은 당국에 의해 붙잡혀 총살당했습니다. 악한 죄인들을 위해 우리가 전한 복음이 더 늦기전에 그들 영혼에 뿌리내렸을까요?

이번 주 금요일, 저는 제 옛 전도 구역에서 열리는 연례 사경회에서 한 주간 가르치기 위해 시골로 가기로 되어 있습니다. 지난 2년 동안 이 수업에는 약 250명이 참석했습니다.

올해는 공산주의의 소란이 이에 영향을 미칠 수 있습니다. 이번 가을, 목포 성경학교는 200명이 등록했으며, 목포 여자고등학교

---

113) 목포 선교부 콤파운드가 자리한 예전 주소이다.

School has opened with an enrolment of 200, and the Girls' High School with about 220. In Seoul, the Presbyterian Theological Seminary of Korea with which our Mission cooperates has an enrolment of 260. My assignment of work calls for my teaching in this seminary for six weeks from November 1. Dr. Winn is teaching in this institution at present. Please remember in your prayers this important work.

Much impetus has been given to the life and work of Mokpo station in recent months with the arrival of more missionaries from USA to strengthen our forces. In the spring there came Rev. and Mrs. John E. Talmage and three children; in the summer, Dr. and Mrs. Herbert Codington, and in the fall, Rev. and Mrs. R. K. Robinson and two children. In addition to the adults, you can imagine what a joy to have five missionary children in our midst. Mrs. Hopper is the teacher for the two Talmage children who are of school age.

In Korea NOW IS THE TIME. "He that hath the key of David" has set before us a door opened. We rejoice that "the key of sovereignty" is in His hands in fulfilment of the prophecy of Isaiah 22:22: "I will give to him the key of the house of David, upon his shoulder; and he shall open and

는 약 220명이 등록했습니다. 서울 장로회신학교는 우리 선교부와 협력하고 있으며 260명이 등록했습니다. 제 일은 11월 1일부터 이 신학교에서 6주간 가르치는 것입니다.

현재 윈 박사[114]가 이 학교에서 강의하고 있습니다. 이 중요한 일을 위해 기도해 주시기 바랍니다.

최근 몇 달간 많은 선교사들이 미국에서 도착함에 따라 목포 선교부의 삶과 사역에 큰 힘이 되고 있습니다. 봄에는 존 에드워드 탤미지 목사[115]와 세 자녀가, 여름에는 코딩턴 의사[116] 부부가, 가을에는 로빈슨 목사[117] 부부와 두 아이가 합류했습니다.

~~~~~~

114)
윈 박사: Rev. Winn, Samuel Dwight(위인사, 1881.8.27.~1954.12.9.). 노스캐롤라이나주 스테이츠빌에서 태어나 유니언과 프린스턴 신학교를 졸업하였다. 1912년 내한, 전주에서 교육과 전도 선교를 하고 1953년 은퇴하였다.

115)
에드워드 탤미지 목사: Rev. Talmage, John Edward(타요한, 1912.9.23.~2007.2.24.). 광주에서 존 탤미지(타마자) 목사 부부의 아들로 태어났다. 컬럼비아 신학교를 졸업하고 1937년 아내 로슬린(Roslin Thorne Arnold, 1912.11.16.~1979.2.15.)과 함께 내한, 부모에 이어 2대째 선교하였다. 한남대 2대 학장, 숭전대 이사장, 남장로교 선교부 재단 이사장 등을 역임했다.

116)
코딩턴 의사: Dr. Codington, Herbert Augustus Jr.(고허번, 1920.10.7.~2003.7.19.). 노스캐롤라이나주 뉴하노버에서 출생하여 코넬 의과대학을 졸업하고 유니언 신학교에서 수학하였다. 1949년 메리 랭카스터(Mary Littlepage Lancaster, 고베지, 1922.9.17.~2003.3.12.)와 결혼하여 함께 내한, 광주기독병원에서 의료 선교하였다.

117)
로빈슨 목사: Rev. Robinsin, Robert Kitchen Jr.(나빈선, 1919.7.9.~1988.3.26.). 웨스트 버지니아주 화이트 술푸르 스프링스에서 출생. 1945년 유니언 신학교 졸업하였고, 그해 루만(Elizabeth Eleanor Rhumann, 1917.6.24.~?)과 결혼하여 1949년 내한하였다. 목포 성서신학원과 대전 외국인학교에서 교육 사역하였다.

none shall shut; and he shall shut, and none shall open."
This letter is being written in the home of my son, Joe B. Hopper, in Chunju, where we are to have this evening a meeting of the Ad-Interim Committee of our Mission. Joe and family have been on the Mission field in Korea for one year. They are happily situated, and he and Dorothy are well into the life and work of Chunju Station. Their two little children are the infant members of this Mission station.
Yours in His service,

Joseph Hopper.

어른 외에도, 우리 선교사 가운데 자녀가 다섯 명 있다는 것은 얼마나 기쁜 일인지요. 제 아내는 학령기에 있는 탤미지의 두 아이들을 가르치고 있답니다.

한국은 지금이 바로 그때입니다. "다윗의 열쇠를 가진 자"께서 우리에게 열린 문을 보여 주셨습니다. 우리는 "주권의 열쇠"가 그 손에 있다는 것을 기뻐합니다. 이는 이사야 22장 22절의 예언을 성취한 것입니다: "내가 그에게 다윗의 집의 열쇠를 주리니, 그의 어깨 위에 두리라; 그가 열면 닫을 자 없고, 닫으면 열 자 없으리라."

이 편지는 제 아들 조요섭 목사 집에서 작성하고 있습니다.

오늘 저녁 우리는 우리 선교부의 조정위원회 모임을 할 예정입니다. 아들 가족은 한국 선교지에서 1년간 활동해 왔으며, 그들은 기쁘게 정착해 있고, 아들 부부는 전주 선교부의 생활과 사역에 잘 적응하고 있습니다.

그들 두 어린 아이들은 전주 선교부의 유아 회원입니다.

주님의 사역 안에서,

조하파

> Seoul, Korea
> November 26, 1949

Dear Friends:

With every good wish for a most happy Christmas and New Year, may we point you to two priceless gems of Scripture for appropriate messages, the one for Christmas and the other for the New Year:

"For ye know the grace of our Lord Jesus Christ, that, though he was rich, yet for your sakes he became poor, that ye through his poverty might become rich." "And God is able to make all grace abound unto you; that ye, having always all sufficiency in everything, may abound unto every good work."

At the present writing, I am in the capital city of Seoul, serving out my six weeks' assignment of teaching in the Presbyterian Theological Seminary of Korea. Although this institution has enrolled 260 students, it has no classroom and dormitory buildings of its own. Classes are held in a church building, and the students live here and there in the city where rooms may be found, and they eat only two meals a day. It is remarkable how they can sit for their classes for

한국, 서울
1949년 11월 26일

사랑하는 친구들에게,

가장 행복한 크리스마스와 새해를 기원하며, 우리는 여러분에게 두 가지 귀중한 성경 구절을 소개하고자 합니다.

하나는 크리스마스에 적합한 메시지이고, 다른 하나는 새해에 적합한 메시지입니다:

"우리 주 예수 그리스도의 은혜를 너희가 알거니와 부요하신 이로서 너희를 위하여 가난하게 되심은 그의 가난함으로 말미암아 너희를 부요하게 하려 하심이라." [118]

"하나님이 능히 모든 은혜를 너희에게 넘치게 하시나니 이는 너희로 모든 일에 항상 모든 것이 넉넉하여 모든 착한 일을 넘치게 하게 하려 하심이라." [119]

지금 저는 이 나라 수도인 서울의 장로회 신학교에서 6주 간의 강의를 수행하고 있습니다. 이 학교에는 260명의 재학생이 있지만, 전용 강의실이나 기숙사 건물이 아직 없습니다. 수업은 교회를 빌

---

118)
고후 8:9
119)
고후 9:8

hours on the floor in a cold building, and at the same time show such interest in and desire to know scriptural truth.

Seoul is a city of some one and one-half million population, quite a big number being refugees from North Korea. This is a strategic center for political and commercial, as well as missionary activity.

During my few weeks' stay here, I have been impressed with the fairly constant stream of American guests coming to Korea, such as U.S. senators, and representatives of Mission Boards and the Church World Service. Dr. Mackay, of Princeton, was here for a week or more, also the Swiss theologian, Emil Brunner. Air travel is quite popular, the trip for U.S. to Korea being made in about fortyeight hours. Today several Koreans and an American missionary left by plane for the Bangkok conference.

The progress of Presbyterianism in Seoul, as well as in other parts of Korea, during this post war period is quite marked. I was told last night by a local pastor that there are now seventy Presbyterian Churches in Seoul.

As we see the throngs of people on the streets of this great city here at the cross-roads of the Far East, we can say in the words of Frank Mason North:

"Where cross the crowded ways of life,

려서 하고 있고, 학생들은 시내 곳곳에 방을 찾아 생활하며 하루 두 끼만 먹고 있습니다. 차가운 건물 바닥에 몇 시간 동안 앉아 수업을 듣는 모습은 놀라울 정도이며, 그와 동시에 성경 진리를 알고자 하는 열망과 관심을 보여줍니다.

약 150만 명의 인구를 가진 서울은 많은 사람들이 북한에서 온 난민들입니다. 이곳은 정치적, 상업적, 선교 활동의 전략적 중심지입니다.

제가 이곳에 있으면서, 미국 상원 의원과 선교위원회 및 교회 세계 봉사단 대표 등 한국에 오고 가는 미국 손님들의 모습을 보며 감명을 받았습니다. 프린스턴 대학교의 맥케이 박사님과 스위스 신학자 에밀 브루너도 여기에서 일주일 이상 머물렀습니다. 항공 여행이 매우 인기 있으며, 미국에서 한국까지는 약 48시간이 걸립니다. 오늘 몇몇 한국인과 한 미국 선교사가 방콕 회의로 비행기를 타고 떠났습니다.

전후 한국의 서울 및 여러 지방에서도 장로교회의 성장은 매우 높습니다. 어젯밤 한 지역 목사님께 들은 바에 따르면, 현재 서울에는 70개의 장로교 교회가 있습니다.

이 대도시의 거리에서 수많은 사람들을 바라보며, 우리는 프랭크 메이슨 노스의 말을 떠올립니다:

"삶의 번잡한 길이 교차하는 곳, 인종과 종족의 외침이 울리는 곳, 이기적인 갈등의 소음 너머에서, 우리는 들리오니, 인자이신 아

Where sound the cries of race and clan,
Above the noise of selfish strife,
We hear Thy voice, O Son of Man."

We Mokpo Hoppers look forward to having the Chunju Hoppers spend Christmas with us at our home in Mokpo. We are so happy at the prospect of having three generations together at the Christmas Season.

Yours in His service,

Joseph Hopper.

들."

목포의 조하파 가족은 전주에 있는 아들 조요섭 가족과 크리스마스를 함께 보내기를 기대하고 있습니다. 크리스마스 시즌에 삼 대가 함께할 수 있는 가능성에 매우 기쁩니다.

주님의 사역 안에서,

조하파

| Joseph Hopper | 연보

조하파와 세자녀

| 1892년 6월 1일 | 캔터키주 링컨카운티 스탠포드 출생
아버지 George Dunlap Hopper와
어머니 Katherine Elizabeth Higgens 사이에서
6남매 중 막내 |

| 1914년 22세 | 댄빌 센터대학교 졸업 |

| 1917년 25세 | 봄　　　루이빌 신학교 졸업
　　　　　미남장로회 트랜실바니아노회에서
　　　　　강도사 인허
가을　　미남장로회 웨스트렉싱턴 노회에서
　　　　　목사 안수
　　　　　켄터키 헬렌스와 아톨 지역교회에서 목회
　　　　　(1919년까지) |

| 1919년 27세 | 뉴욕 성경교사대학에서 선교 훈련
12월 18일　선교 훈련 중 만난
　　　　　　애니 배런(Annies Estelle Barron)과
　　　　　　록힐에서 결혼 |

| 1920년 28세 | 루이빌 하이랜드장로교회 목사
3월 23일　미남장로회 선교사로 내한 |

| 1921년 29세 | 5월 17일　첫째 아들 조요섭(Joseph Barron) 광주에서 출생
6월 26일　조요섭 유아세례
　　　　　　(미남장로 30차 언어시험 연례회의에서 합격) |

| 1922년 30세 | 누나 마가렛 하퍼(조마구례) 내한 목포 선교
11월 22일　둘째 딸 마디아(Mary Alexander "Mardia") 군산 출생
　　　　　　언어 공부, 동부 구역 책임 |

| 1923년 31세 | 영암, 강진, 장흥 지역 전도
전남 남자성경학원 위원 |
| 1924년 32세 | 영암, 강진, 장흥 지역 전도 |
| 1925년 33세 | 남부 지역 전도, 남자 사경회와 성경학원 담당 |
| 1926년 34세 | 4월 24일 셋째 아들 조지 던랩 목포 출생
동부 지역 전도, 전남 남자성경학원 목포 대표 |
| 1927년 35세 | 6월 1일 안식년으로 미국행 |
| 1928년 36세 | 안식년 (미국)
리치몬드 유니언 신학교 석사 학위 취득
6월 안식년 마치고 목포 복귀
동부 지역(영암, 강진, 장흥)과 남부 지역
절반(해남) 전도 |
1929년 37세	동부 지역과 남부의 절반 지역 부르스 커밍과 연합 전도
1930년 38세	동부 지역 전도, 니스벳 안식년 동안 북부 지역 대행
1931년 39세	가을 평양신학교 교수(레이놀즈를 대신하여 한 학기 강의)
1932년 40세	동부 지역 전도
1933년 41세	동부 지역 전도
6월 15일 프렌치병원 감독

| Joseph Hopper |

1934년 42세	동부 지역 전도 커밍 목사 복귀까지 프렌치병원 감독

1935년 43세	6월 17일 두 번째 안식년
	           팔레스타인, 이집트, 영국을 거쳐 리버풀 항구에서
	           사마리아호 배를 타고 9월 3일에 뉴욕 도착
	           (가족과 누나 마가렛 포함 6명)
	           리치몬드 유니언 신학교 박사 학위 취득

1936년 44세	미션코트(리치몬드), 록힐, 몬트리트, 루이빌 등지에서 귀국 보고 및 강연 8월 10일 루이빌을 출발 9월 1일 목포 복귀, 동부 지역 책임
1937년 45세	가을 평양신학교 교수 아들 조요섭 평양외국인학교 입학
1938년 46세	동부 지역 책임, 평양신학교 한 학기 강의
1939년 47세	지역 전도
1940년 48세	지역 전도 일제에 의한 강제 추방으로 미국으로 귀국 조지아주 디케이터 에모리교회와 버지니아주 매리언의 로얄오크 교회 목사
1943년 51세	7월 23일 딸 마디아 몬트리트에서 결혼(사위: 톰슨 브라운)
1945년 53세	아들 조요섭 결혼(며느리: 롱네커) 한국선교복구위원회 위원
1946년 54세	8월 15일 한국 선교 복귀 (구례인 목사와 함께 샌프란시스코에서 화물선을 타고 옴) 광주 사역

1947년 55세		아내 애니 배런 선교사 합류로 함께 목포 사역
	7월 21일	목포임시노회에서 정명여고 복교 결의에 의해 설립자 5인중 1인으로, 이사 6인중 1인으로 각각 선임.
1948년 56세	10월	아들 조요섭 부부 내한 전주 선교
1951년 59세		대구 총회신학교 교수 아내 배런 선교사는 서울에서 게스트하우스 관리
1952년 60세	안식년	노스캐롤라이나 몬트리트 거주 딸 마디아 부부 내한 광주 선교
1954년 62세		선교 사임(34년간 사역)
1957년 65세	6월 4일	누나 조마구례 귀국 환송식(목포) 누나 조마구례 선교사 은퇴(35년간 사역) 몬트리트와 하이포인트 거주
1970년 78세		손녀 엘리스 루스(Alice Ruth, 1947~) 내한 광주에서 1년간 선교(선교사 자녀교육)
1971년 79세	2월 20일	하이포인트에서 사망 묘: 사우스캐롤라이나주 록힐 로렐우드(Laurelwood)공원
1976년	11월 6일	누나 조마구례 90세로 사망 묘 : 노스캐롤라이나주 하이포인트 길퍼드(Guilford)공원
1979년	4월 14일	아내 애니 베런 86세로 사망 묘: 사우스캐롤라이나주 록힐 로렐우드(Laurelwood)공원

| 1971년 79세 | 2월 20일   하이포인트에서 사망
묘: 사우스캐롤라이나주 록힐 로렐우드(Laurelwood)공원 |
| --- | --- |
| 1976년 | 11월 6일   누나 조마구례 90세로 사망
묘 : 노스캐롤라이나주 하이포인트 길퍼드(Guilford)공원 |
| 1979년 | 4월 14일   아내 애니 베런 86세로 사망
묘: 사우스캐롤라이나주 록힐 로렐우드(Laurelwood)공원 |
| 1992년 | 4월 27일   아들 조요섭 선교사 71세로 사망
묘: 노스캐롤라이나주 블랙마운틴 마운틴뷰 공원 |
| 2014년 | 1월 21일   사위 부명광 조지아주 스톤마운틴에서 93세로 사망
묘: 조지아주 디케이터 공원 |
| 2015년 | 12월 4일   며느리 롱네커 95세로 사망
묘: 노스캐롤라이나주 블랙마운틴 마운틴뷰 공원 |
| 2018년 | 4월 10일   딸 마디아 96세로 사망
묘: 조지아주 디케이터 공원 |
| 2025년 | 현재 조하파 후손들은 그린즈버러와 애틀란타 등지에 거주 |

3대가 펼친 호남 선교
조하파

Joseph
Hopper